职业教育·道路运输类专业教材

Gonglu Gongcheng Jungong Ziliao Bianzhi

公路工程竣工资料编制

邝青梅　阳旺丁　主　编

林永星　副主编

人民交通出版社股份有限公司
China Communications Press Co.,Ltd.

内 容 提 要

本书是交通技工院校、职业院校公路养护与管理专业、市政工程施工专业核心课程教材之一,主要内容包括:公路工程资料管理基本认知,施工准备阶段资料收集与整理,路基工程、路面工程、桥梁工程、隧道工程施工资料收集与整理,公路工程竣工文件编制七大模块。本书以工程实际案例为任务,大量采用原始记录资料,增强了实用性。为了便于学生学习,每个任务后均配有思考与练习。

本教材配套多媒体课件,可通过加入职教路桥教学研讨群(QQ561416324)索取。

图书在版编目(CIP)数据

公路工程竣工资料编制 / 邝青梅主编. —北京:
人民交通出版社股份有限公司,2018.2(2025.1重印)
"十三五"职业教育规划教材
ISBN 978-7-114-14141-6

Ⅰ.①公… Ⅱ.①邝… Ⅲ.①道路工程—工程验收—
技术档案—编制—职业教育—教材 Ⅳ.①U415.12

中国版本图书馆 CIP 数据核字(2017)第 217865 号

职业教育·道路运输类专业教材

书　名:	**公路工程竣工资料编制**
著 作 者:	邝青梅　阳旺丁
责任编辑:	刘　倩
出版发行:	人民交通出版社股份有限公司
地　址:	(100011)北京市朝阳区安定门外外馆斜街 3 号
网　址:	http://www.ccpcl.com.cn
销售电话:	(010)85285911
总 经 销:	人民交通出版社股份有限公司发行部
经　销:	各地新华书店
印　刷:	北京市密东印刷有限公司
开　本:	787×1092　1/16
印　张:	17
字　数:	414 千
版　次:	2018 年 2 月　第 1 版
印　次:	2025 年 1 月　第 7 次印刷
书　号:	ISBN 978-7-114-14141-6
定　价:	48.00 元

(有印刷、装订质量问题的图书由本公司负责调换)

前　言

　　《公路工程竣工资料编制》是交通类技工院校、职业院校公路养护与管理专业、市政工程施工专业核心课程教材。本教材可作为交通职业院校公路养护与管理专业、市政工程施工专业及相关专业教材,亦可供公路建设、公路施工、公路养护技术人员参考。

　　本教材在坚持正确政治方向的基础上,把培养学生的综合职业能力作为目标、把以学生为中心作为开发原则,采用行动导向的教学组织模式进行开发设计。教材在编写前通过专业调研、职业能力分析等过程确定竣工资料编制的典型工作任务及本课程的培养目标,以典型工作任务为引领,按照工作过程的顺序和对学生自主学习的要求构建课程的知识和技能体系,以实现理论教学与实践教学融通合一、能力培养与工作岗位对接合一。

　　全书分为7个模块,分别是公路工程资料管理基本认知,施工准备阶段资料收集与整理,路基工程、路面工程、桥梁工程、隧道工程施工资料收集与整理,公路工程竣工文件编制。

　　教材在编写过程中力求突出以下特色:

　　1. 坚持正确价值导向,突出职教特点

　　本教材中的学习任务均来自企业中的真实工作任务。学生在完成学习任务的过程中能了解职业、爱上岗位,帮助学生树立正确的价值观、择业观,培养学生的劳动精神、工匠精神及良好的职业道德。

　　2. 对接职业标准,教材内容先进

　　在教材内容选取方面,本教材坚持以职业能力为本位,以必需、够用为度,满足职业岗位的需要,并与国家筑路工职业技能标准对接。教材把"企业岗位的典型工作任务及工作过程知识"作为教材主体内容,并将产业发展的新技术、新工艺、新规范纳入教材内容,并与国家筑路工职业技能标准有机融合。教材通过学习任务、相关理论、任务实施等引导学生获取和分析专业信息,并寻找解决问题的途径,从而获取方法、技能等关键能力。教材告诉学生"做什么、学什么、怎样做、怎样学",而不是"是什么、为什么",帮助学生从实际经验和书本抽象的描述中构建自己的知识体系,实现理论教学与实践教学融通合一、能力培养与工作岗位对接合一。

　　3. 工作过程引领,内容编排合理

　　教材在内容编排方面,按照工作过程的顺序和对学生自主学习的要求进行教学设计并安排教学活动,将传统的公路工程竣工资料编制知识点和技能点进行解构和重构,形成新的以工作过程为导向的符合学生认知规律的逻辑顺序,为实现有效教学构建了新的知识和技能体系。

　　本教材在工作任务实施后还安排了一些思考题,便于学生用理论联系实践,更好地掌握竣工资料编制知识。另外,为增强教材的可读性,本教材在表现形式上力求做到以图代文,以表代文。

4."双元"合作开发,深化产教融合

教材第一主编邝青梅是正高级讲师、国家职业技能鉴定高级考评员,有多年企业工作经验,获省部级教科研成果奖3项,主编公开出版教材4部,获"吴福－振华交通教育优秀教师奖"、"广东省普及高中阶段教育工作先进个人"等荣誉称号。副主编林永星是路桥高级工程师,多年从事公路桥梁监理、试验检测及业主技术管理工作,多次组织竣工资料编制及档案验收工作,参与编写当地公路部门竣工资料编制办法。参编人员奉芳是路桥工程师、高级档案管理师,从事公路、桥梁建设项目管理及工程档案管理工作已18年,负责的多个重大建设项目通过档案专项验收取得优秀成绩,参与多项市级公路建设项目档案工作指南及项目档案管理办法的编制,并将其广泛应用于公路建设项目的管理中,获三项实用新型发明专利。

本书由广东省交通运输高级技工学校邝青梅、阳旺丁担任主编,广东省清远市公路工程质量监理检测站林永星担任副主编,邝青梅负责全书统稿。编写分工如下:邝青梅编写模块一、模块二;阳旺丁编写模块三;林永星编写模块四;阳旺丁、广东省交通运输高级技工学校郑小渝编写模块五;山西交通技师学院霍晓东编写模块六;广东省佛山路桥工程技术咨询有限公司奉芳和阳旺丁编写模块七。

编写本教材时,编者查阅和参考了众多文献资料,在此向原作者致以诚挚的谢意!由于编者水平有限,书中难免存在不足之处,敬请读者批评指正。

编　者
2017 年 10 月

目　　录

模块 1　公路工程资料管理基本认知

任务 1　公路工程竣工资料编制基本认知

学习目标

1. 了解公路工程竣工资料编制的相关规定；
2. 了解公路工程资料编制的主要流程；
3. 熟悉公路工程文件材料收集的范围和要求；
4. 了解公路工程文件材料整理组卷的相关规定。

相关理论

一、公路工程资料的重要性

公路工程资料是反映工程实体最终成果的重要性文件，它贯穿于工程建设的全过程，在工程施工、竣工、交工中起着非常重要的作用。公路工程资料将工程的施工过程以一种被施工双方都认可的形式记录下来，从理论上它能够完整地记录整个工程。公路工程资料反映的是施工过程中的各种状态和责任，能够真实地再现施工时的情况，从而找到施工过程中的问题所在。随着工程施工的进一步规范和施工要求的日益严格，公路工程资料的重要性日益凸显，成为工程施工中不可分割的一部分。

1. 公路工程资料是公路工程竣工档案目录中必须整理归档的资料

国务院颁发的《建设工程质量管理条例》第十七条规定："建设单位应当严格按照国家有关档案管理的规定，及时收集、整理建设项目各环节的文件资料，建立、健全建设项目档案，并在建设工程竣工验收后，及时向建设行政主管部门或者其他有关部门移交建设项目档案。"

2. 公路工程资料是贯穿施工过程的真实记录

工程施工的每一步都涉及工程资料的产生，必须及时收集。公路工程资料描述了工程进度情况，是现场情况的一种佐证。

3. 公路工程资料可以对现场施工起到监督作用

工程施工中，每一个施工工序都能从工程资料上反映出它的时间、数量、人员、规格等特性，从而能看出工程管理是否存在缺陷。

4. 公路工程资料可以为工程信息查询提供依据

有了工程资料的跟踪，项目负责人不用再凭着零星的材料和自己的记忆来对整个工程的节点进行控制，方便了项目负责人对工程的管理。在及时收集工程资料的情况下，工程各工序的相关细节都记录在其中，一旦发生意外情况（如数量不符、质量差异等），可凭借资料记录追查原因。

5. 公路工程资料可作为今后建设项目的借鉴

公路工程资料记录的是工程所采用的技术、发生的问题、采取的措施以及反馈结果等，通过收集归档将其转换为信息资源。这些资源可提供给工程建设人员对新项目或类似项目进行有益参考、对比与借鉴，为进一步降低成本、提高生产效率服务。

二、公路工程竣工资料编制依据

公路工程竣工资料依据国家相关行业分布的有关档案管理、工程项目施工质量检查验收等方面的现行标准、规范、办法、意见、通知等进行编制。主要依据文件有《公路建设项目文件材料立卷归档管理办法》（交办发〔2010〕382 号）《国家重大建设项目文件归档要求与档案整理规范》（DA/T 28—2002）《科学技术档案案卷构成的一般要求》（GB/T 11822—2008）等。

三、公路工程竣工资料编制基本知识

公路工程竣工资料编制的主要流程是：文件材料形成与收集→文件材料整理组卷→档案移交→档案验收→档案进馆。

（一）组织与职责

（1）公路建设项目档案工作实行项目法人（建设单位）负责制。项目法人（建设单位）负责做好本单位形成的公路建设项目文件材料的收集、整理和归档工作，承担各参建单位项目文件材料收集归档工作的组织、协调和监督、指导等管理职责；将项目文件材料立卷归档工作纳入工程建设管理程序、纳入招投标制，与工程建设同步收集、同步整理、同步归档，保证项目文件材料收集、立卷、归档的及时、准确、完整、系统和安全。

（2）公路工程竣工文件材料立卷归档工作应纳入工程合同管理，纳入监理工作内容，按照"谁形成、谁负责"的原则，由文件材料的形成单位或部门负责，不得委托他人。

（3）监理单位应负责对施工单位竣工文件材料形成、收集和整理归档工作进行监督、检查，在交工验收前向建设单位提交项目档案质量审核意见。

（4）各参建单位应配备具有相关工程专业知识、能够适应项目文件材料立卷归档工作需要的专职档案管理人员，并保持其稳定性；明确本单位有关岗位和人员项目文件材料收集归档的职责和要求；按规定做好项目文件材料的立卷归档和移交工作。

（二）文件材料的形成与收集

公路建设项目文件材料是指自建设项目立项审批（核准）开始直至竣工验收全过程产生的，反映项目质量、进度、费用和安全管理基本情况，对建成后工程管理、运行、维护及改建和扩建具有保存、查考利用价值的各种形式和载体的历史记录。

公路建设项目文件材料的形成与收集工作应与项目建设同步实施。各有关单位应按照收集归档责任分工，建立健全项目文件材料收集归档制度和预立卷制度，按照建设项目建设程序的不同阶段文件材料产生的自然过程，分别做好预立卷工作。

1. 公路工程文件材料收集范围

公路工程文件材料具体收集范围按照交通运输部《公路工程项目文件归档范围》的规定执行（附录1-1）。

2. 收集归档的项目文件材料要求

（1）收集归档的项目文件材料应为原件，各职能部门可留复印件备用。

①项目立项审批等文件，原件保存在项目主管单位的，建设单位可将复印件归档保存。

②供货人提供的原材料及产品质量保证文件为复印件的，须在复印件上加盖销售单位印章并注明原件存放处后归档保存。

③凡由易褪色书写材料制成的文件材料，如热敏纸传真件，需复印保存。

④复印件应清晰，并注明原件出处，由编制单位在备考表中加以说明。

（2）收集归档的项目文件材料应能全面、准确地反映工程建设的实际过程。

①勘察及测量基础资料、施工记录须是现场原始记录，如需清稿，须将原始记录与清稿后的记录文件一并归档保存。

②表单填写内容规范，产生及使用部位标注清楚，相关签署手续完备，且为相关责任人的亲笔签名。

（3）项目文件材料应书写工整，字迹、线条清晰，修改规范。

①书写纸张质地优良，规格基本统一，文字材料纸张为 A4 规格，图纸纸张为 A3 规格，小于 A4 纸规格的出厂证明、材质合格证等应粘贴在 A4 纸上。

②书写材料应符合耐久性要求，禁止使用不易长久保存的书写工具，如红色墨水、纯蓝墨水、圆珠笔、铅笔等。

③文件内容不得随意涂改，如字上改字、用涂改液或擦刮后改字等。

（4）声像档案。项目法人（建设单位）声像档案应从项目管理方面进行收集；监理单位声像档案应从项目质量监理角度方面进行收集；施工单位声像档案应从施工过程（如隐蔽工程、关键工序、桥梁等结构物重点部位等）进行收集。

（5）数码照片应刻录在不可擦写光盘上，同时还须冲印出 6in 纸质照片与说明一并整理归档。照片档案的整理应符合国家档案局《照片档案管理规范》（GB/T 11821—2002）的要求。

（6）电子文件及纸质文件数字化的形成和保存应符合国家档案局《电子文件归档与管理规范》（GB/T 18994—2002）、《CAD 电子文件光盘存储、归档与档案管理要求　第一部分：电子文件归档与档案管理》（GB/T 17678.1—1999）和《纸质档案数字化技术规范》（DA/T 31—2005）的要求。

（7）竣工图。竣工图绘制须与工程施工同步进行，并能完整、准确、清晰地反映项目工程的实际情况。竣工图的绘制应符合相关制图规范及标准。

3. 施工单位文件材料的收集

由施工单位负责收集的施工文件材料包括：施工单位的工程管理、施工准备、施工质量控制、施工安全、环保及文明施工、进度控制、工程合同管理、施工原始记录、线外工程、工程声像资料、竣工图、缺陷责任期等文件，见《建设项目文件材料收集归档清单及归档单位》（附录1-2）。

（1）相关单位的往来文件。相关单位的往来文件在项目部相关部门处理完后及时收集。

（2）项目部内部管理文件在文件发出后及时收集。

（3）会议纪要的收集。

（4）项目部通用函件。申请类函件在相关单位回复后，连同回复意见收集；回复类函件在文件处理完并回复后收集。

（5）图纸会审纪要、施工图设计反馈表及批复，在设计代表批复后收集。

（6）原始地面线复核记录在监理工程师复核确认后收集。

（7）开工前交接桩记录、控制点的复测、施工控制点加密、工程定位（如水准点、基准点、导线点）等测量、复核记录等，在监理工程师复核确认后收集。

（8）技术交底文件一般应在项目部、工区、作业队进行三级技术交底，接受交底人签字后及时收集。

（9）质量保证体系文件在监理单位审批后收集。

（10）专项施工方案在监理单位审批后收集。

（11）合同段、单位、分部、分项工程的开工申请在监理单位批复后收集。

（12）监理指令及回复、停（复）工指令及回复，在相应指令回复完后收集。

（13）工程质量事故及处理情况报告，补救后达到要求的认可证明文件、施工中遇到的非正常情况记录、处理方案、施工工艺、质量检测记录及观察记录、对工程质量影响分析等文件，在相应事故处理完后及时收集。

（14）合同段、单位、分部工程的相关评定资料在评定完后及时收集。

（15）桥梁荷载试验报告和监测监控资料，由合同的甲方单位进行收集，施工单位预留相应档号。

（16）工地试验室的试验检测能力核验申报资料，在核验审批文件收到后一并收集。原材料、半成品、成品、混合料、标准试验、工艺试验连同批复文件在批复后收集。现场试验检测资料（如路基压实度、平整度、水泥混凝土抗压强度等），在质量管理部采集完数据后及时收集。

（17）工地试验室施工过程中印发的管理文件（如内部管理办法、母体单位检查、人员变更等），在文件发出后及时收集。

（18）配合比设计报告、配料单、外委试验报告、桩基检测报告在报告形成后及时收集。

（19）各种原材料、半成品、成品、混凝土预制件出场检验报告及合格证由试验室收集后与相应的试验检测报告一并收集移交存档。

（20）施工工序资料。质检人员应在该工序施工当天填写完整的表格，驻地办签认后收集移交存档。

（21）安全保证体系文件，桥隧工程风险评估报告，危险源调查、分析、评价、分级资料，安全专项技术方案在监理单位审批后收集。

（22）安全技术交底文件一般应在项目部、工区、作业队进行三级技术交底，接受交底人签字后及时收集。

（23）特种设备登记、使用台账及维修保养记录由专职安全员负责收集，检验合格证在检定完后移交存档。作业人员和项目管理人员的安全教育培训记录，各级安全检查、整改台账，应急救援预案及演练记录，安全日志等文件由专职安全工程师负责及时收集并移交存档。

（24）安全事故的调查处理文件，在事故处理完后收集。

（25）环境保护及文明施工的有关文件，在文件形成后及时收集。

（26）进度控制文件及工程合同管理文件，在文件形成后及时收集。

（27）施工原始记录由相关部门按月及时移交存档。

（28）工程声像资料（如重大活动、重大事故处理、隐蔽工程、关键工序、桥梁等结构物重点部位施工），在拍摄部门拍摄完成后分阶段移交存档。

（29）竣工图表的收集。竣工图在工程交工前绘制完成，并编制设计变更文件与竣工图档号对照一览表，项目部的工程技术部在分项工程完工后一周内绘制完成该分项工程《工程竣工图》，并移交存档。

4.监理单位文件材料的收集

由监理单位负责收集的文件材料包括：监理单位管理文件、工程质量控制文件、施工安全和环境保护监理文件、工程进度计划管理文件、工程合同管理文件、监理月报、监理日志、巡视记录、旁站记录、线外工程资料、工程声像资料等，见《建设项目文件材料收集归档清单及归档单位》（附录1-2）。

（1）相关单位来文及回复的收集。

（2）总监办、驻地办文件的收集。需要相关单位回复的文件，在文件闭合后收集存档。

（3）总监办、驻地办通用函件的收集。需要闭合的通用函件在函件闭合后移交存档。

（4）总监办、驻地办工地会议纪要的收集。

（5）开工令、停（复）工指令及监理指令的收集。在文件发出后或闭合后及时收集。

（6）基准点、基准线及原始地面线在复核完后收集移交存档。

（7）中心试验室文件的收集。其包括中心试验室的试验检测能力核验、管理文件、重要工程材料和混合料配合比批复意见、各种标准试验的平行复核试验及批复意见、各类工艺试验总结报告的批复意见、试验抽检资料在文件形成后收集。外委试验检测及监控、专项监测监控文件及时收集并移交存档。

（8）驻地办工地试验室文件的收集。工地试验室的试验检测能力核验、管理文件、配合比批复、各种标准试验的平行复核试验、各类工艺试验的批复、原材料试验、现场抽检资料、试验检测月报在文件形成后收集。外委试验及桩基检测报告及时收集并移交存档。

（9）质量缺陷检查及整改闭合文件。质量监督机构及总监办发现的质量缺陷，在整改闭合及复查完成后及时收集。

（10）监理现场抽检资料的收集。各工序的现场抽检资料在结果出来后及时收集并移交存档。

（11）安全保证体系、安全监理计划在向建设单位报备后及时收集。

（12）安全监理实施细则的收集。

（13）安全监理指令及隐患整改闭合资料在收到相应的整改闭合资料及复查完成后及时收集移交存档。

（14）安全生产事故相关处理文件的收集。在事故处理完后，相应的事故调查、事故分析、事故处理结果、事故照片等资料一并收集并移交存档。

（15）环保监理文件的收集。原地面的恢复情况、弃土场的防护及绿化情况等环保文件在分段（处）验收后及时收集。

（16）工程进度计划管理文件的收集。

（17）工程合同管理文件的收集。其中工程变更令及其相关附件在变更令签发后及时收集。

（18）监理月报在每月末及时收集。监理日志以季度为单位，在每季度末及时收集。巡视记录以半年为单位，每年年中和年末及时收集。旁站记录在工程完工后收集并移交归档。

（19）工程声像资料的收集。各部门拍摄的照片和声像资料分阶段移交存档。

(三) 文件材料整理和组卷

公路工程文件材料归档移交前均需分类整理和组卷。整理组卷应遵循文件材料的自然形成规律,保持卷内文件的有机联系和文件材料的成套、系统,分类科学,便于保管和利用的原则。项目合同段未完成档案整理的,建设单位不得组织交工验收。

1. 文件资料整理组卷及排序

管理性文件一般按问题、时间、发文单位、重要程度或保管期限排列,项目技术文件一般材料按管理、依据、施工记录、试验检测、评定、证明顺序排列。

(1)立项审批阶段文件材料根据审批事项内在联系分别整理组卷,并按照批复、请示、相关审查及专家评审文件材料的顺序依次排列。

(2)设计审批阶段文件材料按照设计的不同阶段和专业分别整理组卷,并按照批复、请示、相关审查及专家评审文件材料的顺序依次排列。

(3)招投标及合同文件材料按照招投标工作程序和合同内容分别整理组卷。

(4)工程准备阶段文件材料按照审批事项及相关手续办理过程分别整理组卷,并按照审批及相关手续办理程序依次进行排列。

(5)工程管理文件材料按照问题结合时间分别整理组卷。

(6)计量支付报表与附件及计划进度报表按照合同段结合时间分别整理组卷,并以合同段为单位,按时间依次进行排列。

(7)施工日志按照合同段结合时间集中整理组卷。

(8)施工文件材料。

①原材料质量保证文件、配合比设计文件属单位(分部、分项)工程专用的,按单位(分部、分项)工程,分别集中整理组卷;除此之外,可以合同段为单位分别集中整理组卷。原材料质量保证文件按照原材料类别依次进行排列。

②变更文件以合同段为单位,按照变更文件编号依次汇总整理组卷,并编制设计变更与修改后的竣工图档号对照一览表。变更文件按照变更文件的文号顺序依次进行排列。

③施工原始文件,包括就工序施工质量控制问题印发的整改指令性文件及相关整改报告等,均应按照分项(分部、单位)工程,结合施工工序,归入相应部分分别整理组卷。

④各单位、分部、分项工程质量评定表及汇总文件按照汇总及各单位、分部、分项工程评定工作程序依次进行排列。

⑤合同段交工验收文件按照交工验收证书、交工验收报告、质量监督机构出具的交工验收质量检测意见、各项工程总结依次进行排列。

⑥竣工图按照专业、图号分别整理组卷并依次进行排列。

⑦设备安装及调试文件按照依据性、设备开箱验收、设备安装及调试、设备运行维护、随机文件等顺序依次进行排列。

(9)监理文件。

①监理管理文件以监理合同段为单位,按照依据性文件、合同管理文件、工程质量控制文件、安全管理文件、计划进度控制文件、费用控制文件等分别整理组卷,并按照文件材料所反映问题的有机联系,结合重要程度依次进行排列。

②平行试验及独立抽检的文件材料按照单位工程分别整理组卷,并按照单位、分部、分项工程依次进行排列。

③旁站监理记录按施工合同段整理组卷,并按照单位、分部、分项工程依次进行排列。

④监理日志按照监理机构和形成时间整理组卷并依次进行排列。

（10）工程试运行及竣工验收工作文件材料按照检测观测记录及报告、缺陷整改情况、各专项验收和竣工验收工作内容分别整理组卷，并按照检测观测记录、车辆通行情况、缺陷整改落实情况及各专项验收和竣工验收工作程序依次进行排列。

2. 案卷的整理

（1）案卷组成。

案卷是指由互有联系的若干文件组合而成的档案保管单位。案卷由案卷卷盒、内封面、卷内目录、卷内文件材料及备考表（封底）组成。

①卷盒。案卷封面应印制在卷盒正表面，也可采用内封面形式。案卷封面由案卷题名、立卷单位、起止日期、保管期限、密级及档号等内容构成。案卷脊背印制在卷盒侧面，案卷脊背由案卷题名、保管期限及档号等内容构成。

②内封面。内封面由案卷题名、立卷单位、起止日期、保管期限、密级及档号等内容构成。案卷题名应简明、准确地反映该案卷的基本内容，包括公路建设项目名称、起讫里程、分项（分部、单位）工程名称及文件材料名称。档号是指以字符形式赋予档案实体的、用以固定和反映档案排列顺序的一组代码。

③卷内目录。卷内文件目录简称卷内目录，是登录卷内文件题名和其他特征并固定文件排列次序的表格，排列在卷内文件之前。卷内目录与卷内文件一起装订。卷内目录由序号、文件编号、责任者、文件材料题名、日期、页次、备注及档号等项目组成。卷内目录需纸质目录及电子目录各一份。

④备考表。备考表是卷内文件状况的记录单。备考表应标明案卷内全部文件总件数、总页数，以及在组卷和案卷提供使用过程中需要说明的问题（说明复印件归档原因和原件存放地等）。

（2）案卷系统化排列和编号。

案卷整理好后，应按工程进展的自然过程对案卷进行系统化排列，并用铅笔在封面及卷脊编写案卷流水号。施工单位对本合同段形成的案卷，按照其自然形成过程，依照路线进行方向，结合单位工程排列顺序依次进行排列。监理单位按照监理工作程序，以合同段为单位，对形成的案卷进行系统化排列。

经系统化排列和编号的案卷须编制案卷目录一式两份（含电子版）。案卷目录是登录案卷题名、档号、保管期限及其他特征，并按案卷号次序排列的档案目录。

（四）档案移交

公路建设项目各承包单位应在合同段交工验收前，将已经系统化整理的项目档案连同案卷目录（含电子版目录）和案卷编制说明，经建设单位和监理单位检查合格后，移交建设单位，并按规定办理移交手续。

建设单位负责对接收的全部项目档案进行系统化整理和排列。

（五）档案验收

公路建设项目在交工验收前，项目法人（建设单位）应组织审核施工单位、监理单位提交的项目档案，并形成自检报告。同时，作为交工验收备案文件向初步设计审批单位的基建管理部门进行备案。

按照国家及省（自治区、直辖市）的有关规定组织项目档案专项验收。项目档案的验收工作以验收组织单位召开验收会议的形式进行。

(六)档案进馆

公路建设项目竣工验收后 3 个月内,由项目法人(建设单位)向有关单位办理档案移交进馆工作。

思考与练习

一、填空题

1.凡由易褪色书写材料制成的文件材料_____,需_____保存。

2.书写材料应符合耐久性要求,禁止使用不易长久保存的书写工具,如红色墨水、_____、_____、_____等。

3.管理性文件一般按照_____、_____、_____或_____排列。

4.项目技术文件一般材料按照_____、_____、_____、_____、_____顺序排列。

5.案卷由_____、_____、_____及_____等组成。

二、简答题

1.简述公路工程资料的重要性。

2.写出公路工程资料编制的主要流程。

3.陈述公路建设项目文件材料的定义。

4.简述收集归档的项目文件材料的要求。

5.简述管理性文件和项目技术文件的排列顺序。

三、名词解释

1.卷内目录

2.案卷目录

3.案卷题名

任务2　日常文件资料收发登记

学习目标

1.了解文件材料日常管理的工作内容;

2.能进行日常文件资料收发登记。

工作任务

某项目资料员保管有下列 8 份文件,请编制一份资料收发台账,并制作成电子文档以便于查阅检索。

(1)2014 年 6 月 4 日收到的××工程管理处的文件,文件编号:粤建设〔2014〕022 号,《关于××工程管理处档案人员架构设置的通知》。

(2)2014 年 6 月 4 日收到的××工程监理办的文件,文件编号:粤桥监〔2014〕008 号,

《关于××工程监理办人员架构设置的通知》。

(3)2014 年 7 月 6 日收到的××工程管理处的文件,文件编号:粤建设〔2014〕025 号,《关于转发质量监督站关于第四次修改施工用表的通知》。

(4)2014 年 7 月 10 日收到的××工程监理办的文件,文件编号:粤桥监〔2014〕010 号,《关于××工程监理细则的实施》。

(5)2014 年 10 月 11 日收到的××设计院的文件,文件编号:s-yg-001,《设计修改通知单001》。

(6)2014 年 12 月 27 日收到的××工程管理处的文件,文件编号:粤建设〔2014〕031 号,《关于规范××工程中间计量办法的通知》。

(7)2015 年 3 月 5 日收到的××设计院的文件,文件编号:s-yg-002,《设计修改通知单002》。

(8)2014 年 8 月 10 日××项目部发放的文件,文件编号:粤工程〔2014〕001 号,《××工程项目部成立的通知》,需要发放的单位为:××工程管理处,××工程监理办,××设计院。

相关理论

工程文件材料是在项目建设全过程中自然形成的,为保证工程文件材料的完整性,避免工程文件材料丢失,必须做好工程文件材料的日常管理工作。

一、资料员的岗位职责

(1)资料员应及时收集、分析市场信息,加强对工程资料的现代化管理。

(2)及时收集、整理工程施工各类图纸以及补充资料,做好工程资料收发、运转、管理等工作,做到资料管理规范与完整。

(3)掌握施工技术质量资料的归档要求,对工程资料和工程图纸等独立进行组卷与归档。

(4)处理好各项公共关系,包括与建设单位、项目经理、技术主管、上级主管部门以及其他相关部门,同时还要处理好与档案管理部门的关系。

二、资料员的具体工作

1. 工程资料收集与整理

(1)资料员收集工程资料必须及时,必须保持与实际施工进度同步。

(2)工程建设资料管理必须纳入项目管理的过程中,资料员应及时掌握施工管理信息,便于对资料的管理和监控。

(3)资料员对收集到的资料应认真审核,不符合规定的,应返回相关人员予以修改或重做。

(4)资料员对收集到的资料应及时整理、立卷与归档。

2. 工程资料登记

(1)工程资料收发登记。无论是收回文件资料,还是发放文件资料,资料员应对这些文件进行逐件登记并备案,以便于管理。

(2)工程资料借阅登记。工程资料整理归档完毕后,由于工作的需要,单位领导或工作人员经常需要借阅文件资料,为防止文件资料丢失,需建立文件借阅登记制度。资料员应详细列出借阅文件名称、文件编号、借阅文件的时间、借阅人以及归还时间。文件借阅登记表见表1-2-1。

文件借阅登记表 表1-2-1

序号	文件编号	文 件 名 称	借阅人签名	借阅日期	归还人签名	归还日期

（3）工程资料传阅登记。在文件资料处理过程中，如文件份数少而需要多人阅读或须知文件精神的人数较多，则需要传阅文件，因此需建立文件传阅登记制度。资料员应详细列出传阅文件名称、文件编号、传阅人及传阅日期。文件传阅登记表见表1-2-2。

文件传阅登记表 表1-2-2

序号	文件编号	发文单位	文 件 名 称	传阅人签名	传阅时间	备注

✎ **任务实施**

1. 该资料员保管的文件资料共有两大类：一类是收到的文件；另一类是发放的文件。

2. 根据文件类别的不同，在登记台账上需反映如下信息：

收到的文件：文件编号（文号），文件名称，发文单位，收文日期；

发放的文件：文件编号（文号），文件名称，收文单位，签收人，收文日期。

3. 一般我们通过时间、文号（文件编号）、文件名称、发文单位等信息查找文件。其中，文号、文件名称是具有唯一性的。

4. 根据以上分析，编制收文登记表（表1-2-3）和发文登记表（表1-2-4）。

5. 根据收文、发文的时间顺序，填写收文登记表（表1-2-5）和发文登记表（表1-2-6）。

收 文 登 记 表 表1-2-3

序号	文件编号	发文单位	文 件 名 称	收文日期	备注

发 文 登 记 表 表1-2-4

序号	文件编号	文 件 名 称	收文单位	收文人签名	收文日期	备注

收 文 登 记 表 表1-2-5

序号	文件编号	发文单位	文 件 名 称	收文日期（年.月.日）	备注
1	粤建设〔2014〕022号	××工程管理处	关于××工程管理处档案人员架构设置的通知	2014.6.4	
2	粤桥监〔2014〕008号	××工程监理办	关于××工程监理办人员架构设置的通知	2014.6.4	

序号	文件编号	发文单位	文件名称	收文日期 (年.月.日)	备注
3	粤建设 〔2014〕025号	××工程管理处	关于转发质量监督站关于第四次修改施工用表的通知	2014.7.6	
4	粤桥监 〔2014〕010号	××工程监理办	关于××工程监理细则的实施	2014.7.10	
5	s－yg－001	××设计院	设计修改通知单001	2014.10.11	
6	粤建设 〔2014〕031号	××工程管理处	关于规范××工程中间计量办法的通知	2014.12.27	
7	s－yg－002	××设计院	设计修改通知单002	2015.3.5	

发 文 登 记 表   表 1-2-6

序号	文件编号	文 件 名 称	收文单位	收文人签名	收文日期 (年.月.日)	备注
1	粤工程 〔2014〕001号	××工程项目部成立的通知	××工程管理处		2014.8.10	
2	粤工程 〔2014〕001号	××工程项目部成立的通知	××工程监理办		2014.8.10	
3	粤工程 〔2014〕001号	××工程项目部成立的通知	××设计院		2014.8.10	

思考与练习

一、填空题

1. 为防止文件传阅不到位而引起工作纠纷,在文件传阅过程中,需_____。

2. 在文件传阅过程中,需要记录传阅文件名称、_____、_____及_____等项目内容。

二、简答题

1. 简述资料员的岗位职责。

2. 在文件借阅过程中,需要记录哪些项目内容?

附录 1-1　公路工程项目文件归档范围

第一部分　综合文件

一、竣(交)工验收文件

1. 竣工验收文件。

2. 交工验收文件。

3. 工程单项验收文件(环保、档案等)。

4. 各参建单位总结报告。

5. 接管养护单位项目使用情况报告。

二、建设依据及上级有关指示

1. 项目建议书及批准文件。

2. 工程可行性研究报告及批准文件。

3. 水土保持批准文件。

4. 环境影响评价及批准文件。

5. 文物调查、保护等文件。

6. 初步设计文件及批准文件。

7. 施工图设计文件及批准文件。

8. 设计变更文件及批准文件。

9. 设计中重大技术问题往来文件、会议纪要。

10. 施工许可批准文件。

11. 上级单位有关指示。

三、征地拆迁资料

1. 征地拆迁合同协议。

2. 征地批文。

3. 征用土地数量一览表。

4. 占地图及土地使用证。

5. 拆迁数量一览表。

四、工程管理文件

1. 招标文件。

2. 投标文件、评标报告。

3. 合同书、协议书。

4. 技术文件及补充文件。

5. 建设单位往来文件。

6. 工程质量责任登记表。

7. 其他文件及资料。

第二部分　决算和审计文件

一、支付报表

二、财务决算文件

三、工程决算文件

四、项目审计文件

五、其他文件

第三部分　监理资料

一、监理管理文件

二、工程质量控制文件

1. 质量控制措施、规定及往来文件。

2. 监理独立抽检资料(注:编排顺序参照第四部分)。

3. 交工验收工程质量评定资料。

三、工程进度计划管理文件

四、工程合同管理文件

五、其他文件

六、其他资料

1. 监理日志,会议记录、纪要,工程照片,音像资料。

2. 监理机构及人员情况,各级监理人员的工作范围、责任划分、工作制度。

第四部分　施工资料

一、竣工图表

1. 变更设计一览表。

2. 变更图纸。

3. 工程竣工图。

二、工程管理文件

工程管理文件包括施工组织机构及人员、岗位责任划分、施工组织设计、技术交底文件及会议纪要等。

三、施工质量控制文件

(一)工程质量管理文件

1. 工程质量往来文件(如质量保证体系、专项技术方案等)。

2. 工程质量自检报告及工程质量检验评定资料。

3. 工程质量事故及处理情况报告、补救后达到要求的认可证明文件。

4. 桥梁荷载试验报告。

5. 桥梁基础检验汇总资料。

6. 施工中遇到的非正常情况记录,处理方案、施工工艺、质量检测记录及观察记录,对工程质量影响分析。

7. 交工验收施工单位的自检评定资料。

(二)材料及标准试验

1. 原材料、外购成品、半成品抽检试验报告及资料。

2. 外购材料(产品)出厂合格证书、检验报告及质量鉴定报告。

3. 各种标准试验、配合比设计报告。

(三)施工工序资料

1. 路基工程。

1)路基土石方工程。

(1)地表处理资料。

(2)不良地质处理方案、施工资料、检测资料。

(3)分层压实资料。

(4)路基检测、验收资料。

(5)分段资料汇总。

2)防护工程。

(1)基坑放样、开挖处理,试验检测资料。

(2)各工序施工记录、检测、试验资料。

(3)成品检测资料。

(4)砂浆(混凝土)强度试验资料。

3)小桥工程。

(1)基坑放样、开挖处理,试验检测资料。

(2)基础施工检查、试验资料,桩基检测资料。

(3)各分项施工工序检查,成品检测资料。

(4)砂浆强度、混凝土强度、台背回填压实度等试验报告及汇总表。

4)排水工程。

(1)基坑放样、开挖处理,试验检测资料。

(2)各施工工序检查,成品检测资料。

(3)砂浆、混凝土强度试验资料。

5)涵洞工程。

(1)基坑放样、开挖处理,试验检测资料。

(2)各施工工序检查,成品检测资料。

(3)砂浆强度、混凝土强度、台背回填压实度等试验报告及汇总表。

2. 路面工程。

(1)施工工序检查资料。

(2)材料配合比抽检(如油石比、马歇尔试验等)资料。

(3)压实度、弯沉、强度等试验检测报告及汇总资料。

3. 桥梁工程。

(1)基坑放样、开挖处理,试验检测资料。

(2)基础施工检查、试验资料,桩基检测资料。

(3)墩台、现浇构件、预制构件、预应力等施工工序检查,成品检测资料。

（4）各工序施工、检测记录。

（5）砂浆强度、混凝土强度、台背回填压实度等试验报告及汇总表。

（6）引道工程施工检测、试验资料。

4. 隧道工程。

（1）洞身开挖施工,检查资料。

（2）衬砌施工,检验资料。

（3）隧道路面工程施工,检查资料。

（4）照明、通风、消防设施施工,检查资料。

（5）洞口施工检查资料。

（6）各种附属设施检验施工资料。

（7）各环节工序检查,收资料。

（8）隧道衬砌厚度、混凝土(砂浆)强度试验检测资料。

5. 交通安全设施。

（1）各种标志牌制作安装检查记录。

（2）标线检查资料,施工记录。

（3）防撞护栏、隔离栅及附属设施施工,检查资料。

（4）照明系统施工,检测资料。

（5）各中间环节检测资料。

（6）成品检测资料。

6. 房屋建筑工程。

按建筑部门有关法规、资料编制办法管理、汇总。

7. 机电工程。

8. 绿化工程。

（四）缺陷责任期资料

四、施工安全及文明施工文件

1. 全生产的有关文件。其包括安全组织机构及人员、岗位责任、安全保证体系、施工专项技术方案及技术交底文件等。

2. 全事故的调查处理文件。

3. 明施工的有关文件。

五、进度控制文件

1. 进度计划(文件、图表)、批准文件。

2. 进度执行情况(文件、图表)。

3. 有关进度的往来文件。

六、计量支付文件

七、合同管理文件

八、施工原始记录

1. 施工日志。

2. 天气、温度及自然灾害记录。

3. 测量原始记录。

4. 各工序施工原始记录(未汇入施工质量控制文件的部分)。

5. 会议记录、纪要。

6. 施工照片、音像资料。

7. 其他原始记录。

第五部分 科研、新技术资料

一、科研资料

二、新技术应用资料

批准的所有科研、新技术资料均要整理归档。

附录1-2 建设项目文件材料收集归档清单及归档单位

序号	归档文件材料	归档单位
	立项审批	
1	项目建议书及审批文件	建设单位
2	可行性研究报告及审批(核准)文件	
3	可行性研究报告的评估及行业主管部门对可行性研究报告的审查意见	
4	专家对可行性研究报告的评审文件	
5	环境影响评价报告书及批复	
6	项目用地预审意见	
7	水土保持方案及审批文件	
8	文物调查、保护、矿产资源调查等文件	
9	其他文件材料	
	设计审批	
1	初步设计文件及审批文件、专家审查意见及审查会议纪要	建设单位
2	施工图设计文件及审批文件	
3	工程勘测、设计基础资料	
	工程准备	
1	建设用地选址意见及红线图	建设单位
2	建设用地申请及批复	
3	占地图及土地使用证	
4	征地拆迁批文、合同、协议,征用土地数量一览表,拆迁数量一览表	
5	供电、供水、通讯、排水等协议	
6	施工许可批准文件	
7	质量监督申请书及质量监督通知书	
8	建设前原始地形、地貌状况图、照片	
	施工文件	
1	工程管理文件	
	建设单位就工程质量、安全、进度、费用控制管理文件	
1.1	普发性	建设单位
	针对性	有关单位
1.2	质量监督机构印发的质量监督相关文件	建设单位
1.3	监理单位就工程质量、安全、进度、费用控制与建设单位的来往文件	监理单位
1.4	监理单位就工程质量、安全、进度、费用控制与施工单位的来往文件	施工单位
1.5	施工单位就工程质量、安全、进度、费用控制与建设单位的来往文件	施工单位

序号	归档文件材料	归档单位
1.6	建设单位组织召开的工地例会、专题会议纪要	
	例会性	建设单位
	专题性	有关单位
1.7	监理组织召开的工地例会及专题会议纪要	
	例会性	监理单位
	专题性	有关单位
1.8	计划进度报表	建设单位
2	施工准备文件	
2.1	合同段开工申请及批准文件(含施工组织设计方案)	施工单位
2.2	技术交底、图纸会审纪要	施工单位
2.3	开工前的交接桩记录、控制点的复测、施工控制点的加密工程定位(水准点、基准点、导线点)测量、复核记录	施工单位
3	施工质量控制文件	
3.1	工程及设计变更	施工单位
3.2	施工日志、大事记	施工单位
3.3	永久性水准点坐标图、建筑物坐标高程测量记录	施工单位
3.4	沉降、位移观测记录、桥梁荷载试验报告、桥梁基础检验汇总资料	施工单位
3.5	各项标准及工艺试验资料	施工单位
3.6	工地试验室管理文件	施工单位
3.7	原材料(产品)质量保证文件	
3.7.1	各种原材料、半成品、成品、混凝土预制件合格证及抽检、试验记录	施工单位
3.7.2	产品、设备说明书、合格证及检验报告、质量鉴定报告	施工单位
3.8	单位、分部、分项工程质量评定文件	施工单位
3.9	施工原始文件	
3.9.1	单位、分部、分项工程开工批准文件	施工单位
3.9.2	各工序施工记录、试验、检测及报验文件	施工单位
3.9.3	隐蔽工程验收记录	施工单位
3.9.4	混凝土配合比设计报告、配料单	施工单位
3.9.5	砂浆强度、混凝土强度、焊接、压实度、弯沉等试验检测报告及汇总表	施工单位
3.9.6	预应力张拉、压浆检查记录	施工单位
3.9.7	桩基检测报告	施工单位
3.9.8	机电、监控设备安装调试及性能考核记录	施工单位
3.9.9	桥隧工程风险评估报告、专项施工技术方案	施工单位
3.9.10	事故情况及调查处理报告、补救后达到要求的认可证明文件	施工单位
3.9.11	施工中遇到非正常情况记录、处理方案及观察记录,对工程质量影响分析	施工单位
4	竣工图	施工单位
5	监理文件	

序号	归档文件材料	归档单位
5.1	监理大纲、计划、细则及批复、监理日志、备忘录	监理单位
5.2	旁站监理记录、平行试验及独立抽检文件材料	监理单位
6	科研	
6.1	课题报告、任务书及批准文件	建设单位
6.2	研究方案	建设单位
6.3	试验记录、分析计算数据	建设单位
6.4	专家评审及技术鉴定报告	建设单位
7	经批准的新技术应用资料	建设单位
8	声像资料	
8.1	重大活动、重大事故处理	有关单位
8.2	隐蔽工程、关键工序、桥梁隧道等结构物重点部位施工	有关单位
9	其他	有关单位
交、竣工验收文件		
1	交、竣工验收文件	建设单位
2	建设、设计、施工、监理单位工作报告	
3	质量监督机构出具的交工验收质量检测意见	
4	质量监督机构出具的竣工验收质量鉴定报告	
5	质量监督机构质量监督报告	
6	试运行记录、检测、观测记录及成果报告、缺陷整改文件材料	
7	单项验收文件	
8	接管养单位项目使用情况报告	
9	其他	
工程招投标及合同文件		
1	招标文件	建设单位
2	投标文件	
3	评标文件	
4	中标通知书	
5	工程合同	
资金管理		
1	支付报表	建设单位
2	决算及决算审计	
其他		

模块 2 施工准备阶段资料收集与整理

任务 1 预 立 卷

学习目标

1. 能根据工程项目划分情况编制预立案卷目录；
2. 熟悉单位、分部、分项工程划分原则。

工作任务

请根据××干线工程项目划分表（表 2-1-1）准备资料盒（卷盒），编制好该部分内容的预立案卷目录，将案卷题名标注于案卷脊背上，并按一定的顺序将资料盒放入档案柜。

××干线工程项目划分   表 2-1-1

单位工程	分部工程		分项工程
××跨线桥	基础及下部构造	0 号桥台基础及下部构造	桩基,承台,桥台台身,台帽,支座垫石
		1 号墩基础及下部构造	桩基,立柱,盖梁,支座垫石
		2 号墩基础及下部构造	桩基,立柱,盖梁,支座垫石
		3 号桥台基础及下部构造	桩基,承台,桥台台身,台帽,支座垫石
	上部结构预制梁	0 – 1 号跨小箱梁	小箱梁钢筋加工,预应力筋张拉,小箱梁预制,安装
		1 – 2 号跨小箱梁	小箱梁钢筋加工,预应力筋张拉,小箱梁预制,安装
		2 – 3 号跨小箱梁	小箱梁钢筋加工,预应力筋张拉,小箱梁预制,安装
	桥面系附属结构		桥梁总体,桥面铺装,防撞栏,伸缩缝,支座安装
路基工程	路基土石方工程		K0 + 000 ~ K0 + 900 土方路基填筑
	涵洞工程	K0 + 020 盖板涵	基础,台身,盖板,填土,总体
		K0 + 770 盖板涵	基础,台身,盖板,填土,总体

相关理论

一、预立卷

在文件材料收集开始之前，各单位应按照公路建设项目建设程序的不同阶段文件材料产生的自然过程，分别做好预立卷工作。即根据各自的文件收集范围、数量建立预立案卷目录（图 2-1-1），将案卷题名标注于案卷脊背上，卷内目录（图 2-1-2）应提前打印好贴于卷盒的背面，做好文件材料收集前的准备工作。标注好案卷题名和贴好卷内目录的档案盒放入档案柜。

在预立卷前须进行工程项目的划分。

图 2-1-1　案卷目录式样(尺寸单位:mm)

二、单位、分部与分项工程划分

单位、分部与分项工程的划分是工程质量保证体系的重要部分,是工程质量控制的重要环节,是工程质量等级评定和竣工资料收集整理的基础。施工单位进场后应对照施工图,按《公路工程质量检验评定标准》(JTG F80/1—2004)❶附录 A 的要求划分单位工程、分部工程和分项工程,并确定相应使用的各类表格,并于总体工程开工前报监理单位审核批复并报建设单位备案,原则上在施工过程中不得随意更改。施工单位、监理单位和建设单位应按相同的工程项目划分进行工程质量的监控和管理。

---

❶　JTG F80/1—2004 被 JTG F80/1—2017 替代,后者自 2018 年 5 月 1 日起施行,前者同时废止。新版关于单位工程、分部工程和分项工程的划分见附表 1 和附表 2。

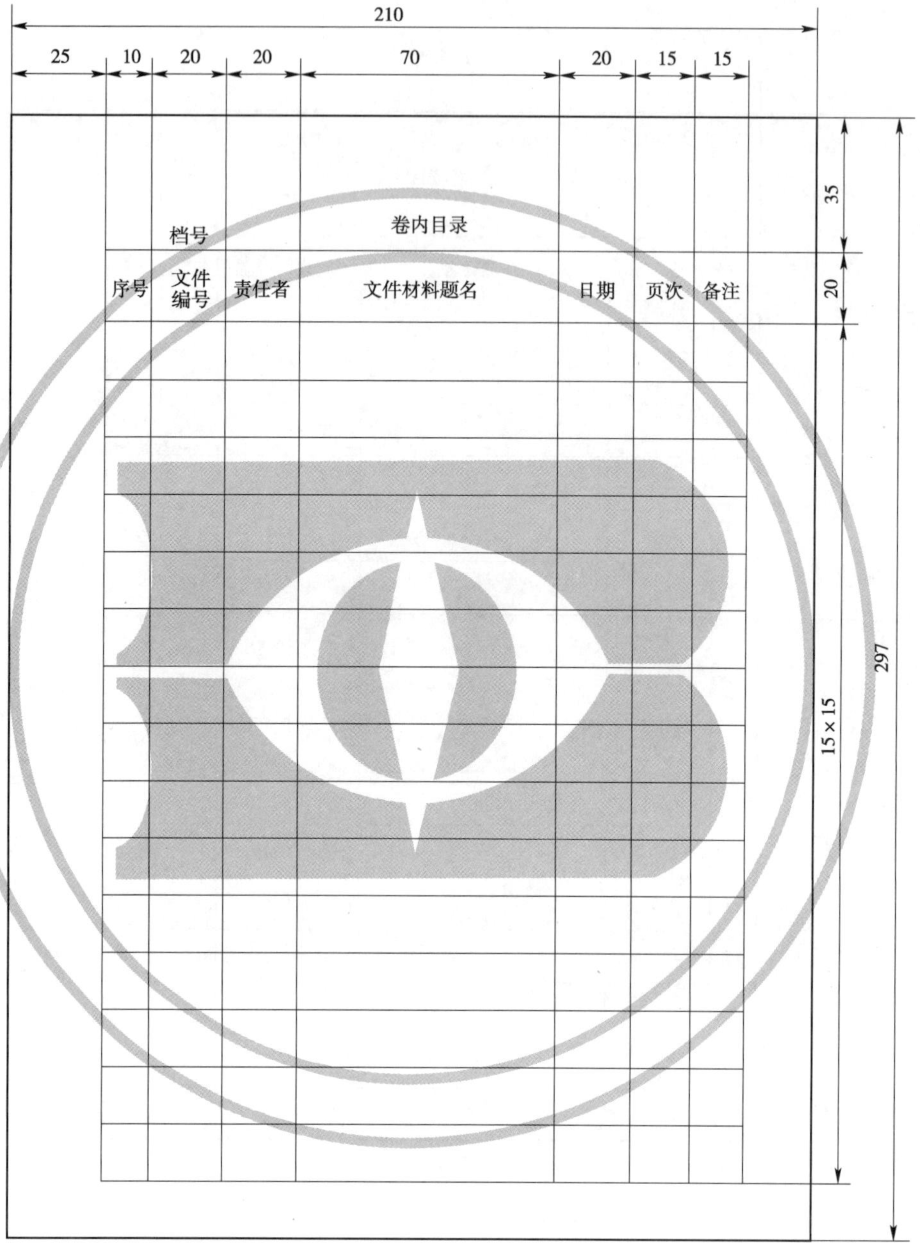

图 2-1-2　卷内目录式样(尺寸单位:mm)

（1）单位工程。在建设项目中,根据签订的合同,具有独立施工条件的工程。

（2）分部工程。在单位工程中,应按结构部位、路段长度及施工特点或施工任务划分为若干个分部工程。

（3）分项工程。在分部工程中,应按不同的施工方法、材料、工序及路段长度等划分为若干个分项工程。

1.单位、分部与分项工程划分原则

单位、分部与分项工程划分严格遵循《公路工程质量检验评定标准》(JTG F80/1)各章节一般规定及表2-1-2 和表2-1-3 的划分原则。

— 22 —

单 位 工 程	分 部 工 程	分 项 工 程
路基工程(每10km或每标段)	路基土石方工程*①(1～3km路段)②	土方路基*,石方路基*,软土地基*,土工合成材料处治层*等
	排水工程(1～3km路段)	管节预制,管道基础及管节安装*,检查(雨水)井砌筑*,土沟,浆砌排水沟*,盲沟,跌水,急流槽*,水簸箕,排水泵站等
	小桥及符合小桥标准的通道*、人行天桥、渡槽(每座)	基础及下部构造*,上部构造预制、安装或浇筑*,桥面*,栏杆,人行道等
	涵洞、通道(1～3km路段)	基础及下部构造*,主要构件预制、安装或浇筑*,填土,总体等
	砌筑防护工程(1～3km路段)	挡土墙*,墙背填土,抗滑桩*,锚喷防护*,锥、护坡,导流工程,石笼防护等
	大型挡土墙*、组合式挡土墙*(每处)	基础*,墙身*,墙背填土,构件预制*,构件安装*,筋带,锚杆、拉杆,总体*等
路面工程(每10km或每标段)	路面工程*(1～3km路段)	底基层,基层,面层*,垫层,联结层,路缘石,人行道,路肩,路面边缘排水系统等
桥梁工程③(特大、大中桥)	基础及下部构造*(每桥或每墩、台)	扩大基础,桩基*,地下连续墙*,承台,沉井*,桩的制作*,钢筋加工及安装,墩台身(砌体)浇筑*,墩台身安装,墩台帽*,组合桥台*,台背填土,支座垫石和挡块等
	上部构造预制和安装*	主要构件预制*,其他构件预制,钢筋加工及安装,预应力筋的加工和张拉*,梁板安装,悬臂拼装,顶推施工梁*,拱圈节段预制,拱的安装,转体施工拱*,劲性骨架拱肋安装*,钢管拱肋制作*,钢管拱肋安装*,吊杆制作和安装*,钢梁制作*,钢梁安装,钢梁防护*等
	上部构造现场浇筑*	钢筋加工及安装,预应力筋的加工和张拉*,主要构件浇筑*,其他构件浇筑,悬臂浇筑*,劲性骨架混凝土拱*,钢管混凝土拱*等
	总体、桥面系和附属工程	桥梁总体*,钢筋加工及安装,桥面防水层施工,桥面铺装*,钢桥面铺装*,支座安装,搭板,伸缩缝安装,大型伸缩缝安装*,栏杆安装,混凝土护栏,人行道铺设,灯柱安装等
	防护工程	护坡,护岸*④,导流工程*,石笼防护,砌石工程等
	引道工程	路基*,路面*,挡土墙*,小桥*,涵洞*,护栏等

单位工程	分部工程	分项工程
互通立交工程	桥梁工程*(每座)	桥梁总体,基础及下部构造*,上部构造预制、安装或浇筑*,支座安装,支座垫石,桥面铺装*,护栏,人行道等
	主线路基路面工程*(1~3km路段)	见路基、路面等分项工程
	匝道工程(每条)	路基*,路面*,通道*,护坡,挡土墙*,护栏等
隧道工程	总体	隧道总体*等
	明洞	明洞浇筑,明洞防水层,明洞回填*等
	洞口工程	洞口开挖,洞口边仰坡防护,洞门和翼墙的浇(砌)筑,截水沟、洞口排水沟等
	洞身开挖	洞身开挖*(分段)等
	洞身衬砌	(钢纤维)喷射混凝土支护,锚杆支护,钢筋网支护,仰拱,混凝土衬砌*,钢支撑,衬砌钢筋等
	防排水	防水层,止水带、排水沟等
	隧道路面	基层*,面层*等
	装饰	装饰工程
	辅助施工措施	超前锚杆,超前钢管等
环保工程	声屏障(每处)	声屏障
	绿化工程(1~3km路段或每处)	中央分隔带绿化,路侧绿化,互通立交绿化,服务区绿化,取、弃土场绿化等
交通安全设施(每20km或每标段)	标志*(5~10km路段)	标志*
	标线、突起路标(5~10km路段)	标线*,突起路标等
	护栏*、轮廓标(5~10km)	波形梁护栏*,缆索护栏*,混凝土护栏*,轮廓标等
	防眩设施(5~10km路段)	防眩板、网等
	隔离栅、防落网(5~10km路段)	隔离栅、防落网等

单 位 工 程	分 部 工 程	分 项 工 程
机电工程	监控设施	车辆检测器,气象检测器,闭路电视监视系统,可变标志,光电缆线路,监控(分)中心设备安装及软件调测,大屏幕投影系统,地图板,计算机监控软件与网络等
	通信设施	通信管道与光电缆线路,光纤数字传输系统,数字程控交换系统,紧急电话系统,无线移动通信系统,通信电源等
	收费设施	入口车道设备,出口车道设备,收费站设备及软件,收费中心设备及软件,1C卡及发卡编码系统,闭路电视监视系统,内部有线对讲及紧急报警系统,收费站内光,电缆及塑料管道,收费系统计算机网络等
	低压配电设施	中心(站)内低压配电设备,外场设备电力电缆线路等
	照明设施	照明设施
	隧道机电设施	车辆检测器,气象检测器,闭路电视监视系统,紧急电话系统,环境检测设备,报警与诱导设施,可变标志,通风设施,照明设施,消防设施,本地控制器,隧道监控中心计算机控制系统,隧道监控中心计算机网络,低压供配电等
房屋建筑工程	按其专业工程质量检验评定标准评定	

注:①表内标注 * 号者为主要工程,评分时给以 2 的权值;不带 * 号者为一般工程,权值为 1。
　　②按路段长度划分的分部工程,高速公路、一级公路宜取低值,二级及二级以下公路可取高值。
　　③斜拉桥和悬索桥可参照表 2-1-3 进行划分。
　　④护岸参照挡土墙。

特大斜拉桥和悬索桥为主体建设项目的工程划分　　　　　　表 2-1-3

单 位 工 程	分 部 工 程	分 项 工 程
塔及辅助、过渡墩(每座)	塔基础 *	钢筋加工及安装,扩大基础,桩基 *,地下连续墙 *,沉井 * 等
	塔承台 *	钢筋加工及安装,双壁钢围堰 *,封底,承台浇筑 * 等
	索塔 *	索塔 *
	辅助墩	钢筋加工,基础,墩台身浇(砌)筑,墩台身安装,墩台帽,盖梁等
	过渡墩	
锚碇	锚碇基础 *	钢筋加工及安装,扩大基础,桩基 *,地下连续墙 *,沉井 *,大体积混凝土构件 * 等
	锚体 *	锚固体系制作 *,锚固体系安装 *,锚碇块体,预应力锚索的张拉与压浆 * 等

单位工程	分部工程	分项工程
上部结构制作与防护(钢结构)	斜拉索*	斜拉索制作与防护*
	主缆(索股)*	索股和锚头制作与防护*
	索鞍*	主索鞍和散索鞍制作与防护*
	索夹	索夹制作与防护
	吊索	吊索和锚头制作与防护*等
	加劲梁*	加劲梁段制作*,加劲梁防护等
上部结构浇筑与安装	悬浇*	梁段浇筑*
	安装*	加劲梁安装*,索鞍安装*,主缆架设*,索夹和吊索安装*等
	工地防护*	工地防护*
	桥面系及附属工程	桥面防水层的施工,桥面铺装,钢桥面板上防水黏结层的洒布,钢桥面板上沥青混凝土铺装*,支座安装*,抗风支座安装,伸缩缝安装,人行道铺设,栏杆安装,防撞护栏等
	桥梁总体	桥梁总体*
引桥		参见表2-1-2"桥梁工程"
引道		参见表2-1-2"路基工程"和"路面工程"
互通立交工程		参见表2-1-2"互通立交工程"
交通安全设施		参见表2-1-2"交通安全设施"

注:表内标注*号者为主要工程,评分时给以2的权值;不带*号者为一般工程,权值为1。

2. 单位、分部与分项工程划分注意事项

(1)若设计标准(或道路等级)不一致时应单独划分。

(2)应尽可能考虑施工的连续性,以确保各分项工程能及时评定。

(3)路基工程以每合同段为单位工程,合同段较长时,以每10km为单位工程。有中央分隔带的路基,宜按左、右幅分别划分分部工程。

①土方路基、石方路基按自然段落划分分项工程。

②小桥及符合小桥标准的通道以每座为分部工程。

③涵洞、通道以每座为分部工程。

④砌体挡土墙、锚喷防护以每处为分项工程;大型挡土墙以每处为分部工程。

(4)路面工程以1~3km划分分部工程。其中,基层、底基层、垫层按路基自然段落划分分项工程;路基、桥梁、隧道上的路面划分为不同的分项工程。有中央分隔带的路段,宜按左、右幅分别划分分部工程。

(5)特大、大、中桥梁工程以每座为单位工程。分部工程划分时左右幅分开。

①基础与下部构造以每墩台为分部工程。

②上部构造预制及安装以每跨为分部工程,铰缝、湿接缝、干接缝、现浇横隔板为梁板安装分项工程下的工序;上部构造支架现场浇筑以联为分部工程,悬臂浇筑以墩为分部工程;现浇连续段、负弯矩钢筋加工及预应力钢筋张拉划入上部构造,现场浇筑以联为分部工程。

③桥面系和附属工程以联为分部工程。

（6）互通立交工程以每处为一个单位工程。互通立交单位工程内不含主线桥梁、主线路面、匝道路面。匝道桥梁以每座为分部工程；主线路基划为分部工程；每条匝道划为分部工程。

（7）隧道工程以每座为单位工程。分部工程划分时左右幅分开。

①洞身开挖、洞身衬砌、防排水各划分为一个分部工程，每个分部工程划分不超过 1km。

②隧道洞身开挖按围岩类别不超过 100m，为一分项工程。

③洞身衬砌分部工程中，各类分项工程划分按衬砌类型不超过 100m，同时其划分长度应与洞身开挖保持一致。

④仰拱填充纳入仰拱分项工程下的工序，二次衬砌后的透水盲管纳入防水板分项工程下的工序。

⑤隧道装饰分部工程划分为洞门装饰和洞内装饰分项工程。

⑥人行横洞、车行横洞每处单独划分一个分部工程，其分项工程划分参照主洞。

⑦竖井、斜井每座单独划分一个分部工程，其分项工程划分参照主洞。

任务实施

1. 根据表 2-1-1 可知××干线工程共分为 11 个分部工程。

2. 根据分部工程的数量，准备 11 个资料盒。

3. 根据具体的分部工程名称，确定相应的案卷题名，编制预立案卷目录，见表 2-1-4。

4. 将案卷题名分别标注于案卷脊背上。

案 卷 目 录　　　　　　　　　　　　　　　　　　　　　表 2-1-4

序号	档号	案 卷 题 名	总页数	保管期限	备注
1		××跨线桥 0 号桥台基础及下部构造施工原始记录			
2		××跨线桥 1 号墩基础及下部构造施工原始记录			
3		××跨线桥 2 号墩基础及下部构造施工原始记录			
4		××跨线桥 3 号桥台基础及下部构造施工原始记录			
5		××跨线桥上部结构预制安装 0－1 号跨小箱梁			
6		××跨线桥上部结构预制安装 1－2 号跨小箱梁			
7		××跨线桥上部结构预制安装 2－3 号跨小箱梁			
8		××跨线桥桥面系附属结构			
9		路基土石方工程			
10		K0＋020 盖板涵			
11		K0＋770 盖板涵			

思考与练习

一、填空题

1. 路基工程以每合同段为单位工程，合同段较长时，以_____为单位工程。有中央分隔带的路基，宜按_____分别划分分部工程。

2. 路面工程以_____划分分部工程。其中，基层、底基层、垫层按_____划分分项工程。

    3.特大、大、中桥梁工程以_____为单位工程。

    4.互通立交工程以_____为一个单位工程。

    5.隧道工程以_____为单位工程。

二、简答题

    1.案卷目录由哪些项目组成？

    2.卷内目录由哪些项目组成？

任务2　施工准备阶段资料收集与整理

学习目标

    1.熟悉施工准备阶段需收集的技术文件材料范围；

    2.会收集、整理施工准备阶段的文件材料。

工作任务

    某工程项目在施工准备阶段资料员收集到的资料见表2-2-1,部分资料样本见附录2。将这些资料进行整理、归类,装入资料盒(卷盒),将案卷题名标注于案卷脊背上,并将盒内的资料登记在卷内目录上。

××工程施工准备阶段收集到的资料清单　　　　　　　　　　表2-2-1

序号	发文单位	文件编号	文　件　名　称	日期(年.月.日)
1	××工程管理处	GL－SH－003	××工程原地面复测方案协调会会议纪要	2010.5.11
2	××工程管理处	GL－SH－006	××工程软基处理优化会议纪要	2010.7.20
3	××工程管理处	GL－S－001	××工程开工通知书	2010.1.15
4	总监办	GL－J－001	××工程开工令	2010.3.18
5	项目经理部	GLSG－001	××工程实施性施工组织设计报审表及施工组织设计	2010.3.10
6	项目经理部	GLSG－005	××工程A辅道土方路基开工申请批复单及施工组织设计	2010.11.15
7	项目经理部	GLSG－006	××工程B辅道土方路基开工申请批复单及施工组织设计	2011.1.19
8	项目经理部	GLSG－007	××工程C辅道土方路基开工申请批复单及施工组织设计	2011.1.19
9	项目经理部	GL－J－001	土方路基(填砂)技术交底书	2010.10.5
10	项目经理部	GL－J－002	土方路基(砂垫层)技术交底书	2010.10.5
11	项目经理部	GL－J－003	软土路基(水泥搅拌桩)技术交底书	2010.5.17
12	项目经理部	FS(2010)016号	关于××工程项目经理变更的函	2010.5.10
13	总监办	总监办函〔2010〕030号	关于对××工程项目经理变更的审查意见(总监办函〔2010〕030号)	2010.5.12

序号	发文单位	文件编号	文 件 名 称	日期(年.月.日)
14	××工程管理处	建设〔2010〕020号	关于对××工程总监办函〔2010〕030号文的批复	2010.5.21
15	项目经理部	GL-YG-003	2010年4月韶钢φ8钢筋进场报验单及试验报告	2010.4.11
16	项目经理部	GL-YG-004	2010年6月韶钢φ8钢筋进场报验单及试验报告	2010.6.22
17	项目经理部	GL-YJ-005	2010年5月锦流石场(5~25mm)碎石进场报验单及试验报告	2010.5.31
18	项目经理部	GL-YJ-006	2010年7月锦流石场(5~25mm)碎石进场报验单及试验报告	2010.7.24
19	项目经理部	GL-YS-002	2010年4月水泥进场报验单及试验报告	2010.4.4
20	项目经理部	GL-YS-004	2010年5月水泥进场报验单及试验报告	2010.5.4

相关理论

施工准备阶段资料文件通常分为管理性文件和项目技术性文件两大类。

一、项目行政管理文件的收集与整理

管理性文件一般按问题、时间、发文单位、重要程度或保管期限排列。卷内文件排放时,正件在前,附件在后;批复在前,请示在后;结论性文件在前,依据性文件在后。

二、项目技术文件的收集与整理

项目技术文件一般材料按管理、依据、施工记录、试验检测、评定及证明顺序排列。施工准备阶段主要收集的技术文件如下:

(1)会议纪要的收集,按时间先后顺序排列。

(2)图纸会审纪要、设计交底会议纪要,按时间先后顺序排列。

(3)原始地面线复核记录在监理复核确认后收集。

(4)开工前交接桩记录、控制点的复测、施工控制点加密工程定位(如水准点、基准点、导线点等)测量、复核记录等,在监理复核确认后收集,按合同段整理组卷。

(5)技术交底文件一般应在项目部、工区、作业队进行三级技术交底,接受交底人签字后及时收集,按照经批准的单位、分部、分项工程划分进行排列组卷。

(6)质量保证体系文件在监理单位审批后收集。

(7)施工方案、试验段实施方案和总结报告在监理单位审批后收集,并以单位工程为单元整理组卷。

(8)合同段开工申请(后附施工组织设计,施工放样报验单,进场材料、设备报验单,分项工程月进度计划等),按合同段单独组卷。

(9)分项工程开工申请(后附分项工程施工组织设计,施工放样报验单,进场材料、设备报验单,分项工程月进度计划等),按经批准的单位、分部、分项工程划分进行排列组卷。

(10)监理指令及回复、停(复)工指令及回复,在相应指令回复完后收集整理。

（11）施工日志，按时间先后顺序排列组卷。

（12）工地试验室的试验检测能力核验申报资料，在核验审批文件收到后一并收集整理。

（13）原材料、半成品、成品、混合料、标准试验、工艺试验连同批复文件在批复后收集整理。不同的原材料按时间、批次、厂家先后顺序分别收集。每一批次材料进场必须经监理工程师审批后才能进场使用，每一批次质保资料均按：材料进场审批表→厂家合格证→厂家出厂报告→施工单位送检或自检顺序排列，若每一批次材料由多个厂家供应，按不同厂家分别排序。

（14）配合比设计报告，按配合比审批表、施工单位配合比计算表、施工单位配合比强度、配合比相关原材料（水泥/砂/碎石）、平行配合比报告等顺序排列。

（15）外委试验报告形成后及时收集整理。

（16）各种原材料、半成品、成品、混凝土预制件出场检验报告及合格证由试验室收集后与相应的试验检测报告一并收集移交存档。

（17）安全保证体系文件、桥隧工程风险评估报告、危险源调查、分析、评价、分级资料、安全专项技术方案在监理工程师审批后收集。

（18）安全技术交底文件一般应在项目部、工区、作业队进行三级技术交底，接受交底人签字后及时收集。

（19）特种设备登记、使用台账及维修保养记录由专职安全员负责收集，检验合格证在检定完后移交存档。作业人员和项目管理人员的安全教育培训记录、各级安全检查、整改台账、应急救援预案及演练记录、安全日志等文件由专职安全工程师负责及时收集并移交存档。

（20）环境保护及文明施工的有关文件，在文件形成后及时收集。

任务实施

1. 根据资料内容，将资料进行分类，见表2-2-2。

2. 根据资料的类别，准备8个资料盒，并将案卷题名标注于案卷脊背上，案卷题名见表2-2-3。

3. 复核资料的完整性和规范性，将分好类的资料按照组卷要求排序，见表2-2-3。

4. 把整理好的资料装入对应的资料盒，并登记好编制卷内目录，见表2-2-4～表2-2-11。

资料分类情况表　　　　　　　　　　　　　　　　　　　　　表2-2-2

序号	文 件 名 称	类 别
1	××工程原地面复测方案协调会会议纪要	会议纪要
2	××工程软基处理优化会议纪要	会议纪要
3	××工程开工通知书	合同段开工申请
4	××工程开工令	合同段开工申请
5	××工程实施性施工组织设计报审表及施工组织设计	合同段开工申请
6	××工程A辅道土方路基开工申请批复单及施工组织设计	分项工程开工申请
7	××工程B辅道土方路基开工申请批复单及施工组织设计	分项工程开工申请
8	××工程C辅道土方路基开工申请批复单及施工组织设计	分项工程开工申请
9	土方路基（填砂）技术交底书	技术交底

序号	文 件 名 称	类　别
10	土方路基(砂垫层)技术交底书	技术交底
11	软土路基(水泥搅拌桩)技术交底书	技术交底
12	关于××工程项目经理变更的函	往来文件
13	关于对××工程项目经理变更的审查意见(总监办函〔2010〕030号)	往来文件
14	关于对××工程总监办函〔2010〕030号文的批复	往来文件
15	2010年4月韶钢φ8钢筋进场报验单及试验报告	原材料进场/钢筋
16	2010年6月韶钢φ8钢筋进场报验单及试验报告	原材料进场/钢筋
17	2010年5月锦流石场(5~25mm)碎石进场报验单及试验报告	原材料进场/碎石
18	2010年7月锦流石场(5~25mm)碎石进场报验单及试验报告	原材料进场/碎石
19	2010年4月水泥进场报验单及试验报告	原材料进场/水泥
20	2010年5月水泥进场报验单及试验报告	原材料进场/水泥

案卷题名及资料排序情况表　　　　　　　　　　　表2-2-3

序号	案 卷 题 名	装盒资料及其顺序
1	××工程会议纪要	1,2
2	××工程开工报告	3,4,5
3	××工程分项开工申请	6,7,8
4	××工程技术交底	9,10,11
5	××工程重要往来文件	12,13,14
6	××工程钢筋原材料进场	15,16
7	××工程碎石原材料进场	17,18
8	××工程水泥原材料进场	19,20

卷内目录(盒1:××工程会议纪要)　　　　　　　表2-2-4

序号	文件编号	责任者	文件材料题名	日期(年.月.日)	页数	备注
1	GL-SH-003		××工程原地面复测方案协调会会议纪要	2010.5.11		
2	GL-SH-006		××工程软基处理优化会议纪要	2010.7.20		

卷内目录(盒2:××工程开工报告)　　　　　　　表2-2-5

序号	文件编号	责任者	文件材料题名	日期(年.月.日)	页数	备注
1	GL-S-001		××工程开工通知书	2010.1.15		
2	GL-J-001		××工程开工令	2010.3.18		
3	GLSG-001		××工程实施性施工组织设计报审表及施工组织设计	2010.3.10		

卷内目录(盒3：××工程分项开工申请)   表2-2-6

序号	文件编号	责任者	文件材料题名	日期 (年.月.日)	页数	备注
1	GLSG－005		××工程A辅道土方路基开工申请批复单及施工组织设计	2010.11.15		
2	GLSG－006		××工程B辅道土方路基开工申请批复单及施工组织设计	2011.1.19		
3	GLSG－007		××工程C辅道土方路基开工申请批复单及施工组织设计	2011.1.19		

卷内目录(盒4：××工程技术交底)   表2-2-7

序号	文件编号	责任者	文件材料题名	日期 (年.月.日)	页数	备注
1	GL－J－001		土方路基(填砂)技术交底书	2010.10.5		
2	GL－J－002		土方路基(砂垫层)技术交底书	2010.10.5		
3	GL－J－003		软土路基(水泥搅拌桩)技术交底书	2010.5.17		

卷内目录(盒5：××工程重要往来文件)   表2-2-8

序号	文件编号	责任者	文件材料题名	日期 (年.月.日)	页数	备注
1	FS〔2010〕016号		关于××工程项目经理变更的函	2010.5.10		
2	总监办函〔2010〕030号		关于对××工程项目经理变更的审查意见(总监办函〔2010〕30号)	2010.5.12		
3	建设〔2010〕020号		关于对××工程总监办函〔2010〕30号文的批复	2010.5.21		

卷内目录(盒6：××工程钢筋原材料进场)   表2-2-9

序号	文件编号	责任者	文件材料题名	日期 (年.月.日)	页数	备注
1	GL－YG－003		2010年4月韶钢ϕ8钢筋进场报验单及试验报告	2010.4.11		
2	GL－YG－004		2010年6月韶钢ϕ8钢筋进场报验单及试验报告	2010.6.22		

卷内目录(盒7：××工程碎石原材料进场)   表2-2-10

序号	文件编号	责任者	文件材料题名	日期 (年.月.日)	页数	备注
1	GL－YJ－005		2010年5月锦流石场(5～25mm)碎石进场报验单及试验报告	2010.5.31		
2	GL－YJ－006		2010年7月锦流石场(5～25mm)碎石进场报验单及试验报告	2010.7.24		

卷内目录(盒8：××工程水泥原材料进场) 表 2-2-11

序号	文件编号	责任者	文件材料题名	日期 (年.月.日)	页数	备注
1	GL－YS－002		2010年4月水泥进场报验单及试验报告	2010.4.04		
2	GL－YS－004		2010年5月水泥进场报验单及试验报告	2010.5.4		

思考与练习

简答题

1. 简述管理性文件卷内文件排列的顺序。

2. 合同段开工申请材料包括哪些文件材料？如何组卷？

3. 水泥进场时需收集的文件材料有哪些？如何排序？

附录2 施工准备阶段资料样本

进场材料报验单　　　　　　　　　　　　　　　附表2-0-1

项目名称:××立交工程　　　　　　承包单位:××公路工程建设集团有限公司

合同段:XPS-01　　　　　监理单位:××工程咨询监理有限公司　　编号:CJ020

致 ＿＿＿＿＿××＿＿＿＿＿立交工程第 XFJ-01 合同段总监办公室

下列进场材料经自检试验符合技术规范要求,报请验证,并准予进场。

附件:1.材料出厂质量保证书

　　　2.材料自检试验报告

承包人:×× 日期:2010.6.22

材料名称		钢筋			
材料来源、产地		韶钢松山股份有限公司			
材料规格		HPB235φ8			
用途(使用在何工程部位)		箱梁、系梁、桩基、桥台、预制梁、盖梁、墩柱			
批次、本批材料数量		Y0701633L	32.525t		
承包人的试验	试样来源	现场取样			
	取样地点、日期	工地现场、2010.5.26			
	试验日期、操作人	2010.5.28、××			
	试验结果	合格			
材料预计进场日期					

致:＿＿＿＿＿××立交工程第 XFS-01 合同段项目经理部

我证明上述材料的取样、检验等是(符合)规程要求的,经抽检复查试验的结果表明,这些材料,(符合)合同技术规范要求,(同意)进场在指定工程部位上使用。

监理工程师:×× 日期:2010.6.23

注:由承包人呈报三份,签发证明后监理单位、建议单位各一份,给承包人一份。

佛山市公路桥梁工程监测站
钢材力学性能试验报告

工程名称：　　　　××立交工程　　　　　　　报告编号：　011－10－0421(019)

委托单位：　××公路工程建设集团有限公司　　委托编号：　T101839

施工单位：　××公路工程建设集团有限公司　　检测性质：　委托检验

见证单位：　××工程咨询监理公司　　　　　　见证人：　××

检验环境：　温度:25℃　　湿度:—%　　　　　送检日期：2010.5.26

检验依据:GB/T 228—2002、GB/T 232—1999、GB 1499.1—2008、GB 1499.2—2007　报告日期:2010.5.28

序号	试验项目		试验结果				
1	样品编号		T101839-016		以下空白		
2	厂家与批(炉)号		韶钢松山股份有限公司(Y0701633L)				
3	代表数量(t)		32.525				
4	牌号		HPB235				
5	公称直径(mm)		8				
6	标称面积(mm²)		50.27				
7	使用部位		见备注				
8	钢筋内径 (mm)	实测直径	8.0	8.0	—		
		技术要求	7.7～8.3				
9	屈服强度 (MPa)	实测值	270	280	—		
		技术要求	≥235				
	极限强度 (MPa)	实测值	465	485	—		
		技术要求	≥370				
	伸长率 (%)	实测值	35.0	35.0	—		
		技术要求	≥25				
10	冷弯	弯心直径(mm)	8				
		弯曲角度(°)	180				
		试验结果	完好	完好	—		
		技术要求	受弯曲部位不得产生裂缝				
11	单组评定		合格				
结论			以下空白				
备注			使用部位:箱梁、系梁、桩基、桥台、预制梁、盖梁、墩柱				
设备信息			液压万舱试验机 FLQ－2－027－01,微机控制电液伺服钢绞线(万能)拉力试验机(紧密型)FLQ－2－158－01				

声明:1.本检验结果仅对来样负责,若有意见或疑问须在一周内提出。

　　　2.未经本站书面批准,不得复制检验报告(完整复制除外)。

　　　3.报告无检验单位公章、未经审核、签发无效,报告涂改无效。

地址:　　　　　　电话:　　　　　　传真:　　　　　　邮编:

试验:××　　　　审核:××　　　　批准:××　　　第1页　共1页

广东韶钢松山股份有限公司
SGIS SONGSHAN CO.,LTD.

钢材质量证明书

本公司获 ISO9001: 2000 质量管理体系认证

QUALITY CERTIFICATE OF PRODUCTS

THE COMPANY HAS BEEN AWARDED ISO9001: 2000 QMS CERTIFICATE

编号:质量-钢88
NO. QQ-S88
销(2)建筑材 201001

需方 PURCHASER: × × 贸易有限公司
合同号 CONTRACT:NO:

品名:钢筋混凝土用热轧光圆钢筋 Commodity:Hot rolied ribbed steel bars for reinforcement of concrete	规格:8mm Sizet	交货状态:热轧 Delivery State:Hot Rolled	发货日期:2010.4.24 Delivery Date:
编号: Grade: HPB235	许可证号:XK05-001-00080 Licence No.:	判断标准:GB1499.1-2008 Standard NO.:	出库单号:CKD-1004249317 Delivery No:

生产日期 Production Date (年.月.日)	检验批号 Saple No	件数 Pieces (件)	质量 Net Weighte (t)
2010.4.22	Y0701633L	21	44.089
合计		21	44.089

化学成分(%) Chemical Composition

C	Si	Mn	P	S	Cu	Cr	Ni	V	Mo	Ceq
0.8	0.19	0.42	0.023	0.021	0.02	0.05	0.02	0.005	0.004	0.19

力学性能 Mechanical Properties

ReL (MPa)	Rm (MPa)	A (%)	Agt	冷弯 Cold Bend $d=1a$ 角度180°
310	440	31.0	合格	合格
320	440	33.0	合格	合格
310	440	29.5	合格	合格
310	440	30.5	合格	合格

检验单位:韶钢技术质量部
判定员:× ×
地址:× ×
电话:× ×
打印日期:2010.4.24

项目名称:××立交工程　　　　　承包单位:××公路工程建设集团有限公司

合同段:XPS-01　　　监理单位:××工程咨询监理公司　　　编号:CJL 005

致:××立交工程第 XFJ-01 合同段总监办公室

下列进场材料经自检试验符合技术规范要求,报请验证,并准予进场。

附件:1.材料出厂质量保证书

　　　2.材料自检试验报告

承包人:××　　　日期:2010.7.24

材料名称		碎石		
材料来源、产地		锦流石场		
材料规格(mm)		5~25		
用途(使用在何工程部位)		桩基、墩柱、系梁、盖梁、承台、桥台		
批次、本批材料数量		400m³		
承包人的试验	试样来源	混凝土搅拌站		
	取样地点、日期	混凝土搅拌站、2010.7.21		
	试验日期、操作人	2010.7.22、××		
	试验结果	合格		
材料预计进场日期				

致:中铁十八局集团有限公司佛山市乐狮公路吉利佛开立交工程第 XFS-01 合同段项目经理部

我证明上述材料的取样、检验等是(符合)规程要求的,经抽检复查试验的结果表明,这些材料,(符合)合同技术规范要求,(同意)进场在指定工程部位上使用。

监理工程师:××　　日期:2010.7.25

注:由承包人呈报三份,签发证明后监理单位、建议单位各一份,给承包人一份。

佛山市公路桥梁工程监测站
粗集料(结构混凝土)试验报告

工程名称：　××立交工程		报告编号：　004410－0219(004)
委托单位：　××公路工程建设集团有限公司		委托编号：　T103823
施工单位：　××公路工程建设集团有限公司		样品编号：　T102823－015
见证单位：　××工程咨询监理公司	咨询性质：　委托检验	样品名称：　粗集料
厂家产地：　锦流石场	单位工程：　桥梁工程	样品状态：　正常
施工部位：　桩基、下部构造	代表数量：　—	送检日期：　2010.7.21
检验依据：　JTJ 041—2000❶	见证人：　××	报告日期：　2010.7.22

序号	试验项目	技术要求	试验结果	试验项目	技术要求	试验结果
1	表观密度(g/cm³)	—	—	坚固性	—	—
	振实密度(t/m³)	—	—	小于2.5mm的颗粒含量(%)	≤5	—
	堆积空隙率(%)	—	—	有机物含量(比色法)	颜色不应裸于标准	—
	压碎值(%)	≤12	8.6	吸水率(%)		
	岩石抗压强度(MPa)	—	—	含水率(%)		
	针片状颗粒含量(%)	≤15	2.8	泥块含量(%)	≤0.5	
	含泥量(%)	≤1.0	0.3	硫化物及硫酸盐(按SO₃质量计划)	≤1	

集料筛分试验结果及图形					
孔径(mm)	累计筛余(%)	规范要求	孔径(mm)	累计筛余(%)	规范要求
100	0.0	—	25	5.7	0~5
80	0.0	—	20	41.8	—
63	0.0	—	16	78.7	30~70
50	0.0	—	10	99.5	—
40	0.0	—	5	99.7	90~100
31.5	0.0	—	2.5	99.7	95~100

以下空白

结论	含泥量、针片状颗粒含量、压碎指标合格，级配不符合5~25mm粒级的范围，最大粒径为31.5m
备注	以下空白
设备信息	液压万能试验税 FLQ－2－027－01；压碎值仪 FLQ－2－024－01，针片状固定仪 FLQ－2－015－01；电子天平 FLQ－2－066－08；粗集料(侧孔)筛 FLQ－2－014－01；15kg 电子秤 FLQ－2－085－01；电热鼓风干燥箱 FLQ－2－095－03

声明：1.本检验结果仅对本件负责，若有意见或疑问须在一周内提出。
　　　2.未经本站书面批准，不得复制检验报告(完整复制除外)。
　　　3.报告无检验单位公章、未经审核、签发无效，报告涂改无效。

地址：	电话：	传真：	邮编：
试验：××	审核：××	批准：××	第1页　共1页

❶ 注：《公路桥涵施工技术规范》(JTJ 041—2000)目前已废止，被《公路桥涵施工技术规范》(JTG/T F50—2011)替代，后者于2011年8月1日起施行。

模块3 路基工程施工资料收集与整理

任务1 路基土石方工程施工资料收集与整理

学习目标

1. 熟悉路基土石方工程施工过程中需要记录的表；
2. 掌握路基土石方工程质量保证资料的收集方法和编排顺序。

工作任务

某一级公路路基工程的分部分项划分见表3-1-1，其土石方工程的施工、试验及检测记录资料见附录3-1，整理该高速公路K42 + 000 ~ K44 + 765段路基土石方的施工资料并按要求编排顺序。

××一级公路路基工程分部分项划分   表3-1-1

单 位 工 程	分 部 工 程		分 项 工 程
××一级公路 K42 + 000 ~ K44 + 765 段路基工程	路基土石方	K42 + 000 ~ K44 + 765 段路基土石方	K42 + 000 ~ K44 + 765 段土方路基

相关理论

路基是指按照路线位置和一定技术要求修筑的、作为路面基础的带状构造物，其是铁路和公路的基础，路基是用土或石料修筑而成。

一、土方路基施工资料

1. 土方路基施工工艺及相应阶段的记录表

土方路基主要工艺流程及相应阶段的记录表见表3-1-2。

土方路基施工主要工艺流程及对应表   表3-1-2

序号	工 艺 流 程	对 应 表
1	测量放样	施工放样测量记录表(路线中桩、边桩放样)；水准测量记录表(主要记录原地面高程)

序号	工 艺 流 程	对 应 表
2	清表 	清理与掘除检查记录表
3	土方填筑,推平 	路基填筑施工记录表
4	碾压 	路基填筑施工记录表

2. 土方路基分项工程检验资料

公路工程质量检测资料主要包括三个部分,分别为质量检验评定表、质量检验报告单和试验检测(含内业、外业)记录表,其中质量检验评定表和质量检验报告单中的检测项目是与《公路工程质量检验评定标准》(JTG F80/1)规定的项目——对应的。土方路基的质量检测记录表见表3-1-3。

土方路基质量检测记录表

表3-1-3

序号	类 别	对 应 表
1	质量检验评定	土方路基质量检验评定表
2	质量检验报告	土方路基质量检验报告单

序号	类别	对应表
3	内业试验记录	土颗粒组成分析(筛分法)试验记录表; 土壤膨胀量试验记录表; 土的回弹模量试验记录表; 液塑限联合测定试验记录表; 土的承载比(CBR)试验记录表; 土的自由膨胀率试验记录表; 重型击实试验记录表; 含水率试验记录表; 其他土工试验
4	外业检测记录	4.1 压实度统计汇总表 环刀法压实度检测记录表/灌砂法压实度检测记录表/ 核子仪法压实度检测记录表(根据压实度检测方法选择表格)
		4.2 回弹弯沉检测结果统计表 弯沉检测记录表
		4.3 高程及横坡度试验记录表 水准测量记录表
		4.4 平面位置检查记录表 施工放样测量记录表
		4.5 宽度试验记录表
		4.6 3m直尺平整度检测记录表
		4.7 边坡坡度检测记录表

3. 土方路基质量保证资料编排顺序

土方路基质量保证资料编排顺序见表3-1-4。

土方路基质量保证资料编排顺序 表3-1-4

序号	归档表名称	备 注
1	中间交工证书	
2	分项工程检验施工资料	
2.1	土方路基质量检验评定表	
2.2	土方路基质量检验报告单	
2.3	压实度统计汇总表	
	环刀法压实度检测记录表/灌砂法压实度检测记录表/核子仪法压实度检测记录表	根据压实度检测方法选择表格
2.4	回弹弯沉检测结果统计表	弯沉检测
	弯沉检测记录表	
2.5	高程及横坡度试验记录表	纵断高程、横坡检测
	水准测量记录表	

序号	归档表名称	备注
2.6	平面位置检查记录表	中线偏位检测
	施工放样测量记录表	
2.7	宽度试验记录表	宽度检测
2.8	3m直尺平整度检测记录表	平整度检测
2.9	边坡坡度检测记录表	边坡检测
3	施工记录	
3.1	施工放样测量记录表	路线中桩、边桩放样
	水准测量记录表	底面高程
3.2	清理与掘除检查记录表	此表仅用于底层路基施工
3.3	路基填筑施工记录表	此表仅用于填方路基,若路基为挖方路基,无需此表
4	试验检测资料(内业试验)	单独组卷

二、石方路基施工资料

1. 石方路基施工工艺及相应阶段的记录表

石方路基的清表、测量、石方填筑及相应阶段的记录表与土方路基清表、测量、填筑的表一致。

2. 石方路基分项工程检验资料

石方路基的质量检测记录表见表3-1-5。

石方路基质量检测记录表   表 3-1-5

序号	类别	对应表
1	质量检验评定	石方路基质量检验评定表
2	质量检验报告	石方路基质量检验报告单
3	内业试验记录	石料抗压强度试验记录表; 其他土工、石料试验
4	外业检测记录	4.1 高程及横坡度试验记录表 水准测量记录表
		4.2 平面位置检查记录表 施工放样测量记录表
		4.3 宽度试验记录表
		4.4 3m直尺平整度检测记录表
		4.5 边坡坡度检测记录表

3. 石方路基质量保证资料编排顺序

石方路基质量保证资料编排顺序见表3-1-6。

序号	归档表名称	备 注
1	中间交工证书	
2	分项工程检验施工资料	
2.1	石方路基质量检验评定表	
2.2	石方路基质量检验报告单	
2.3	高程及横坡度试验记录表	纵断高程、横坡检测
	水准测量记录表	
2.4	平面位置检查记录表	中线偏位检测
	施工放样测量记录表	
2.5	宽度试验记录表	宽度检测
2.6	3m 直尺平整度检测记录表	平整度检测
2.7	边坡坡度检测记录表	边坡检测
3	施工记录	
3.1	施工放样测量记录表	路线中桩、边桩放样
	水准测量记录表	底面高程
3.2	清理与掘除检查记录表	此表仅用于底层路基施工
3.3	路基填筑施工记录表	此表仅用于填方路基,若路基为挖方路基,无需此表
4	试验检测资料(内业试验)	单独组卷

三、软土地基施工资料

软土地基是指主要由黏土和粉土等细微颗粒含量多的松软土、孔隙大的有机质土、泥炭以及松散砂等土层构成、地下水位高、其上的填方及构造物稳定性差且发生沉降的地基。

软土路基处理的目的是提高该段公路路基的稳定性和承载能力。目前常用的软土地基处理方法有堆载预压法、水泥土搅拌桩法、换填垫层法、加筋路基法及化学加固法等。

以下介绍几种常用软基处理方法的施工资料。

1. 软土地基施工工艺及相应阶段的记录表

软土地基施工主要工艺流程及相应阶段的记录表见表 3-1-7。

软土地基施工主要工艺流程及对应表 表 3-1-7

序号	工艺流程	对应表
1	测量放样	施工放样测量记录表; 水准测量记录表
2	清表	清理与掘除检查记录表
3	机具就位,施工 (1)袋装砂井 	袋装砂井施工现场记录表

序号	工 艺 流 程	对 应 表
3	（2）塑料排水板 	塑料排水板施工现场记录表
	（3）碎石桩（砂桩） 	碎石桩（砂桩）施工现场记录表
	（4）水泥搅拌桩 	水泥搅拌桩施工现场记录表
	（5）CFG 桩 	CFG 桩施工现场记录表
4	软土地基沉降量观测 	软土地基沉降量观测记录表； 孔隙水压力观测记录表； 软基分层沉降记录表； 软基测斜记录表； 软基测斜资料汇总表

2. 软土地基分项工程检验资料

软土地基质量检测记录见表 3-1-8。

序号	类 别	对 应 表	
1	质量检验评定	袋装砂井质量检验评定表； 塑料排水板质量检验评定表； 碎石桩(砂桩)质量检验评定表； 水泥搅拌桩质量检验评定表； CFG 桩质量检验评定表(根据具体处理办法选用表格)	
2	质量检验报告	袋装砂井质量检验报告单； 塑料排水板质量检验报告单； 碎石桩(砂桩)质量检验报告单； 水泥搅拌桩质量检验报告单； CFG 桩质量检验报告单(根据具体处理办法选用表格)	
3	内业试验记录	袋装砂井	粗集料试验记录表； 细集料试验记录表； 其他土工、石料试验； 砂袋出厂合格证； 砂袋试验报告(如抗拉强度、抗老化性能、耐环境水腐蚀性能、渗透系数等)； 其他试验、检测资料
		塑料排水板	其他土工、石料试验； 塑料排水板性能试验表； 塑料板排水板出厂合格证
		碎石桩(砂桩)	粗集料试验记录表； 细集料试验记录表； 石料抗压强度试验记录表； 其他试验、检测资料
		水泥搅拌桩	水泥出厂合格证及化验单； 水泥物理性能试验记录表； 水泥胶砂强度检验记录表； 外加剂出厂合格证及化验单； 水泥混凝土(砂浆)配合比设计计算表； 其他试验、检测资料
		CFG 桩	水泥出厂合格证及化验单； 水泥物理性能试验记录表； 水泥胶砂强度检验记录表； 外加剂出厂合格证及化验单； 水泥混凝土(砂浆)配合比设计记录表； 粗集料试验记录表； 细集料试验记录表； 其他试验、检测资料

3. 软土地基质量保证资料编排顺序

软土地基质量保证资料编排顺序见表3-1-9。

软土地基质量保证资料编排顺序 　　　　表3-1-9

序号	归档表名称	备注
1	中间交工证书	
2	分项工程检验施工资料	
2.1	袋装砂井质量检验评定表； 塑料排水板质量检验评定表； 碎石桩(砂桩)质量检验评定表； 水泥搅拌桩质量检验评定表； CFG桩质量检验评定表	根据软土地基具体处理办法选用表格
2.2	袋装砂井质量检验报告单； 塑料排水板质量检验报告单； 碎石桩(砂桩)质量检验报告单； 水泥搅拌桩质量检验报告单； CFG桩质量检验报告单	根据软土地基具体处理办法选用表格
3	施工记录	
3.1	施工放样测量记录表 水准测量记录表	
3.2	清理与掘除检查记录表	
3.3	袋装砂井施工现场记录表； 塑料排水板施工现场记录表； 碎石桩(砂桩)施工现场记录表； 水泥搅拌桩施工现场记录表； CFG桩施工现场记录表	根据软土地基具体处理办法选用表格
3.4	软土地基沉降量观测记录表 孔隙水压力观测记录表 软基分层沉降记录表 软基测斜记录表 软基测斜资料汇总表	软土地基沉降量观测
4	试验检测资料(内业试验)	单独组卷

![任务实施]

一、检查路基土石方工程施工资料的完整性

（1）根据任务要求，明确本路基工程的分项工程为土方路基。

（2）根据工程的施工工艺，核对土方路基各工序所对应的施工过程记录表、分项工程质量检测表及各统计表，并按顺序分别放好。

（3）补充缺少资料：

①资料表格有缺少的，需要找相关人员进行补充填写。例如，测量资料找测量员，施工检查记录找施工员，试验检测表格找试验员，质量检测报告单找质检员等。

②"压实度统计汇总表"，按照《公路工程质量检验评定标准》（JTG F80/1—2004）❶附录 B 的"路基、路面压实度评定"的要求，是根据"压实度检测记录表"中的实测压实度进行统计评定的。

下面以补充表"压实度统计汇总表"为例，阐述具体的填写方法。某高速公路 K0 + 000 ~ K1 + 000 段路基下路堤检测的压实度数据见表 3-1-10，对该路段压实度进行统计评价。

路基下路堤检测的压实度 表 3-1-10

实测压实度检测结果（规定值:93）											
序号	1	2	3	4	5	6	7	8	9	10	11	12
1	95	94	96	95	93	95	92	96	95	94	93	92
2	93	95	94	96	95	93	90	93	95	94	93	94

根据相关内容填写"压实度统计汇总表"，见表 3-1-11。

压实度统计汇总表 表 3-1-11

工程名称：××高速公路　　　合同段：×× 　　施工单位：×× 　　第 1 页　共 1 页

里程	分项工程	检测深度（cm）	标准值 K_0	实　测							代表值 k	合格率（%）	试验方法
				总测点	合格点	系数 $t_a/\sqrt{n}$	平均值 K	均方差 S	单点 K_i				
									最大	最小			
K0 + 000 ~ K1 + 000	土方路基	18	93	24	23	0.510	94.0	1.43	96	90	93.5	95.8	灌砂法

注：①表头：与其他表格对应一致。

②分项工程名称：具体分项工程名称。

③检测深度：根据实际检测深度填写。

④标准值：根据路基深度确定标准值，$K_0 = 93$；合格值（即标准值减去 2 个百分点）：$93 - 2 = 91$；极值（即标准值减去 5 个百分点）：$93 - 5 = 88$。

⑤总测点数目：$n = 24$。

⑥合格值数目：23，实测值比合格值大即为合格。

⑦平均值：$k = 94.0$。

⑧均方差：$S = 1.43$。

⑨保证率：根据附录 B"路基、路面压实度评定"的要求，高速公路、一级公路的保证率：基层、底基层为 99%，路基、路面面层为 95%；其他公路的保证率：基层、底基层为 95%，路基、路面面层为 90%；本工程为高速公路土方

---

❶ JTG F80/1—2004 被 JTG F80/1—2017 替代，后者自 2018 年 5 月 1 日起施行，前者同时废止。

路基,保证率取95%。

⑩系数 $t_a/\sqrt{n}$:根据保证率95%及总测点数目24,查表得 $t_a\sqrt{n}=0.350$。

⑪代表值:$K=k-t_a\sqrt{n}\times S=94.0-0.350\times1.43=93.5>K=93$。

⑫评定结果:合格。且合格率:$23\div24=95.8\%$。

⑬试验方法:根据实际压实度的检测办法填写。

二、校核资料填写的规范性及准确性

(1)检查资料是否有涂改,填写字迹应清晰,采用碳素墨水书写,禁止使用圆珠笔、铅笔、红墨水及纯蓝墨水等易褪色的书写工具书写;如果个别数据必须更改,应在旁边签名。

(2)检查资料上的各方签名,签名必须手签全名,不能以盖章或复印代替手签名。

(3)检查各资料表格之间数据的准确性和一致性,例如"土方路基质量检验报告单"中的压实度,应该与"灌砂法压实度检测记录表"的检测值保持一致。

三、按要求顺序编排土方路基施工资料

根据土方路基分项工程的质量保证资料编排顺序要求,将核对无误后的施工资料按顺序整理好,并装入对应的资料盒。

思考与练习

1.完成某二级公路路基下路堤的压实度统计汇总表,具体压实度值见表3-1-12,其压实度检测办法为灌砂法检测。

路基下路堤检测的压实度　　　　　　　　　表3-1-12

实测压实度检测结果(规定值:92)													
序号	1	2	3	4	5	6	7	8	9	10	11	12	13	14
1	95	93	95	89	93	95	92	90	95	94	93	92	94	96
2	93	96	94	90	95	92	92	93	92	94	93	94	95	95

2.按顺序列出石方路基的施工资料。

任务2　排水工程施工资料收集与整理

学习目标

1.熟悉路基排水工程施工过程中需要记录的表;

2.掌握路基排水工程质量保证资料的收集方法和编排顺序。

工作任务

××高速公路路基排水工程的分部分项划分见表3-2-1,其排水工程的施工、试验及检测记录资料见附录3-2,整理该公路 K122+069~K125+000 段排水工程的施工资料并按要求编排顺序。

单位工程	分部工程	分项工程
××高速公路 K119+300～K126+880 段路基工程	排水工程	K122+069～K125+0000 路基排水工程	K122+069～K125+000 浆砌排水沟

相关理论

为了保证路基的坚固和稳定,必须设置必要的排水设施。路基的水包括地表水及地下水,其中地表排水设备主要包括边沟、截水沟、排水沟、跌水与急流槽等,地下排水设备主要有暗沟、渗沟和渗井等。

本任务内容主要叙述地表浆砌排水沟(如边沟、截水沟、排水沟、跌水、急流槽等)施工资料的收集与整理,地下排水工程的施工资料收集方法与其类似,可参考学习。

一、浆砌排水沟施工工艺及相应阶段的记录表

浆砌排水沟施工主要工艺流程及相应阶段的记录见表 3-2-2。

浆砌排水沟施工主要工艺流程及对应表　　　　　　表 3-2-2

序号	工 艺 流 程	对 应 表
1	测量放样	施工放样测量记录表(排水沟位置放样); 水准测量记录表
2	沟槽开挖 	基坑检查记录表
3	基底处理 	地基处理检查记录表

— 49 —

序号	工艺流程	对应表
4	片石砌筑,勾缝,养生 	水泥混凝土(砂浆、净浆)施工检查记录表
5	成品检测(位置、沟底高程、坡度) 	平面位置检查记录表; 施工放样测量记录表; 高程及横坡试验记录表; 水准测量记录表; 垂直度或坡度试验记录表

二、浆砌排水沟分项工程检验资料

浆砌排水沟的质量检测记录表见表3-2-3。

浆砌排水沟质量检测记录表 表3-2-3

序号	类别	对应表
1	质量检验评定	浆砌排水沟质量检验评定表
2	质量检验报告	浆砌排水沟质量检验报告单
3	内业试验记录	水泥出厂合格证及化验单; 水泥物理性能试验记录表; 水泥胶砂强度检验记录表; 外加剂出厂合格证及化验单; 粗集料试验记录表; 细集料试验记录表; 水质分析试验记录表; 水泥混凝土(砂浆)配合比设计记录表
4	外业检测记录	混凝土或砂浆抗压强度统计表; 水泥混凝土(砂浆)抗压抗折强度试验记录表

三、浆砌排水沟质量保证资料编排顺序

浆砌排水沟质量保证资料编排顺序见表3-2-4。

浆砌排水沟质量保证资料编排顺序 表3-2-4

序号	归档表名称	备 注
1	中间交工证书	
2	分项工程检验施工资料	
2.1	浆砌排水沟质量检验评定表	
2.2	浆砌排水沟质量检验报告表	
2.3	混凝土或砂浆抗压强度统计表	砌体砂浆强度检测
	水泥混凝土(砂浆)抗压抗折强度试验记录表	
3	施工记录	
3.1	施工放样测量记录表	排水沟位置放样
	水准测量记录表	原地面高程
3.2	基坑检查记录表	沟槽开挖
3.3	地基处理检查记录表	
3.4	水泥混凝土(砂浆、净浆)施工检查记录表	
3.5	平面位置检查记录表	排水沟轴线偏位检测
	施工放样测量记录表	
3.6	高程及横坡试验记录表	沟底高程检测
	水准测量记录表	
3.7	垂直度或坡度试验记录表	墙面直顺度或坡度检测
4	试验检测资料(内业试验)	单独组卷

任务实施

一、检查路基排水工程施工资料的完整性

(1)根据任务要求,明确本路基排水工程的分项工程为排水沟。

(2)根据工程的施工工艺,核对排水沟工程各工序所对应的施工过程记录表、分项工程质量检测表及各统计表,并按里程桩号分段放好。

(3)补充缺少资料。

资料表格有缺少的,需要找相关人员进行补充填写。例如,测量资料找测量员,施工检查记录找施工员,试验检测表格找试验员,质量检测报告单找质检员补充等。

二、校核资料填写的规范性及准确性

(1)检查资料是否有涂改,填写字迹应清晰,采用碳素墨水书写,禁止使用圆珠笔、铅笔、红墨水及纯蓝墨水等易褪色的书写工具书写;如果个别数据必须更改,应在旁边签名。

(2)检查资料上的各方签名,签名必须手签全名,不能以盖章或复印代替手签名。

(3)检查各资料表格之间数据的准确性和一致性。例如,"浆砌排水沟质量检验评定表"中的砂浆强度,应该与"水泥混凝土抗压抗折强度试验记录表"的检测值保持一致。

三、按要求顺序编排施工资料

根据分项工程的质量保证资料编排顺序要求,将核对无误后的 K122 + 069 ~ K125 + 000 排水沟的施工资料按里程桩号顺序依次整理好,并装入对应的资料盒。

思考与练习

按顺序列出浆砌排水沟的施工资料。

任务3   砌筑防护工程施工资料收集与整理

学习目标

1. 熟悉砌筑防护工程施工过程中需要记录的表;
2. 掌握砌筑防护工程质量保证资料的收集方法和编排顺序。

工作任务

××公路路基工程的分部分项划分见表 3-3-1,其砌筑防护工程的施工、试验及检测记录资料见附录 3-3,整理该公路 K0 + 060 ~ K0 + 281.64 段砌筑防护工程的施工资料并按要求编排顺序。

××公路砌筑防护工程分部分项划分 表 3-3-1

单位工程	分 部 工 程	分 项 工 程
××公路路基工程	砌筑防护工程	K0 + 060 ~ K0 + 281.64 段路基砌筑防护工程	K0 + 060 ~ K0 + 281.64 悬臂式挡土墙,墙背填土

相关理论

为保证路基的正常使用和整体或局部稳定,在做好路基排水的同时,还必须根据水文、地质及材料等情况,采取种草、植树、砌石挡土墙等有效的工程措施,对各类土石边坡进行防护与支挡。

挡土墙按结构形式可分为重力式挡土墙、加筋土挡土墙、锚定式挡土墙及薄壁式挡土墙(悬臂式挡土墙和扶壁式挡土墙)。本节仅对最常见的重力式挡土墙和悬臂式挡土墙施工资料收集与整理方法进行介绍,其他类型的砌筑防护工程资料收集与整理办法类似,可参考学习。

一、重力式挡土墙的施工资料

1.重力式挡土墙施工工艺及相应阶段的记录表

重力式挡土墙施工主要工艺流程及对应表见表 3-3-2。

序号	工 艺 流 程	对 应 表
1	测量放样	施工放样测量记录表(挡土墙位置放样)； 水准测量记录表
2	开挖基坑 	基坑检查记录表
3	基底检测 	地基处理检查记录表； 地基静力触探检测记录表
4	墙体砌筑,勾缝,养生 	水泥混凝土(砂浆、净浆)施工检查记录表
5	成品检测(位置、顶面高程、坡度、平整度) 	平面位置检查记录表； 施工放样测量记录表； 高程及横坡试验记录表； 水准测量记录表； 垂直度或坡度试验记录表； 大面积平整度检测记录表

2. 重力式挡土墙分项工程检验资料

重力式挡土墙的质量检测记录表见表3-3-3。

序号	类 别		对 应 表
1	质量检验评定		砌体挡土墙质量检验评定表
2	质量检验报告		砌体挡土墙质量检验报告单
3	内业试验记录	水泥	水泥出厂合格证及化验单； 水泥物理性能试验记录表； 水泥胶砂强度检验记录表
		集料	粗集料试验记录表,非沥青混凝土用； 细集料试验记录表,非沥青混凝土用
		石料	石料抗压强度试验记录表
		水质	水质分析试验记录表
		配合比	水泥混凝土(砂浆)配合比设计记录表； 砂净浆抗压强度试验记录表
		其他材料	嵌缝材料出厂合格证及化验单
4	外业检测记录		混凝土或砂浆抗压强度统计表； 水泥混凝土(砂浆)抗压抗折强度试验记录表

3. 重力式挡土墙质量保证资料编排顺序

重力式挡土墙质量保证资料编排顺序见表 3-3-4。

重力式挡土墙质量保证资料编排顺序 表 3-3-4

序号	归档表名称	备 注
1	中间交工证书	
2	分项工程检验施工资料	
2.1	砌体挡土墙质量检验评定表	
2.2	砌体挡土墙质量检验评定表	
2.3	混凝土或砂浆抗压强度统计表	砌体砂浆强度检测
	水泥混凝土(砂浆)抗压抗折强度试验记录表	
3	施工记录	
3.1	施工放样测量记录表	挡土墙位置放样
	水准测量记录表	原地面高程
3.2	基坑检查记录表	基坑开挖
3.3	地基处理检查记录表	基底处理
	地基静力触探检测记录表	
3.4	水泥混凝土(砂浆、净浆)施工检查记录表	
3.5	平面位置检查记录表	挡土墙轴线偏位检测
	施工放样测量记录表	
3.6	高程及横坡试验记录表	挡土墙顶面高程检测
	水准测量记录表	
3.7	垂直度或坡度试验记录表	墙面直顺度或坡度检测
3.8	大面积平整度检测记录表	墙面平整度检测
4	试验检测资料(内业试验)	单独组卷

二、薄壁式挡土墙的施工资料

薄壁式挡土墙是钢筋混凝土结构,包括悬臂式和扶壁式两种。这两种挡土墙的施工工艺基本一致,过程中使用的记录表也一致。

1. 薄壁式挡土墙施工工艺及相应阶段的记录表

薄壁式挡土墙施工工艺及相应阶段的记录表见表3-3-5。

薄壁式挡土墙施工主要工艺流程及对应表 表3-3-5

序号	工艺流程	对应表
1	测量放样	施工放样测量记录表(挡土墙位置放样); 水准测量记录表
2	开挖基坑	基坑检查记录表
3	基底检测	地基处理检查记录表; 地基静力触探检测记录表
4	基础钢筋加工安装 	钢筋加工安装质量检验报告单(基础钢筋)
5	基础模板安装 	现浇混凝土构件模板安装检查记录表(基础)
6	基础混凝土浇筑 	混凝土施工检查记录表(基础)

序号	工 艺 流 程	对 应 表
7	**墙身钢筋加工安装** 	钢筋加工安装质量检验报告单(墙身钢筋)
8	**墙身模板安装** 	现浇混凝土构件模板安装检查记录表(墙身)
9	墙身混凝土浇筑	混凝土施工检查记录表(墙身)
10	**成品检测(位置、高程、横坡、坡度、平整度)** 	平面位置检查记录表; 施工放样测量记录表; 高程及横坡试验记录表; 水准测量记录表; 垂直度或坡度试验记录表; 大面积平整度检测记录表

2. 薄壁式挡土墙分项工程检验资料

薄壁式挡土墙的质量检测记录表见表3-3-6。

薄壁式挡土墙质量检测记录表   表3-3-6

序号	类 别		对 应 表
1	质量检验评定		砌体和混凝土挡土墙质量检验评定表; 钢筋加工及安装质量检验评定表
2	质量检验报告		砌体和混凝土挡土墙质量检验报告单; 钢筋加工安装质量检验报告单
3	内业试验记录	水泥	水泥出厂合格证及化验单; 水泥物理性能试验记录表; 水泥胶砂强度检验记录表

序号	类 别	对 应 表	
3	内业试验记录	外加剂	外加剂出厂合格证及化验单
		集料	粗集料试验记录表,非沥青混凝土用; 细集料试验记录表,非沥青混凝土用
		水质	水质分析试验记录表
		配合比	水泥混凝土(砂浆)配合比设计记录表
		钢材	钢筋出厂合格证; 钢筋出厂试验报告,其包括钢筋生产方法、力学鉴定、物理化学性能; 焊材出厂检验合格证; 接头套筒出厂检验合格证; 钢材焊接力学性能试验记录表; 钢材力学性能试验记录表; 钢筋机械接头试验报告
4	外业检测记录	混凝土或砂浆抗压强度统计表; 水泥混凝土抗压抗折强度试验记录表	

3. 薄壁式挡土墙质量保证资料编排顺序

薄壁式挡土墙质量保证资料编排顺序见表3-3-7。

薄壁式挡土墙质量保证资料编排顺序　　　　　　　表3-3-7

序号	归档表名称	备 注
1	中间交工证书	
2	分项工程检验施工资料	
2.1	砌体和混凝土挡土墙质量检验评定表	
	钢筋加工及安装质量检验评定表	
2.2	砌体和混凝土挡土墙质量检验评定表	
	钢筋加工安装质量检验报告单	
2.3	混凝土或砂浆抗压强度统计表	墙体混凝土强度
	水泥混凝土抗压抗折强度试验记录表	
3	施工记录	
3.1	施工放样测量记录表	挡土墙位置放样
	水准测量记录表	原地面高程
3.2	基坑检查记录表	基坑开挖
3.3	地基处理检查记录表	基底处理
	地基静力触探检测记录表	
3.4	现浇混凝土模板安装检查记录表	挡土墙基础施工
	混凝施工检查记录表	

序号	归档表名称	备 注
3.5	现浇混凝土模板安装检查记录表	挡土墙墙身施工
	混凝土施工检查记录表	
3.6	平面位置检查记录表	挡土墙轴线偏位检测
	施工放样测量记录表	
3.7	高程及横坡试验记录表	挡土墙顶面高程检测
	水准测量记录表	
3.8	垂直度或坡度试验记录表	墙面直顺度或坡度检测
3.9	大面积平整度检测记录表	墙面平整度检测
4	试验检测资料（内业试验）	单独组卷

任务实施

一、检查路基砌筑防护施工资料的完整性

（1）根据任务要求，明确本路基砌筑防护工程的分项工程为 K35 + 100 ~ K35 + 260 右侧悬臂式挡土墙、墙背填土。

（2）根据工程的施工工艺，核对砌筑防护工程各工序所对应的施工过程记录表、分项工程质量检测表及各统计表，并按里程桩号分段放好，其中墙背填土见本模块任务一中"土方路基的施工资料"。

（3）补充缺少资料。资料表有缺少的，需要找相关人员进行补充填写。例如，测量资料找测量员，施工检查记录找施工员，试验检测表找试验员，质量检测报告单找质检员补充等。

二、校核资料填写的规范性及准确性

（1）检查资料是否有涂改，填写字迹应清晰，采用碳素墨水书写，禁止使用圆珠笔、铅笔、红墨水及纯蓝墨水等易褪色的书写工具书写；如果个别数据必须更改，应在旁边签名。

（2）检查资料上的各方签名，签名必须手签全名，不能以盖章或复印代替手签名。

（3）检查各资料表格之间数据的准确性和一致性。例如，"悬臂式和扶臂式挡土墙质量检验评定表"中的砂浆强度，应该与"水泥混凝土抗压抗折强度试验记录表"的检测值保持一致。

三、按要求顺序编排施工资料

根据分项工程的质量保证资料编排顺序要求，将核对无误后的 K0 + 060 ~ K0 + 281.64 悬臂式挡土墙及墙背填土的施工资料，按里程桩号顺序依次整理好，并装入对应的资料盒。

思考与练习

1. 按顺序列出重力式挡土墙的施工资料。

2. 按顺序列出悬臂式挡土墙的施工资料。

附录3-1 土石方工程施工、试验及检测记录资料

土方路基质量检验评定表

附表3-1-1

项目名称	国道321线××段路基工程	监理单位	××工程监理有限公司	公路等级	一级
桩号及部位	K42+000~K44+765	施工单位	××单位	合同段	—

项次	检测项目		规定值或允许偏差	检测结果			质量评定	
				检测数	合格数	合格率(%)	权值	加权得分(分)
1△	压实度(%)	0~80cm	≥96	204	204	100.0	3	300.0
		80~150cm	≥94	—	—	—	—	
		150cm以下	≥93	—	—	—	—	
2△	弯沉(0.01mm)		不大于设计要求值	527	527	100.0	3	300.0
3	纵断高程(mm)		+10,-15	212	190	89.6	2	179.2
4	中线偏位(mm)		50	—	—	—	2	—
5	宽度(mm)		大于设计值	106	106	100.0	2	200.0
6	平整度(mm)		15	520	470	90.4	2	180.8
7	横坡(%)		±0.3	119	119	100.0	1	100.0
8	边坡		符合设计要求	—	—	—	—	—
合计				96.9			13	1260.0
外观鉴定			路基表面平整,边线直顺,曲线圆滑				减分	0
质量保证资料			资料齐全				减分	0
监理意见及签名								
工程质量等级评分			得分: 96.9分 签名:×× 日期:2007.10.6					

统计:××   复核:××   技术主办:××   项目主管:××   日期:2007.10.6

土方路基质量检验报告单

项目名称	国道 321 线 ×× 段路基工程	起止桩号	K42+000~K44+765	合同段	一	施工日期	2006.8~2007.10
施工单位	×× 单位	监理单位	×× 监理有限公司	公路等级	一级	检测日期	2006.8~2007.10

项次	检测项目	单位	规定值或允许偏差	检测频率	检测值
1	压实度	%	符合规范要求	每 200m 每压实层测 4 处	路基 96 区检测了 204 个点压实度检测全部合格（详见"压实度检测汇总表"及"灌砂法压实度检测记录表"）
2	弯沉	0.01mm	≤260	按附录 I 检查	K420+000~K43+000 检查了 207 点,代表弯沉值 239;K43+000~K44+000 检查了 166 点,代表弯沉值 211;K44+000~K44+765 检查了 154 点,代表弯沉值 208,代表弯沉值检测合格（详见"弯沉测定记录表"及"回弹弯沉检测结果统计表"及"回弹弯沉检测记录表"）
3	纵断高程	mm	+10,−15	每 200m 测 4 断面	检查了 212 点,合格 190 点,合格率 90%（详见"高程及横坡检测表"）
4	中线偏位	mm	50	每 200m 测 4 点	路基按旧路中线两边加宽,此项无检查内容
5	宽度	mm	不小于设计值	每 200m 测 4 处	检查了 106 点,合格 106 点,合格率 100%（详见"宽度检测记录表"）
6	平整度	mm	15	每 200m 测 2 处 ×10 尺	检查了 520 点,合格 470 点,合格率 90%（详见"3m 直尺平整度检测表"）
7	横坡	%	±0.3	每 200m 测 4 断面	检查了 106 点,合格 106 点,合格率 100%（详见"高度及横坡检测记录表"）
8	边坡			抽查每 200m 测 4 处	此项无检查内容

压实度统计结果	路基压实度统计结果符合规范要求	弯沉统计结果	弯沉统计结果符合设计要求
外观检查	路基表面基本平整,边线基本直顺,边坡坡面平整稳定,曲线圆滑		符合设计及规范要求
自检意见	符合设计及规范要求 签名:×× 日期:2007.10.6	监理工程师意见	数据真实,符合设计规范要求 签名:×× 日期:2007.10.6

检测:×× 复核:×× 日期:2007.10.6 施工员:×× 质检负责人:×× 技术主办:×× 项目主管:×× 日期:2007.10.6

压实度统计汇总表

工程名称：国道 321 线 × × 段路基工程　　　合同段：　　　施工单位：× × 单位

里　程	分项工程	检测深度 （cm）	标准值 K_0	实　　测										合格率 （%）	试 验 方 法
				总测点	合格点	系数 $t_a/\sqrt{n}$	平均值 $\bar{K}$	均方差 S	单 点 K_i		代表值 k				
									最大	最小					
K42 + 000 ~ K44 + 765	土方路基	15	96	204	204	0.115	98.29	0.821	100.1	96.4	98.2		100	灌砂法
以下空白														

自检意见	符合设计及规范要求 签名：× ×　　　　复核：× ×　　　　日期:2007.10.6	监理工程师 意见	符合设计及规范要求 签名：× ×　　　　日期:2007.10.6

检测:× ×　　　　技术主办:× ×　　　　项目主管:× ×　　　　日期:2007.10.6

工程名称:国道 321 线××段路基工程　　合同段:

施工单位:××单位　　　　　　　　监理单位:××监理有限公司

分项工程:土方路基

桩　号		测点数 n	平均值 (1/100mm) L	计算系数		温度修正系数	代表弯沉 (1/100mm) L_r	设计弯沉 (1/100mm)	结　论
起点	讫点			S	Z_a				
K42+000	K43+000	207	184	27.279	2	—	239	260	合格
K43+000	K44+000	166	166	22.675	2	—	211	260	合格
K44+000	K44+765	154	164	21.977	2	—	208	260	合格
以下空白									

自检意见	符合设计及规范要求		监理工程师意见	符合设计及规范要求	
	签名:××	日期:2007.10.4		签名:××	日期:2007.10.4

统计:××　　复核:××　　技术主办:××　　项目主管:××　　　　日期:2007.10.4

项目名称	国道 321 线××段路基工程		施工单位	××单位		合同段	—
分项工程	土方路基		监理单位	××监理有限公司		公路等级	一级
天气	晴	气温(℃)	20	车型	东风	轮胎气压(MPa) 0.71	后轴重(t) 10

桩号(右幅主车道)	读数(1/100mm) 左轮	读数(1/100mm) 右轮	弯沉(1/100mm) 左轮	弯沉(1/100mm) 右轮	桩号(右幅主车道)	读数(1/100mm) 左轮	读数(1/100mm) 右轮	弯沉(1/100mm) 左轮	弯沉(1/100mm) 右轮
K42＋010		102	204		K42＋390	78		156	
K42＋030	97		194		K42＋410		93		186
K42＋050		105	210		K42＋430	91		182	
K42＋070	87		174		K42＋450		107		214
K42＋090		92		184	K42＋470	101		202	
K42＋110	110		220		K42＋490		112		224
K42＋130		103	206		以下空白				
K42＋150	100		200						
K42＋170		94	188						
K42＋190	103		206						
K42＋210		106	212						
K42＋230	109		218						
K42＋250		85	170						
K42＋270	92		184						
K42＋290		87	174						
K42＋310	98		196						
K42＋330		90	180						
K42＋350	83		166						
K42＋370		104	208						

自检意见	符合设计及规范要求　　签名：××　　日期：2007.12.28	弯沉统计结果：$n = 25$；$L = 194$；$S = 18$；$Z_a = 2.0$；$L_r = L + Z_a \times S = 230.97 \leqslant 260$
监理意见	符合设计及规范要求　　签名：××　　日期：2007.12.28	

测量	××	计算	××	复核	××	技术主办	××	项目主管	××	日期	2007.12.28

高程及横坡度检测记录表

项目名称	国道321线×× 段路基工程	施工单位	×× 单位	监理单位	×× 监理有限公司	合同段	××	一级
水准点编号及位置	BM6	水准点高程（m）	24.669	单项工程名称	土方路基	范围	K42+000~K42+500 右幅	公路等级

桩号	实测高程（mm）			设计高程（mm）			高程偏差（mm）			水平距离（mm）		左幅横坡度（%）			右幅横坡度（%）		
	设计线	右8.7m	右边线	设计线	右8.7m	右边线	设计线	右8.7m	右边线	右8.7m	右边线	实测值	设计值	偏差值	实测值	设计值	偏差值
K42+000		23 738	23 578	23 907	23 733	23 567		+5	+11	8 700	16 980				-1.93	-2.00	0.07
K42+050		23 687	23 511	23 850	23 676	23 510		+11	+1	8 700	16 980				-2.12	-2.00	-0.12
K42+100		23 269	23 090	23 435	23 261	23 081		+8	+9	8 700	17 710				-1.99	-2.00	0.01
K42+150		22 483	22 253	22 663	22 489	22 259		-6	-6	8 700	20 210				-2.00	-2.00	0.00
K42+200		21 366	21 094	21 540	21 366	21 086		+0	+8	8 700	22 710				-1.94	-2.00	0.06
K42+250		20 159	19 815	20 322	20 148	19 815		+11	+0	8 700	15 350				-2.07	-2.00	-0.07
K42+300		19 047	18 884	19 230	19 056	18 877		-9	+7	8 700	17 650				-1.82	-2.00	0.18
K42+350		18 420	18 260	18 589	18 415	18 429		+5	+11	8 700	16 980				-1.93	-2.00	0.07
K2+400		18 190	18 056	18 359	18 199	18 047		-9	+9	8 700	16 980				-1.62	-1.84	0.22
K42+450		18 507	18 798	18 317	18 499	18 801		+8	-3	8 700	23 140				2.01	2.09	-0.08
K42+500		18 755	19 356	18 314	18 749	19 363		+6	-7	8 700	20 980				4.89	5.00	-0.11

自检意见	符合设计及规范要求　　签名：×× 日期：2006.12.28	监理意见	符合设计及规范要求　　签名：×× 日期：2006.12.28

测量	××	计算	××	复核	××	技术主办	××	项目主管	××	测量日期	2006.12.28

宽度检测记录表

项目名称	国道 321 线××段路基工程					施工单位	××单位	合同段	—
单项工程名称	土方路基					监理单位	××监理有限公司	公路等级	一级
检测桩号	允许偏差（mm）	不小于设计值							
		左幅宽度			右幅宽度			备注	
	设计值（mm）	实测值（mm）	偏差（mm）	设计值（mm）	实测值（mm）	偏差（mm）		
K42 + 000				16 980	17 200	220		
K42 + 050				16 980	17 120	140		
K42 + 100				17 710	17 930	220		
K42 + 150				20 210	20 460	250		
K42 + 200				22 710	22 940	230		
K42 + 250				25 350	25 510	160		
K42 + 300				17 650	17 880	230		
K42 + 350				16 980	17 280	300		
K42 + 400				16 980	17 240	360		
K42 + 450				23 140	23 330	190		
K42 + 500				20 980	21 250	270		
自检意见	符合设计及规范要求 签名：×× 日期：2006.12.28			监理意见	符合设计及规范要求 签名：×× 日期：2006.12.28				
测量	××	记录	××	复核	××	技术主办	××	项目主管	××

3m 直尺平整度检测记录表

项目名称	国道 321 线××段路基工程	施工单位	××单位						合同段	—
单项工程名称	土方路基	监理单位	××监理有限公司						公路等级	一级
起讫桩号	实测值（mm）								备注	
K42 + 000 ~ K42 + 100	10	14	10	17	10	13	15	9	14	10
K42 + 100 ~ K42 + 200	11	12	17	8	11	14	16	13	10	9
K42 + 200 ~ K42 + 300	9	13	12	11	15	10	14	10	15	12
K42 + 300 ~ K42 + 400	14	9	11	12	14	9	11	16	8	11
K42 + 400 ~ K42 + 500	11	13	17	13	14	11	11	9	14	9
以下空白										
测点数	50	最大值	17	最小值		8	合格率		15	
小于标准的点数	45	合格率（%）					90			
自检意见	符合设计及规范要求 签名：×× 日期：2006.12.28			监理意见	符合设计及规范要求 签名：×× 日期：2006.12.28					
测量	××	复核	××	技术主办	××	项目主管	××	测量日期	2006.12.28	

附录3-2 排水工程施工、试验及检测记录资料

浆砌排水沟质量检验报告单

编号：GW18.101.05.01.02-8

项目名称	广梧高速公路河口至平台段	分部工程	K122+069~K125+000 路基排水工程	施工单位	××公路工程有限公司
合同段	第十八合同段	分项工程	浆砌排水沟	监理单位	××公路工程监理有限公司
单位工程	K119+300~K126+880 路基工程	工程部位	K123+130~K123+515 右侧排水沟	检验单位	第十八合同段项目部一处
桩号范围	K122+069.000~K125+000.000	施工日期	2009.9.15	检测日期	2009.10.13

《公路工程质量检验评定标准》(JTG F80/1—2004❶)(5.6.2)

项次	检查项目	单位	规定值或允许偏差	设计值	检测值									
1	砂浆强度	MPa	在合格标准内	7.5	14.2	13.3	—	—	—	—	—	—	—	—
2	轴线偏位	mm	≤50	—	4	7	9	12	13	17	21	25	27	32
3	沟底高程	mm	±15	—	7	9	10	6	4	-3	-1	-4	-5	-7
4	墙面直顺度或坡度	mm	30或符合设计要求	—	—	—	—	—	—	—	—	—	—	—
5	断面尺寸	mm	±30	—	6	4	-5	-9	—	—	—	—	—	—
6	浇筑厚度	mm	不小于设计	—	—	—	—	—	—	—	—	—	—	—
7	基础垫层	mm	—	—	—	—	—	—	—	—	—	—	—	—
7.1	宽	mm	不小于设计	—	—	—	—	—	—	—	—	—	—	—
7.2	厚	mm	不小于设计	100	115	120	110	130	—	—	—	—	—	—
以下空白														

外观鉴定	砌体内侧及沟底平顺，无杂物	自检意见	符合设计及 JTG F80/1—2004 评定标准要求	监理意见	符合设计及 JTG F80/1—2004 评定标准要求

填表：×× 质检工程师：×× 质检员：×× 技术主办：×× 项目主管：×× 技术主管：×× 监理工程师：××

---

❶ 《公路工程质量检验评定标准》(JTG F80/1—2004)已被 JTG F80/1—2017 替代，新标准自 2018 年 5 月 1 日起施行，JTG F80/1—2004 同时废止。

《建筑砂浆基本性能试验方法标准》(JGJ/T 70—2009)　编号：GW18.101.05.01.02-334

项目名称	广梧高速公路河口至平台段	施工单位	××公路工程有限公司	成型日期	2009.9.15
合同段	第十八合同段	监理单位	××公路工程监理有限公司	试验日期	2009.10.13
单位工程	K119+300～K126+880 路基工程	检验单位	第十八合同段项目部一处		
分部工程	K122+069～K125+000 路基排水工程	工程部位	K123+130～K123+515 右侧排水沟		
分项工程	浆砌排水沟	桩号范围	K122+069.000～K125+000.000		
使用范围	排水沟	取样地点	—		
施工编号	GW18.101.05.01.02-9	外掺剂	—	矿粉	—

养生情况	标准养护		水泥强度等级	P.O42.5R	设计等级	M7.5

材料用量 （kg/m³）	水泥	砂	水	外掺剂	粉煤灰	矿粉	水灰比	1.100
	250.0	1 520.0	275.0	—	—	—	稠度(mm)	60

序号	试件编号	龄期 (d)	试件尺寸(mm)			受压面积 （mm²）	破坏荷载 （kN）	破坏强度 （MPa）	强度取值 （MPa）	占设计强度百分比
			长	高	宽					
1	K123+130～ K123+515 右 侧排水沟 A	28	70.7	70.7	70.7	4 998.49	58.00	15.7	14.2	189
			70.7	70.7	70.7	4 998.49	48.00	13.2		
			70.7	70.7	70.7	4 998.49	51.20	13.8		
2	K123+130～ K123+515 右 侧排水沟 B	28	70.7	70.7	70.7	4 998.49	49.60	13.4	13.3	177
			70.7	70.7	70.7	4 998.49	49.70	13.4		
			70.7	70.7	70.7	4 998.49	48.40	13.1		
	以下空白									

自检意见	检验结果 28d 抗压强度满足设计要求
监理意见	检验结果 28d 抗压强度满足设计要求

填表：××　试验员：××　试验主管：××　质检工程师：××　项目主管：××　监理工程师：××

项目名称	广梧高速公路河口至平台段	施工单位	××公路工程有限公司		施工日期	2009.9.15
合同段	第十八合同段	监理单位	××公路工程监理有限公司			2009.9.15
单位工程	K119+300~K126+880 路基工程	检验单位	第十八合同段项目部一处		取样日期 2009.9.15	
分部工程	K122+069~K125+000 路基排水工程	工程部位	K123+130~K123+515 右侧排水沟			
分项工程	浆砌排水沟	桩号范围	K122+069.000~K125+000.000			

设计强度等级	M7.5		设计抗渗等级			
施工时间	开始	05:00	结束	21:00	施工气温(℃)	最高	35.0	最低	20.0

材料含水率(%)	砂	2.3	大石	—	小石	—	石屑		现场计量方式	电子秤
配合比编号	GW18-PB-044			矿粉用量(kg)		—				
水泥用量(kg)	250	水灰比	1.100	粉煤灰用量(kg)		—		外掺剂用量(kg)	—	
设计配合比	水泥:水:砂=1:1.100:6.080									
施工配料(kg)	水泥:水:砂=250:240:1555									

拌和方式	机器拌和	运输方式	汽运	振捣方式	—
稠度(mm)	55	60	65	平均	60

试件组数	3	试件编号	K123+130~K123+515 右侧排水沟 A;K123+130~K123+515 右侧排水沟 B;K123+130~123+515 右侧排水沟 C

设计抗压强度(MPa)	7.5	设计抗折强度(MPa)	—	设计数量(m³)	277.000	实浇数量(m³)	277.200
施工情况记录	连续无间断						

材料种类	进场单号	材料名称	材料产地/生产厂家	规格/标号/型号	使用数量(kg)
水泥	GW-18-SN01298	水泥	××水泥有限公司	P.O42.5R	69.300
砂	GW-18-XJ0545	河砂	银盘砂场	中砂	404.387
砂	GW-18-XJ0507	河砂	银盘砂场	中砂	16.957
		以下空白			

自检意见	符合设计及规范要求
监理意见	符合设计及规范要求

填表:×× 试验员:×× 试验主管:×× 质检工程师:×× 项目主管:×× 监理工程师:××

施工放线测量记录表

项目名称	广梧高速公路河口至平台段	分部工程	K122+069~K125+000 路基排水工程	施工单位	××公路工程有限公司
合同段	第十八合同段	分项工程	浆砌排水沟	监理单位	××公路工程监理有限公司
单位工程	K119+300~K126+880 路基工程	工程部位	K123+130~K123+515 右侧排水沟	检验单位	第十八合同段项目部一处
桩号范围	K122+069.000~K125+000.000	检测日期	2009.9.13	公路等级	高速公路
仪器型号	拓普康 GTS-102N	允许偏差(mm)	±L/10000		

序号	测点或桩号	设计坐标(m) X	Y	实测坐标(m) X	Y	计算距离(m)	计算角度(°)	计算水平度盘读数(°)	距离读数(m)	竖盘读数	实测距离(m)	实测水平度盘读数(°)
1	K123+140	2 572 465.984	471 249.566	2 572 465.987	471 249.568	196.143	245.223 7	166.423 6	—	—	196.140	166.423 4
2	+180	2 572 492.683	471 220.441	2 572 492.686	471 220.443	164.965	253.064 9	174.264 8	—	—	196.963	174.264 5
3	+215	2 572 516.110	471 195.052	2 572 516.117	471 195.053	141.079	262.295 1	183.495 0	—	—	141.072	183.494 9
4	+260	2 572 546.950	471 163.092	2 572 546.951	471 163.097	117.456	279.175 2	200.375 1	—	—	117.454	200.374 3
5	+300	2 572 574.633	471 134.896	2 572 574.636	471 134.897	107.727	298.540 1	220.140 0	—	—	107.724	220.140 2
6	+340	2 572 604.090	471 108.430	2 572 604.093	471 108.435	109.596	319.523 1	241.123 0	—	—	109.590	241.123 0
7	+380	2 572 634.247	471 082.637	2 572 634.248	471 082.639	123.923	338.084 7	259.284 6	—	—	123.921	259.284 7
8	+410	2 572 656.734	471 063.064	2 572 656.736	471 063.067	141.413	348.363 7	269.563 6	—	—	141.410	269.563 9

计算数据

测站点编号	X=2 572 656.874；Y=471 204.477	对点观测数据	斜距 D=—	草图
后视点编号	X=2 572 725.953；Y=470 859.806		竖直度盘 Q=—	
距离(m)	AB=351.525		实测水平距离 AB=351.525m	
			水平度盘=281.195 9(°)	

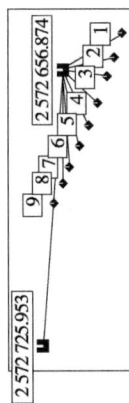

自检意见	符合设计及规范要求	监理意见	符合设计及规范要求
填表人:××	测量员:××	技术主办:××	项目主管:××
			监理工程师:××

附录3-3 砌筑防护工程施工、试验及检测记录资料

砌体和混凝土挡土墙质量检验评定表

附表3-3-1

项目名称	××公路工程		监理单位	××工程监理有限公司		公路等级	一级
桩号及部位	K0+060~K0+281.64悬臂式挡土墙		施工单位	××公路工程有限公司		合同段	Dj-01标

项次	检测项目		规定值或允许偏差	检测结果			质量评定	
				检测数	合格数	合格率（%）	权值	加权得分（分）
1△	砂浆或混凝土强度（MPa）		C30	88	88	100	3	300
2	平面位置（mm）		30	66	66	100	1	100
3	顶面高程（mm）		±20	22	22	100	1	100
4	竖直度或坡度（%）		0.3	44	44	100	1	100
5△	断面尺寸（mm）		不小于设计	44	44	100	3	300
6	底面高程（mm）		±30	22	20	90.9	1	90.9
7	表面平整度（mm）	块石	—				1	—
		片石	—					—
		混凝土块、料石	5	44	44	100		100
加权平均得分			99.2		合计		11	1 090.9

外观鉴定	混凝土施工缝平顺,沉降缝整齐垂直,上下贯通,混凝土表面有小面积蜂窝	减分	1
质量保证资料	齐全	减分	0
监理意见及签名	符合评定标准要求 签名:×× 日期:2008.4.8		
工程质量等级评分	得分:98.2 等级:合格		

统计:×× 复核:×× 技术主办:×× 项目主管:×× 日期:2008.4.8

钢筋加工及安装质量检验评定表

项目名称		××公路工程		监理单位		××工程监理有限公司		公路等级	一级
桩号及部位		K0+060～K0+281.64 悬臂式挡土墙		施工单位		××公路工程有限公司		合同段	Dj-01 标

项次	检测项目			规定值或允许偏差	检测结果			质量评定	
					检测数	合格数	合格率（%）	权值	加权得分（分）
1△	受力钢筋间距（mm）	两排以上排距		±20	616	616	100	3	300
		同排	梁、板、拱肋	—					
			基础、锚碇、墩台、柱	—					
		灌注桩		—					
2	箍筋、横向水平钢筋、螺旋筋间距(mm)			±10	308	308	100	2	200
3	钢筋骨架尺寸(mm)	长		±10	308	308	100	1	50
		宽、高或直径		±5	308	306	99.4		49.7
4	弯起钢筋位置(mm)			—				—	—
5△	保护层厚度(mm)	柱、梁、拱肋		—				3	
		基础、锚碇、墩台		±10	308	308	100		300
		板		—					
加权平均得分				99.9			合计	9	899.7

外观鉴定	钢筋表面洁净，焊接稳固，局部间距欠均匀	减分	1.0
质量保证资料	齐全	减分	0
监理意见及签名	符合评定标准 签名:×× 日期:2008.4.8		
工程质量等级评分	得分:98.9	等级:合格	

统计:×× 复核:×× 技术主办:×× 项目主管:×× 日期:2008.4.8

水泥混凝土抗压抗折强度试验记录表

项目名称	×× 公路工程	分项工程名称	砌筑防护工程挡土墙
设计强度（MPa）	30	外加剂名称及用量（%）	FDN-2;1.68
水泥强度等级	P.O42.5R	石子粒径（mm）及种类	5~25;碎石

施工单位		×× 公路工程有限公司	试验单位
水灰比	0.52	坍落度（mm）	120	试验日期	2008.4.2
养生情况	标准养护		试验规程编号	JTG E30—2005

试验结果

试件编号或试件部位	龄期(d)	试件尺寸(mm×mm×mm)	受压面积(mm²)	支座间距离(mm)	破坏荷载(nN)	破坏强度(MPa)	强度取值(MPa)	占28d强度(%)	材料用量每盘(kg/m³)	
K0+060~K0+070 挡土墙	28	150×150×150	22 500	—	850	37.8	40.2	134.0	水	171
挡土墙				—	915	40.7			水泥	276
基础				—	950	42.2			粗碎石	1 087
K0+060~K0+070 挡土墙	28	150×150×150	22 500	—	875	38.9	39.0	130.0	粉煤灰	54
挡土墙				—	840	37.3			砂	787
基础				—	920	40.9			外掺剂	5.56
以下空白									成型日期:2008.3.5	

自检意见	符合设计及规范要求	监理工程师意见	符合设计及规范要求
	签名:×× 日期:2008.4.2		签名:×× 日期:2008.4.2

试验	记录	计算	复核	质检负责人	项目主管
××	××	××	××	××	××

项目名称	××公路工程		施工单位	××公路工程有限公司		
单项工程名称	砌筑防护工程挡土墙		监理单位	××建设监理中心 ××公路工程总监办		公路等级	一级
施工部位	K0+060~K0+070,挡土墙基础		砂含水率（%）	5.4		碎石含水率（%）	1.5
设计配合比	276:787:1 087:171:5.59:54			现场计量方式	电子秤计量	
碎石规格及产地	5~25mm;××					
砂规格及产地	中砂;××					
施工时间	开始	9:40		结束	10:30	
施工气温（℃）	最高	22		最低	21	
混凝土强度等级	C30			拌和方式	强制式	
运输方式	搅拌车			振捣方式	振动棒	
水泥品种及强度等级	P.O42.5R			水泥用量（kg/m²）	276	
施工配合比	276:832:1 104:110:5.59:54			水灰比	0.52	
外加剂	名称	FDN-2		掺入量(%)	1.68	
实测坍落度(mm)	1:120	2:115		3:125	平均120	
留取试样	组数	4	编号	K0+060-K0+070挡土墙基础		
设计方数（m³）	19.8			实浇方数(m³)	20.3	
施工间断情况记录	无间断					
自检意见	符合设计及规范要求 签名:××　　日期:2008.3.5					
监理工程师意见	符合设计及规范要求 签名:××　　日期:2008.3.5					
检测	××	施工员	××	记录	××	技术主办	××	项目主管	××	检测日期	2008.3.5

项目名称	××公路工程	施工单位	××公路工程有限公司		
单项工程名称	砌筑防护工程挡土墙	监理单位	××建设监理中心××公路工程总监办	公路等级	一级
混凝土浇筑部位	K0＋060～K0＋070 悬臂式挡土墙基础				

相邻两板表面高差(mm)		允许值	2	实测值	1	1	2	1	2	2
表面平整度(mm)		允许值	5	实测值	3	2	2	1	4	2

轴线偏位(mm)		允许误差	横轴左端		横轴右端		纵轴前端		纵轴后端	
		15	7		5		2		3	

模内尺寸偏差（mm）	长度	允许值	±30	实测值	+2	+8	−3	+1
	宽度	允许值	±30	实测值	+8	−2	+5	+2

高程偏差(测模板上标线)（mm）	允许值	±10	实测值	+3	−1	+5	+3

垂直度或坡度	允许值	—	实测值	—	—	—	—

预埋件位置是否准确	无预埋件
接缝情况	接缝严密
支撑稳定情况	支撑稳固

自检意见	符合设计及规范要求 签名:×× 日期:2008.3.4
监理工程师意见	符合设计及规范要求 签名:×× 日期:2008.3.4

检测	××	施工员	××	记录	××	技术主办	××	项目主管	××	检测日期	2008.3.4

钢筋加工安装质量检验报告单

编号：

项目名称	××公路工程		桩号及部位	K0+060～K0+070 悬臂式挡土墙基础		施工日期		2008.3.1
施工单位	××公路工程有限公司		监理单位	××建设监理中心××公路工程总监办		公路等级 一级	检测日期	2008.3.4

项次	检测项目		单位	规定值或允许偏差	检测值						
1	受力钢筋间距	两排以上排距	mm	425/±20	427/+2	429/+4	423/-2	420/-5	421/-4	423/-2	424/-1
		同排 梁、板、拱肋	mm	—	—	—	—	—	—	—	—
		同排 基础、墩台、柱、锚碇	mm	250/±20	254/+4	253/+3	259/+9	247/-3	245/-5	240/-10	241/-9
		灌注桩	mm	—	—	—	—	—	—	—	—
2	箍筋、横向水平钢筋、螺旋筋同距		mm	80/±10	82/+2	84/+4	75/-5	73/-7	72/-8	76/-4	73/-8
3	钢筋骨架尺寸	长度	mm	10 000/±10	10 003/+3	10 001/+1	10 009/+9	9 998/-2	9 994/-6	9 992/-8	9 991/-9
		宽度、高度或直径	mm	3 600/±5	3 604/+4	3 604/+4	3 598/-2	3 596/-4	3 601/+1	3 603/+3	3 604/+4
4	弯起钢筋位置		mm	—	—	—	—	—	—	—	—
5	保护层厚度	柱、梁、拱肋	mm	—	—	—	—	—	—	—	—
		基础、墩台、锚碇	mm	75/±10	78/+3	70/-5	71/-4	72/-3	71/-4	74/-1	73/-2
		板	mm	—	—	—	—	—	—	—	—

外观检查	钢筋表面洁净，无锈蚀	
自检意见	符合设计及规范要求	监理工程师意见
	签名：×× 日期:2008.3.4	符合设计及规范要求

检测：×× 复核：×× 施工员：×× 质检负责人：×× 技术主办：×× 项目主管：××

签名:×× 日期:2008.3.4

地基处理检查记录表

项目名称		××公路工程	施工单位		××公路工程有限公司	合同段	DJ－01 标
分项 工程名称		砌筑防护工程挡土墙	监理单位		××工程监理有限公司	公路等级	一级
施工部位		K0＋060～K0＋070 段悬臂式挡土墙基坑					
施工日期		开始	2008.3.1		结束	2008.3.1	
处理方式		50cm 碎石垫层					
级配或含量		设计无要求					
处理范围(cm)		长度	1 000	宽度	420	厚度	50
分层厚度(cm)		松铺	55		压实	50	

底面高程偏差(cm)	允许值	左前	左后	右前	右后
	±50	+7	+10	+7	8

密实度或强度	项目	试样密实度或强度					合格率(%)
	第一层	—	—	—	—	—	—
	第二层	—	—	—	—	—	—
	第三层	—	—	—	—	—	—
	第四层	—	—	—	—	—	—
	第五层	—	—	—	—	—	—

顶面高程偏差(mm)	允许值	左 前	左 后	右 前	右 后
	±20	－3	+5	+7	+6

备注	无

自检 意见	符合设计及规范要求 签名：×× 日期:2008.3.1
监理 工程师 意见	符合设计及规范要求 签名：×× 日期:2008.3.1

检测	××	施工员	××	记录	××	技术主办	××	项目主管	××	检测日期	2008.3.1

项目名称	××公路工程			施工单位	××公路工程有限公司		合同段	Dj-01 标
分项工程名称	砌筑防护工程挡土墙			监理单位	××工程监理有限公司		公路等级	一级
墩(台)号	K0＋060～K0＋070			施工日期	2008.2.27～2008.2.29			
开挖方式	机械开挖和人工开挖							
地下水位高程(m)	－0.9			排水措施	水泵抽水			
支撑及围堰	打木桩围砂袋			坡率	1:1.5			
轴线偏位（mm）	横轴	允许值（mm）	15	左端	3	右端	4	
	纵轴			前端	7	后端	8	
基底高程偏差（mm）		允许值（mm）	±50	左前	±12	中心	+2	右前	+8
				右后	－5			右后	+4
平面尺寸（mm）	长	允许值（mm）	±30	设计值	10 000	实测值	10 018	实测偏差（mm）	+18
	宽				4 200		4 224		+24
基底压实度	设计无要求							
基底地质是否与设计一致,地质承载力变化情况及其处理意见	基底经过小木桩处理；地基承载力满足设计要求							
备注	无							

自检意见	符合设计及规范要求 签名:××　　日期:2008.2.9
监理工程师意见	符合设计及规范要求 签名:××　　日期:2008.2.29

检测	××	施工员	××	复核	××	技术主办	××	项目主管	××	检测日期	2008.2.29

砌体和混凝土挡土墙质量检验报告单

第 1 段　共 22 段　第 1 页　共 1 页

项目名称		××公路工程	起止桩号	K0+060～K0+070 悬臂式挡土墙	合同段	DJ-01 标	施工日期	2008.3.5
施工单位		××公路工程有限公司	监理单位	××工程监理有限公司	公路等级	一级	检测日期	2008.4.6

项次	检测项目	单位	规定值或允许偏差	检查频率	检测值			
1△	混凝土强度	MPa	C30	2组/200m³	40.2	39.0	38.3	37.8
2	平面位置	mm	30	3点/20m	4	1	7	
3	顶面高程	%	±20	1点/20m	+8			
4	竖直度或坡度	mm	0.3	2点/20m	0.2	0.1		
5△	断面尺寸	mm	不小于设计	2点/20m	+3	+1		
6	底面高程	mm	±30	1点/20m	+10			
7	表面平整度	mm	5	2处/20m	4			
	以下空白							

外观检查	混凝土施工缝平顺,沉降缝齐整垂直,上下贯通	符合设计及规范要求	请在右栏注明:混凝土挡土墙,或是浆砌片石或是浆砌块石	混凝土挡土墙
自检意见	符合设计及规范要求		监理工程师意见	符合设计及规范要求
	签名:×× 日期:2008.4.6			签名:×× 日期:2008.4.6

检测:×× 　复核:×× 　施工员:×× 　质检负责人:×× 　技术主办:×× 　项目主管:××

施工放线测量记录表

项目名称	××公路工程	施工单位	××公路工程有限公司	监理单位	××工程监理有限公司	合同段		编号：	Dj－01 标
测点范围	K0+060～K0+284.61 段悬臂式挡土墙基础			仪器型号	索佳 SET2110	公路等级			一级

测点或桩号	设计坐标		实测坐标		计算距离（m）	计算方位角	实测距离（m）	实测方位角
	X	Y	X	Y				
K0+070 左 19.08m	5 533.818	307.813	5 533.819	307.814	62.298	86° 33′ 57″	68.298	86° 33′ 58″
K0+070 左 22.68m	5 537.348	308.522	5 537.349	308.524	67.470	89° 31′ 23″	67.470	89° 31′ 24″
K0+080 左 19.08m	5 531.850	317.618	5 531.852	317.619	58.685	84° 04′ 26″	58.686	84° 04′ 07″
K0+070 左 22.68m	5 535.380	318.326	5 535.382	318.327	57.718	87° 29′ 19″	57.719	87° 29′ 21″

计算数据

测站点坐标 $X = 5\ 537.909$　　$Y = 375.989$
后视点坐标 $X = 5\ 513.945$　　$Y = 583.988$
距离 $AB =$

对点观测数据　　签名：×× 2008.3.1

实测水平距离：$AB =$
实测方位角：$W =$

草图

自检意见　符合设计及规范要求

监理工程师意见　符合设计及规范要求

测量	计算	复核	技术主办	项目主管	测量日期
××	××	××	××	××	2008.3.1
				签名：×× 2008.3.1	

模块4　路面工程施工资料收集与整理

任务1　沥青混凝土路面施工资料收集与整理

📖 **学习目标**

1. 熟悉沥青混凝土路面的分类;
2. 熟悉沥青混凝土路面施工过程中需要记录的表;
3. 掌握沥青混凝土路面的质量保证资料的收集方法和编排顺序。

📖 **工作任务**

××路面大修工程项目为沥青混凝土路面工程,起止桩号为 K0＋000～K8＋000,一级公路由一个施工单位负责施工。其主要工程内容为沥青混凝土路面、水泥稳定碎石基层、路肩、路缘石,根据项目情况划分单位工程、分部工程、分项工程,划分情况见表 4-1-1,整理该项目沥青混凝土路面的施工资料,并按要求编排顺序。

××项目单位、分部、分项工程划分　　　　　　表 4-1-1

单位工程	分部工程		分项工程
路面工程(按10km或每标段)	K0＋000～K3＋000	路面工程	沥青混凝土面层
			水泥稳定碎石基层
			路肩
			路缘石
	K3＋000～K6＋000	路面工程	沥青混凝土面层
			水泥稳定碎石基层
			路肩
			路缘石
	K3＋000～K6＋000	路面工程	沥青混凝土面层
			水泥稳定碎石基层
			路肩
			路缘石

📖 **相关理论**

沥青路面是用沥青材料作为结合料黏结矿料修筑而成的路面结构形式,属于柔性路面,其强度与稳定性在很大程度上取决于土基和基层的特性。

沥青路面按其技术特性分为沥青混凝土、热拌沥青碎石、乳化沥青碎石混合料、沥青贯入式、沥青表面处治路面等。高等级沥青路面一般采用沥青混凝土作为面层。沥青路面一般结构图示例如图 4-1-1 所示。

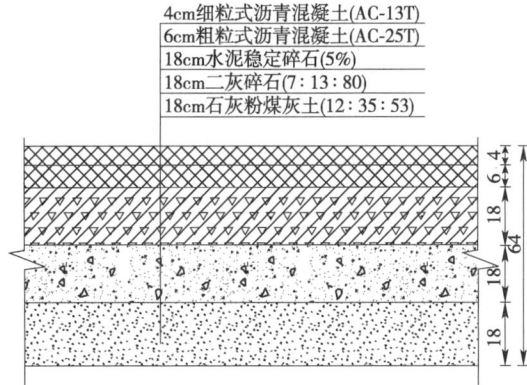

4cm细粒式沥青混凝土(AC-13T)
6cm粗粒式沥青混凝土(AC-25T)
18cm水泥稳定碎石(5%)
18cm二灰碎石(7：13：80)
18cm石灰粉煤灰土(12：35：53)

图 4-1-1 沥青路面结构图示例(尺寸单位:cm)

沥青混凝土路面施工一般采用机械摊铺法。施工工序一般为:下承层准备(检查验收)→测量放样→混合料拌制和运输→摊铺→初压→复压→终压→接缝施工→检查验收及评定,如图 4-1-2 ~ 图 4-1-5 所示。

图 4-1-2 沥青混凝土搅拌厂

图 4-1-3 沥青混凝土摊铺

图 4-1-4 沥青混凝土路面压实

图 4-1-5 沥青混凝土路面抽芯检测

一、沥青混凝土路面施工工序以及相应阶段的记录表

沥青混凝土路面施工根据施工阶段,其对应的记录表见表 4-1-2。

沥青混凝土施工主要工艺流程及对应表　　　　　　　　　　　　　　表 4-1-2

序号	工艺流程	对应表
1	下承层准备(检查验收)	检验申请批复单(下承层); 强度、厚度、平整度、宽度、高程、中线偏位等检查验收记录表; 强度、厚度等统计表; 下承层质量检验报告单;

序号	工 艺 流 程	对 应 表
1	下承层准备(检查验收)	下承层质量检验评定表; 归类到下承层的资料
2	测量放样	检验申请批复单; 施工放样报告单; 施工放样测量记录表; 水准测量记录表
3	混合料的拌制和运输; 摊铺机、压路机就位	混合料的拌制记录(电脑打印,逐盘记录); 混合料出厂温度检测记录; 混合料取样记录
4	摊铺、初压、复压、终压	混合料摊铺记录表; 混合料施工温度检查记录表(含摊铺温度、初压温度、复压温度及终压温度)
5	接缝施工	接缝施工质量检查记录表
6	检查验收及评定	质量检验申请表; 压实度、厚度、平整度、宽度、高程、中线偏位等检查验收记录表; 压实度、厚度等统计表; 质量检验报告单; 质量检验评定表

二、沥青混凝土路面分项工程质量检验资料

公路工程质量检测资料主要包括三个部分,分别为质量检验评定表、质量检验报告单和试验检测记录表。其中,质量检验评定表和质量检验报告单中的检测项目是与《公路工程质量检验评定标准》(JTG F80/1)规定的项目一一对应的。沥青混凝土路面的质量检测记录表见表4-1-3。

沥青混凝土路面质量检测记录表 表4-1-3

序号	类 别	对 应 表
1	质量检验评定	沥青混凝土面层质量检验评定表
2	质量检验报告	沥青混凝土面层质量检验报告单
3	内业试验记录	细集料筛分试验记录表; 粗集料筛分试验记录表; 碎石针片状含量试验记录表; 碎石压碎值试验记录表; 粗细集料含泥量试验记录表; 粗集料磨耗试验记录表; 粗集料磨光值试验记录表; 沥青三大指标试验记录表 沥青黏结力试验记录表; 黏稠沥青含水率试验记录表; 沥青黏度试验记录表; 沥青加热损失试验记录表; 沥青闪点和燃点试验记录表; 沥青混合料中沥青含量试验记录表; 沥青混合料马歇尔试验记录表; 沥青混凝土沥青用量选定图试验记录表

序号	类　别	对　应　表
4	外业检测记录	沥青混凝土芯样密实度试验记录表； 厚度检测记录表； 宽度检测记录表； 平整度检测记录表； 路面摩擦系数检测记录表； 弯沉测定记录表； 平面位置检查记录表； 水准测量记录表； 高程及横坡度检测记录表； 压实度结果统计表； 回弹弯沉检测结果统计表； 路面结构厚度统计表

三、沥青混凝土面层质量保证资料编排顺序

沥青混凝土面层质量保证资料排序见表4-1-4。

沥青混凝土面层质量保证资料编排顺序　　　　　　　表4-1-4

序号	归档表名称	备　注
1	中间交工证书	
2	分项工程检验施工资料	
2.1	检验申请批复单	工序资料
2.2	沥青混凝土面层质量检验评定表	评定资料
	沥青混凝土面层质量检验报告单	
2.3	压实度结果统计表	统计资料
	回弹弯沉检测结果统计表	
	路面结构厚度统计表	
3	施工记录	
3.1	施工放样报告单	工序资料
	施工放样测量记录表	路面中桩边桩位置放样
	水准测量记录表	路面中桩边桩高程测量
3.2	混合料搅拌记录	电脑打印,逐盘记录
	混合料出厂温度检测记录	检查出厂混合料的温度
	混合料取样记录	按规范要求频率、方法取样
3.3	混合料摊铺、碾压记录	施工过程记录
	混合料施工温度检查记录表(含摊铺温度、初压温度、复压温度、终压温度)	施工过程检测
3.4	检验申请批复单	工序资料
	外业检测资料	成品检验,见表4-1-3
4	试验检测资料	单独组卷

任务实施

一、检查沥青混凝土面层资料的完整性

(1)根据沥青混凝土面层的施工工序,检查核对施工过程记录表。

（2）核对分项工程质量检测及评定表。

沥青混凝土面层质量检验评定表和质量检验报告单中的检测项目是与《公路工程质量检验评定标准》(JTG F80/1—2004)❶第 7.3 条规定的实测项目一一对应的。

①沥青混凝土面层实测项目见表 4-1-5。

沥青混凝土面层实测项目　　　　　　　表 4-1-5

项次	检查项目		规定值或允许偏差		检查方法和频率	权值
			高速公路、一级公路	其他公路		
1△	压实度（%）		试验室标准密度的 96%（*98%）；最大理论密度的 92%（*94%）；试验段密度的 98%（*99%）；		按附录 B 检查，每 200m 测 1 处	3
2	平整度	σ(mm)	1.2	2.5	平整度仪：全线每车道连续按每 100m 计算 IRI 或 σ	2
		IRI(m/km)	2.0	4.2		
		最大间隙 h(mm)	—	5	3m 直尺：每 200m 测 2 处×10 尺	
3	弯沉值(0.01mm)		符合设计要求		按附录 I 检查	2
4	渗水系数		SMA 路面 200mL/min；其他沥青混凝土路面 300mL/min	—	渗水试验仪；每 200m 测 1 处	2
5	抗滑	摩擦系数	符合设计要求	—	摆式仪：每 200m 测 1 处；横向力系数测定车：全线连续，按附录 K 评定	2
		构造深度			铺砂法：每 200m 测 1 处	
6△	厚度(mm)	代表值	总厚度：设计值的 -5%；上面层：设计值的 -10%	-8%H	按附录 H 检查，双车道每 200m 测 1 处	3
		合格值	总厚度：设计值的 -10%；上面层：设计值的 -20%	-15%H		
7	中线平面偏位(mm)		20	30	经纬仪：每 200m 测 4 点	1
8	纵断高程(mm)		±15	±20	水准仪：每 200m 测 4 个断面	1
9	宽度(mm)	有侧石	±20	±30	尺量：每 200m 测 4 个断面	1
		无侧石	不小于设计			
10	横坡（%）		±0.3	±0.5	水准仪：每 200m 测 4 处	1

注：①表内压实度可选用其中的 1 个或 2 个标准评定，选用两个标准时，以合格率低的作为评定结果；带 * 号者是指 SMA 路面，其他为普通沥青混凝土路面。

②表列厚度仅规定负允许偏差；其他公路的厚度代表值和合格值允许偏差按总厚度计，当总厚度 ≤60mm 时，允许偏差分别为 -5mm 和 -10mm；当总厚度 >60mm 时，允许偏差分别为 -8% 和 -15% 的总厚度，H 为总厚度(mm)。

②沥青混凝土面层质量检验报告单示例见表 4-1-6 和表 4-1-7。

---

❶ JTG F80/1—2004 被 JTG F80/1—2007 替代，后者自 2018 年 5 月 1 日起施行，前者同时废止。JTG F80/1—2017 中沥青混凝土面层实测项目见附表 3。

表 4-1-6

共 2 页 第 1 页
第 1 段 共 1 段

沥青混凝土面层质量检验报告单

项目名称	××路面大修工程	起止桩号	K0＋000～K1＋000 左右幅	合同段		编号：	—
施工单位	××路桥工程建设有限公司	监理单位	××路桥工程监理有限公司	公路等级	一级	施工日期（年.月.日）	2014.8.8
						检测日期（年.月.日）	2014.8.10

项次	检测项目		单位	规定值或允许偏差	检测值									
1	压实度		％	96	96.8	97.8	98.4	98.6	97.8	97.5	97.1	98.4	98.5	98.3
2	平整度（IRI）		mm	2.0	1.82	1.63	1.54	1.81	1.82	1.83	1.83	1.95	2.06	1.92
3	弯沉值		0.01mm	符合设计要求	测点数 $n=100$；平均值 $L=16.2$；标准差 $S=3.145$；$Z_a=1.645$；代表值 $L_r=21.4$；设计值 $L_0=24.0$									
4	渗水系数		mL/min	300	355	365	380	375	395	—	—	—	—	—
5	抗滑	摩擦系数	db	符合设计要求	—	—	—	—	—	—	—	—	—	—
		构造深度	mm	符合设计要求	0.65	0.85	0.80	0.75	0.65	—	—	—	—	—
6	厚度		mm	总厚度：-10%；上面层：-20%	40.5/0.5	41.3/1.3	39.5/-0.5	41.2/1.2	41.8/1.8	40.7/0.7	39.8/-0.2	41.0/1.0	40.5/0.5	41.4/1.4
7	中线平面偏位		mm	20	12	18	22	13	17	18	14	12	15	12
8	纵断高程		mm	±15	12	10	-6	16	10	8	4	-2	17	11
9	宽度		mm	±20	9 020 /20	9 025 /25	9 010 /10	9 015 /15	9 000 /0	9 005 /5	8 990 /-10	9 025 /25	9 020 /20	9 025 /25
10	横坡		mm	±0.3	0.22	-0.18	0.32	0.22	0.15	0.12	0.38	0.22	-0.16	-0.14

压实度统计结果	平均值 $x=97.9$；置信系数 $=0.58$；标准差 $S=0.627$；代表值 $K=97.6$；$k_0=96$；$K>k_0$；代表值合格	厚度统计结果	平均值 $x=40.8$；置信系数 $=0.387$；标准差 $S=0.690$；代表值 $X=40.5$；$X_0=36$；$X>X_0$；代表值合格；单点值均合格
外观检查	表面平整密实，无泛油，松散、离析、裂缝等现象	请在右栏注明平整度检测方法	激光平整度检测仪
自检意见	表面平整密实 签名： 日期：	监理工程师意见	签名： 日期：

检测：×× 复核：×× 质检负责人：×× 日期：

施工员：×× 技术主办：×× 项目主管：××

沥青混凝土面层质量检验报告单

表 4-1-7
第 1 段　共 1 段　第 2 页　共 2 页

项目名称	×××路面大修工程	起止桩号	K0+000~K1+000 左右幅	合同段	—	施工日期（年.月.日）	—	2014.8.8
施工单位	×××路桥工程建设有限公司	监理单位	×××路桥工程监理有限公司	公路等级	一级	检测日期（年.月.日）	—	2014.8.10

编号：　—

项次	检测项目	单位	规定值或允许偏差	检测值									
1	压实度	%	96										
2	平整度（IRI）	mm	2.0	1.74	1.65	1.64	2.35	1.87	1.76	1.92	1.90	1.65	1.88
3	弯沉值	0.01mm	符合设计要求	测点数 $n=100$；平均值 $L=16.2$；标准差 $S=3.145$；$Z_a=1.645$；代表值 $L_r=21.4$；设计值 $L_0=24.0$									
4	渗水系数	mL/min	300	—									
5	抗滑　摩擦系数	db	符合设计要求	—									
	构造深度	mm	符合设计要求	—									
6	厚度	mm	总厚度：-10%；上面层：-20%	41.5/1.5	41.0/1.0	39.8/-0.2	41.4/1.4	41.3/1.3	40.1/0.1	40.2/0.2	41.4/1.4	40.2/0.2	41.6/1.6
7	中线平面偏位	mm	20	15	18	20	16	22	16	18	12	18	21
8	纵断高程	mm	±15	10	15	7	-12	10	18	15	-21	15	20
9	宽度	mm	±20	9010/10	9005/5	9015/15	8985/-15	9025/25	9015/15	8980/-20	9025/25	9015/15	9010/10
10	横坡	mm	±0.3	0.24	0.15	0.23	0.32	0.17	0.18	0.32	0.16	-0.22	0.21

压实度统计结果：平均值 $k=97.9$；置信系数 $=0.58$；标准差 $S=0.627$；代表值 $K=97.6$；$k_0=96$；$K>k_0=96$；代表值合格，单点值合格，单点均合格

厚度统计结果：平均值 $x=40.8$；置信系数 $=0.387$；标准差 $S=6.896$；代表值 $X=40.5$；$X_0=36$；$X>X_0$，代表值合格

表面平整密实，无泛油、松散、离析、裂缝等现象

请在右栏注明平整检测方法　　激光平整度检测仪

外观检查

自检意见　　　　　监理工程师意见

检测：×× 　　复核：×× 　　技术主办：×× 　　项目主管：××

施工员：　签名：　　质检负责人：　日期：　　签名：　　日期：

— 86 —

③沥青混凝土面层质量检验评定表的填写示例详见表4-1-8。

沥青混凝土面层质量检验评定表

表4-1-8

编号：

项目名称	××路面大修工程		监理单位	××路桥工程监理有限公司		公路等级	一级
桩号及部位	K0+000～K1+000 左右幅沥青路面沥青		施工单位	××路桥工程建设有限公司		合同段	—

项次	检测项目		规定值或允许偏差	检测结果			质量评定	
				检测数	合格数	合格率(%)	权值	加权得分(分)
1	压实度(%)		96	10	10	100.0	3	300
2	平整度		2.0	20	18	90.0	2	180
3	弯沉值(0.01mm)		符合设计要求	100	100	100.0	2	200
4	渗水系数		300	5	5	100.0	2	200
5	抗滑(mm)	摩擦系数	符合设计要求	—	—	—	2	200
		构造深度	符合设计要求	5	—	100.0		
6	厚度(mm)		总厚度：-10%；上面层：-20%	20	20	100.0	3	300
7	中线平面偏位(mm)		20	20	17	85.0	1	85
8	纵断高程(mm)		±15	20	15	75.0	1	75
9	宽度(mm)		±20	20	15	75.0	1	75
10	横坡(mm)		±0.3	20	16	80.0	1	80
合计			实测项目得分:90.6分				9	815
外观鉴定			表面平整密实，无泛油、松散、离析、裂缝等现象			减分		0
质量保证资料			资料真实齐全			减分		0
监理工程师意见及签名								
工程质量等级评分			得分:90.6		等级:合格			

统计：×× 复核：×× 技术主办：×× 项目主管：×× 日期:2014.8.12

注：①表头：与质量检验报告单一致。

②规定值或允许偏差：与质量检验报告单一致。

③检测数：质量检验报告单中相应检测项目的检测总数。

④合格数：质量检验报告单中相应检测项目的检测合格数量。

⑤合格率＝合格数÷检测数×100%。

⑥权值：根据《公路工程质量检验评定标准》(JTG F80/1—2004)❶规定的实测项目权值填写,没有检测的项目不参与评定。

⑦加权得分＝权值×合格率×100。

⑧加权平均得分＝∑加权得分÷∑权值。

⑨外观鉴定：与质量检验报告单大致相同，可根据实际情况增减，并进行相应减分。

⑩质量保证资料：分项工程的施工资料和图表残缺，缺乏最基本的数据，或有伪造涂改者，不予检验和评定；资料不全者应予减分，每款减1～3分。

⑪工程质量得分＝加权平均得分－外观鉴定扣分－质量保证资料扣分。

⑫等级：分项工程评分值不小于75分者为合格；小于75分者为不合格；机电工程、属于工厂加工制造的桥梁金属构件不小于90分者为合格，小于90分者为不合格。

❶ 《公路工程质量检验评定标准》(JTG F80/1—2004)已被 JTG F80/1—2017 替代，新标准自 2018 年 5 月 1 日起施行，JTG F80/1—2004 同时废止。

评定为不合格的分项工程,经加固、补强或返工、调测,满足设计要求后,可以重新评定其质量等级,但计算分部工程评分值时按其复评分值的90%计算。

二、检查资料填写的规范性以及准确性

(1)检查资料是否有涂改现象,填写字迹是否清晰,签名是否齐全;错误划改正是否规范。
(2)检查资料计算是否正确,数字修约是否按规范进行。
(3)检查资料表格之间数据的一致性,如记录表与报告单之间是否一致。

三、检查沥青混凝土面层质量保证资料编排顺序

根据沥青混凝土面层质量保证资料编排顺序要求,将核对无误后的资料按顺序整理好。

思考与练习

1. 沥青路面按其技术特性分为_____、_____、_____、_____、_____等。
2. 沥青混凝土面层质量检测资料主要包括三个部分,分别为_____、_____和
_____。
3. 按顺序列出沥青混凝土面层的施工资料。

任务2 水泥混凝土路面施工资料收集与整理

学习目标

1. 熟悉水泥混凝土路面的分类;
2. 熟悉水泥混凝土路面施工过程中需要记录的表;
3. 掌握水泥混凝土路面的质量保证资料的收集方法和编排顺序。

工作任务

某项目为路面大修工程,起止桩号为 K102 + 000 ~ K115 + 000,二级公路由一个施工单位负责施工。项目单位、分部、分项工程划分见表4-2-1,整理该项目水泥混凝土面层的施工资料,并按要求编排顺序。

××项目单位、分部、分项工程划分 表4-2-1

单位工程	分部工程		分项工程
路面工程(按10km或每标段)	K0 + 000 ~ K3 + 000	路面工程	水泥混凝土面层
			水泥稳定粒料基层
			路肩
	K3 + 000 ~ K6 + 000	路面工程	水泥混凝土面层
			水泥稳定碎石基层
			路肩
	K3 + 000 ~ K6 + 000	路面工程	水泥混凝土面层
			水泥稳定碎石基层
			路肩

水泥混凝土路面是用水泥混凝土材料作为主要材料修筑而成的路面结构形式,属于刚性路面。水泥混凝土路面包括普通混凝土、钢筋混凝土、连续配筋混凝土、预应力混凝土、装配式混凝土及钢纤维混凝土等。

水泥混凝土路面施工一般采用滑模摊铺、三辊轴、小型机具等。施工工序一般为:下承层准备(检查验收)→测量放样(装模)→混合料的拌制和运输→摊铺→整平→养生→切缝、灌缝→刻纹→检查验收及评定,如图4-2-1~图4-2-4所示。

图4-2-1　水泥混凝土搅拌楼

图4-2-2　水泥混凝土路面摊铺(三辊轴)

图4-2-3　水泥混凝土路面摊铺(滑模摊铺)

图4-2-4　水泥混凝土路面切缝、刻纹

1. 水泥混凝土路面施工工艺及相应阶段的记录表

水泥混凝土路面施工根据施工阶段,其对应的记录表见表4-2-2。

水泥混凝土施工主要工艺流程及对应表　　　　　　　表4-2-2

序号	工 艺 流 程	对 应 表
1	下承层准备(检查验收)	检验申请批复单(下承层); 强度、厚度、平整度、宽度、高程、中线偏位等检查验收记录表; 强度、厚度等统计表; 下承层质量检验报告单; 下承层质量检验评定表; 注:归类到下承层的资料

序号	工 艺 流 程	对 应 表
2	测量放样	检验申请批复单; 施工放样报告单; 施工放样测量记录表; 水准测量记录表
3	混合料的拌制和运输; 摊铺机就位	混合料的拌制记录(电脑打印,逐盘记录); 混合料的检查(坍落度); 混合料取样记录、制件
4	摊铺、整平	混合料摊铺记录表; 混合料坍落度检查记录表
5	养生、切缝、灌缝、刻纹	水泥混凝土路面接缝和钢筋施工检查记录表; 水泥混凝土路面切缝、灌缝检查记录表
6	检查验收及评定	质量检验申请表; 强度、厚度、平整度、宽度、高程、中线偏位等检查验收记录表; 强度、厚度等统计表; 质量检验报告单; 质量检验评定表

2.水泥混凝土路面分项工程检验资料

公路工程质量检测资料主要包括三个部分,分别为质量检验评定表、质量检验报告单和试验检测(含内、外业)记录表。其中,质量检验评定表和质量检验报告单中的检测项目是与《公路工程质量检验评定标准》(JTG F/801)规定的项目一一对应的。水泥混凝土路面的质量检测记录表见表4-2-3。

水泥混凝土路面质量检测记录表　　　　　　　　　表 4-2-3

序号	类 别	对 应 表
1	质量检验评定表	水泥混凝土面层质量检验评定表
2	质量检验报告单	水泥混凝土面层质量检验报告单
3	内业试验记录表	细集料筛分试验记录表; 粗集料筛分试验记录表; 粗细集料含水率试验记录表; 碎石针片状含量试验记录表; 碎石压碎值试验记录表; 粗细集料含泥量试验记录表; 粗集料磨耗试验记录表; 粗集料磨光值试验记录表; 水泥物理力学性能试验记录表; 水泥混凝土配合比设计计算表; 水泥混凝土(砂浆)配合比设计强度试验记录表; 水泥混凝土(砂浆)抗压抗折强度试验记录表

序号	类　别	对　应　表
4	外业检测记录表	水泥混凝土路面芯样劈裂抗拉强度试验记录表; 厚度检测记录表; 宽度检测记录表; 平整度检测记录表; 路面构造深度检测记录表; 相邻板高差检测记录表; 纵、横缝顺直度检测记录表; 平面位置检查记录表; 水准测量记录表; 水泥混凝土路面接缝和钢筋施工检查记录表; 水泥混凝土路面切缝、灌缝检查记录表; 高程及横坡度检测记录表; 水泥混凝土路面抗折强度统计表; 路面结构厚度统计表

3. 水泥混凝土面层质量保证资料编排顺序

水泥混凝土面层质量保证资料编排顺序见表4-2-4。

水泥混凝土面层质量保证资料编排顺序　　　　　　　　表4-2-4

序号	归档表名称	备　注
1	中间交工证书	
2	分项工程检验施工资料	
2.1	检验申请批复单	工序资料
2.2	水泥混凝土面层质量检验评定表	评定资料
	水泥混凝土面层质量检验报告单	
2.3	路面结构厚度统计表	统计资料
	水泥混凝土路面抗折强度统计表	
3	施工记录	
3.1	施工放样报告单	工序资料
	施工放样测量记录表	路面中桩边桩位置放样
	水准测量记录表	路面中桩边桩高程测量
3.2	混合料的搅拌记录	电脑打印,逐盘记录
	混凝土抗折强度试件制作记录表	按规范要求频率、方法取样
3.3	混合料摊铺记录	施工过程记录
	混凝土施工检查记录表	施工过程检测
	混合料坍落度检查记录表	施工过程检测
3.4	检验申请批复单	工序资料
	外业检测资料	成品检验,见表4-2-3
4	试验检测资料	单独组卷

— 91 —

任务实施

一、检查水泥混凝土面层资料的完整性

(1)根据水泥混凝土面层的施工工序,检查核对施工过程记录表。

(2)核对分项工程质量检测及评定表。

水泥混凝土面层质量检验评定表和质量检验报告单中的检测项目是与《公路工程质量检验评定标准》(JTG F80/1—2004)❶第 7.2 条规定的实测项目一一对应的。

①水泥混凝土面层实测项目见表4-2-5。

水泥混凝土面层实测项目　　　　　　　　　　　　　表4-2-5

项次	检查项目		规定值或允许偏差		检查方法和频率	权值
			高速公路 一级公路	其他公路		
1△	弯拉强度(MPa)		在合格标准之内		按附录C检查	3
2△	板厚度 (mm)	代表值	−5		按附录H检查,每200m每车道2处	3
		合格值	−10			
3	平整度	σ(mm)	1.2	2.0	平整度仪:全线每车道连续检测,每100m计算σ、IRI	2
		IRI(m/km)	2.0	3.2		
		最大间隙 h (mm)	—	5	3m直尺:半幅车道板带每200m测2处×10尺	
4	抗滑构造深度(mm)		一般路段不小于0.7且不大于1.1; 特殊路段不小于0.8且不大于1.2	一般路段不小于0.5且不大于1.0; 特殊路段不小于0.6且不大于1.1	铺砂法:每200m测1处	2
5	相邻板高差(mm)		2	3	抽量:每条胀缝2点;每200m抽纵、横缝各2条,每条2点	2
6	纵、横缝顺直度(mm)		10		纵缝20m拉线,每200m测4处;横缝沿板宽拉线,每200m测4条	1
7	中线平面偏位(mm)		20		经纬仪:每200m测4点	1
8	路面宽度(mm)		±20		抽量:每200m测4处	1
9	纵断高程(mm)		±10	±15	水准仪:每200m测4个断面	1
10	横坡(%)		±0.15	±0.25	水准仪:每200m测4个断面	1

注:表中 σ 为平整度仪测定的标准差;IRI 为国际平整度指数;h 为3m直尺与面层的最大间隙。

②水泥混凝土面层质量检验报告单示例见表4-2-6和表4-2-7。

③水泥混凝土面层质量检验评定表的填写示例见表4-2-8。

---

❶ JTG F80/1—2004 被 JTG F80/1—2017 替代,后者自 2018 年 5 月 1 日起施行,前者同时废止。JTG F80/1—2017 中水泥混凝土面层实测项目见附表4。

表 4-2-6

水泥混凝土面层质量检验报告单

项目名称	××路面大修工程	起止桩号	K102+000~K103+000			编号：		第1段 共1段 第1页 共2页		
施工单位	××路桥工程建设有限公司	监理单位	××路桥工程监理有限公司			合同段		公路等级 二级	施工日期（年.月.日）	2015.8.8
									检测日期（年.月.日）	2015.9.10

项次	检测项目	单位	规定值或允许偏差	检测值									
1	弯拉强度	MPa	在合格标准内(5.0)	5.13	5.08	5.36	5.22	5.64	5.86	5.63	5.66	5.22	5.08
2	板厚度	mm	代表值-5；合格值-10	285/5	287/7	278/-2	292/12	284/4	282/2	277/-3	284/4	288/8	293/13
3	平整度	mm	5	测点数 $n_1=200$；合格点数 $n_2=176$；合格率 $k=88.0\%$；详见《平整度检测记录表》									
4	抗滑构造深度	mm	0.5~1.0	0.66	0.70	0.74	0.68	0.72	—	—	—	—	—
5	相邻板高差	mm	3	2.3	2.1	2.2	1.8	3.2	2.4	2.6	2.8	3.0	2.4
6	纵、横缝顺直度	mm	10	2/4	3/5	4/8	5/7	9/12	6/9	5/14	12/7	5/7	14/3
7	中线平面偏位	mm	20	13	18	15	14	22	18	25	16	19	17
8	路面宽度	mm	±20	4510/+10	4520/+20	4500/0	4490/-10	4470/+30	4510/+10	4510/+10	4520/+20	4500/0	4530/+30
9	纵断高程	mm	±15	8	-4	7	4	-3	16	8	5	8	17
10	横坡	%	±0.25	0.18	0.14	-0.12	0.08	0.27	0.26	0.28	0.26	0.16	0.18

抗折强度统计结果	平均值 $f_{cu}=5.36$；标准差 $S=0.282$；系数 $K=0.75$；$f_r=5.0$；$f_{cu}>f_r+KS$	厚度统计结果	平均值 $x=284.7$；置信系数 $=0.387$；标准差 $S=6.342$；代表值 $X=282.2$；$X_0=275$；$X>X_0$；代表值合格

外观检查	混凝土板无断板，无脱皮露骨等现象	请在右栏注明：平整度测试方法	3m直尺
自检意见		监理工程师意见：	

检测：×× 复核：×× 签名： 日期：

施工员：×× 签名： 日期：

质检负责人：×× 技术主办：×× 签名：

项目主管：×× 日期：

表 4-2-7
共 2 页 第 2 页

水泥混凝土面层质量检验报告单

项目名称	××路路面大修工程	起止桩号	K102+000~K103+000	合同段		编号		第 1 段 共 1 段	第 2 页 共 2 页
施工单位	××路桥工程建设有限公司	监理单位	××路桥工程监理有限公司	公路等级	二级	施工日期（年.月.日）			2015.8.8
						检测日期（年.月.日）			2015.9.10

项次	检测项目	单位	规定值或允许偏差	检测值									
1	弯拉强度	MPa	在合格标准内(5.0)	5.13									
2	板厚度	mm	代表值 −5;合格值 −10	282/2	287/7	278/−2	292/12	286/6	280/0	268/−12	289/9	292/12	290/10
3	平整度	mm	5	测点数 n_1=200;合格点点数 n_2=176;合格率 k=88.0%;详见《平整度检测记录表》									
4	抗滑构造深度	mm	0.5~1.0	—	—	—	—	—	—	—	—	—	—
5	相邻板高差	mm	3	2.0	2.5	3.6	2.8	3.3	2.4	2.0	2.0	1.8	2.1
6	纵、横缝顺直度	mm	10	3/6	3/5	8/12	4/10	8/5	5/13	16/5	8/6	3/6	2/5
7	中线平面偏位	mm	20	13	14	22	15	12	14	24	16	18	18
8	路面宽度	mm	±20	4520/20	4530/30	4510/10	4470/−30	4470/30	4490/−10	4520/20	4510/10	4510/10	4500/0
9	纵断高程	mm	±15	5	6	−3	4	−1	5	16	17	13	10
10	横坡	%	±0.25	0.18	0.14	−0.15	−0.27	−0.28	−0.12	0.10	0.08	0.05	0.04

抗折强度统计结果	平均值 f_{cu}=5.36;标准差 S=0.282;系数 K=0.75;f_r=5.0;f_{cu} >f_r +KS	厚度统计结果	平均值 x=284.7;置信系数 =0.387;标准差 S=6.342;代表值 X=282.2;X_0=275;X >X_0;代表值合格

外观检查	混凝土板无断板,无脱皮露骨等现象	请在右栏注明:平整度测试方法	3m 直尺
自检意见		监理工程师意见	

检测:×× 复核:×× 施工员:×× 质检负责人:×× 技术主办:×× 项目主管:××

签名: 签名:

日期: 日期:

<h1>水泥混凝土面层质量检验评定表</h1>

表 4-2-8

编号：

项目名称	××路面大修工程		监理单位	××路桥工程监理有限公司		公路等级	二级
桩号及部位	K102＋000～K103＋000 水泥混凝土路面		施工单位	××路桥工程建设有限公司		合同段	—
项次	检测项目	规定值或允许偏差	检测结果			质量评定	
			检测数	合格数	合格率（%）	权值	加权得分（分）
1	弯拉强度（mm）	在合格标准内（5.0）	11	11	100.0	3	300
2	板厚度（mm）	代表值－5；合格值－10	20	19	95.0	3	285
3	平整度	5	200	176	88.0	2	176
4	抗滑构造深度（mm）	0.5～1.0	5	5	100.0	2	200
5	相邻板高差（mm）	3	20	17	85.0	2	170
6	纵、横缝顺直度（mm）	10	40	34	85.0	1	85
7	中线平面偏位（mm）	20	20	16	80.0	1	80
8	路面宽度（mm）	±20	20	15	75.0	1	75
9	纵断高程（mm）	±15	20	16	80.0	1	80
10	横坡（%）	±0.25	20	15	75.0	1	75
合计		实测项目得分：86.3 分				17	395
外观鉴定		混凝土板无断板，无脱皮露骨等现象			减分		0
质量保证资料		资料真实齐全			减分		0
监理意见及签名							
工程质量等级评分		得分：86.3　　　等级：合格					

统计：××　　　复核：××　　　技术主办：××　　　项目主管：××　　　日期：2015.9.12

注：①表头：与质量检验报告单一致。

②规定值或允许偏差：与质量检验报告单一致。

③检测数：质量检验报告单中相应检测项目的检测总数。

④合格数：质量检验报告单中相应检测项目的检测合格数量。

⑤合格率＝合格数/检测数×100%。

⑥权值：根据《公路工程质量检验评定标准》（JTG F80/1—2004）❶规定的实测项目权值填写，没有检测的项目不参与评定。

⑦加权得分＝权值×合格率×100。

⑧加权平均得分＝∑加权得分/∑权值。

⑨外观鉴定：与质量检验报告单大致相同，可根据实际情况增减，并进行相应减分。

⑩质量保证资料：分项工程的施工资料和图表残缺，缺乏最基本的数据，或有伪造涂改者，不予检验和评定。资料不全者应予减分，每款减1～3分。

⑪工程质量得分＝加权平均得分－外观鉴定扣分－质量保证资料扣分。

⑫等级：分项工程评分值不小于75分者为合格；小于75分者为不合格；机电工程、属于工厂加工制造的桥梁金属构件不小于90分者为合格，小于90分者为不合格。

---

❶ 《公路工程质量检验评定标准》（JTG F80/1—2004）已被 JTG F80/1—2017 替代，新标准自 2018 年 5 月 1 日起施行，JTG F80/1—2004 同时废止。

评定为不合格的分项工程,经加固、补强或返工、调测,满足设计要求后,可以重新评定其质量等级,但计算分部工程评分值时按其复评分值的90%计算。

二、检查资料填写的规范性以及准确性

(1)检查资料是否有涂改现象,填写字迹是否清晰,签名是否齐全;错误划改是否规范。
(2)检查资料计算是否正确,数字修约是否按规范进行。
(3)检查资料表格之间数据的一致性,如记录表与报告单之间是否一致。

三、检查水泥混凝土面层质量保证资料编排顺序

根据水泥混凝土面层质量保证资料编排顺序要求,将核对无误后的资料按顺序整理好。

思考与练习

1.水泥混凝土路面施工工艺包括下承层准备、_____、_____、_____、_____及_____等。
2.按顺序列出水泥混凝土面层的施工资料。

任务3 水泥稳定粒料基层施工资料收集与整理

学习目标

1.熟悉基层(底基层)的分类;
2.熟悉水泥混稳定粒料基层施工过程中需要记录的表格;
3.掌握水泥稳定粒料基层的质量保证资料的收集方法和编排顺序。

工作任务

某项目为路面大修工程,起止桩号为 K102 + 000 ~ K115 + 000,二级公路由一个施工单位负责施工。项目单位、分部、分项工程划分见表 4-3-1,整理该项目的水泥稳定粒料基层施工资料,并按要求编排顺序。

××项目单位、分部、分项工程划分　　　　　　　　　　表 4-3-1

单位工程	分部工程		分项工程
路面工程(按10km 或每标段)	K0 + 000 ~ K3 + 000	路面工程	水泥混凝土面层
			水泥稳定粒料基层
			路肩
	K3 + 000 ~ K6 + 000	路面工程	水泥混凝土面层
			水泥稳定粒料基层
			路肩
	K3 + 000 ~ K6 + 000	路面工程	水泥混凝土面层
			水泥稳定粒料基层
			路肩

基层位于面层之下,垫层或路基之上。基层主要承受面层传递的车轮垂直力的作用,并把它扩散到垫层和土基。基层可分为两层铺筑,其上层称为基层或上基层,起主要承重作用;下层称为底基层,起次要承重作用。

基层按其使用材料,可分为:

(1)无机结合料稳定基层:①水泥稳定土;②水泥土。

(2)石灰稳定土基层:①石灰粒料;②石灰土。

(3)水泥综合稳石定灰土基层。

(4)石灰工业废渣稳定土基层:①二灰粒料;②二灰土;③二渣类;④石灰钢渣类。

水泥稳定粒料基层是用水泥、碎石、石屑、砂砾及矿渣作为主要材料修筑而成的路面结构形式。

水泥稳定粒料基层施工方法分路拌法、中心站集中拌和法。路拌法的施工工序为:下承层准备(检查验收)→测量放样→备料、闷料→整平、轻压→摆放和摊铺水泥→拌和(干拌)→加水湿拌→整形→碾压→接缝处理→养生→检查验收及评定。中心站集中拌和法的施工工序为:下承层准备(检查验收)→测量放样→厂拌混合料→混合料运输→摊铺→碾压→接缝处理→养生→检查验收及评定。

1. 水泥稳定粒料(土)基层施工工艺以及相应阶段的记录表

水泥稳定粒料基层施工根据施工阶段,其对应的记录表见表4-3-2。

水泥稳定粒料基层施工主要工艺流程及对应表　　　　表4-3-2

序号	工 艺 流 程	对 应 表
1	下承层准备(检查验收)	检验申请批复单(下承层); 强度、厚度、平整度、宽度、高程、中线偏位等检查验收记录表; 强度、厚度等统计表; 下承层质量检验报告单; 下承层质量检验评定表; 注:归类到下承层的资料
2	测量放样	检验申请批复单; 施工放样报告单; 施工放样测量记录表; 水准测量记录表
3	厂拌混合料和运输	混合料的拌制记录; 混合料的检查(含水率); 混合料取样记录、制件
4	摊铺、整平、碾压、养生	混合料摊铺记录表
5	检查验收及评定	质量检验申请表; 压实度、厚度、平整度、宽度、高程、中线偏位等检查验收记录表; 压实度、厚度、弯沉、强度等统计表; 质量检验报告单; 质量检验评定表

2. 水泥稳定粒料基层分项工程检验资料

公路工程质量检测资料主要包括三个部分,分别为质量检验评定表、质量检验报告单和试验检测(含内、外业)记录表。其中,质量检验评定表和质量检验报告单中的检测项目是与《公路工程质量检验评定标准》(JTG F80/1)规定的项目一一对应的。水泥稳定粒料基层的质量检测记录表见表4-3-3。

水泥稳定粒料基层质量检测记录表 表4-3-3

序号	类 别	对 应 表
1	质量检验评定表	半刚性水泥稳定粒料基层质量检验评定表
2	质量检验报告单	半刚性水泥稳定粒料基层质量检验报告单
3	内业试验记录表	细集料筛分试验记录表; 粗集料筛分试验记录表; 粗细集料含水率试验记录表; 碎石针片状含量试验记录表; 碎石压碎值试验记录表; 粗细集料含泥量试验记录表; 粗集料磨耗试验记录表; 粗集料磨光值试验记录表; 水泥物理力学性能试验记录表; 水泥稳定粒料基层配合比设计计算表; 半刚性基层无侧限抗压强度试验记录表; 水泥剂量测定试验记录表
4	外业检测记录表	压实度检测记录表; 厚度检测记录表; 宽度检测记录表; 平整度检测记录表; 弯沉测定记录表; 水准测量记录表; 高程及横坡度检测记录表; 半刚性基层强度统计表; 路面结构厚度统计表; 回弹弯沉检测结果统计表; 压实度结果统计表

3. 水泥稳定粒料基层质量保证资料编排顺序

水泥稳定粒料基层质量保证资料编排顺序见表4-3-4。

水泥稳定粒料基层质量保证资料编排顺序 表4-3-4

序号	归档表名称	备 注
1	中间交工证书	
2	分项工程检验施工资料	
2.1	检验申请批复单	工序资料
2.2	半刚性水泥稳定粒料基层质量检验评定表	评定资料
	半刚性水泥稳定粒料基层质量检验报告单	
2.3	路面结构厚度统计表	统计资料
	半刚性基层强度统计表	
	压实度结果统计表	
	回弹弯沉检测结果统计表	

序号	归档表名称	备　注
3	施工记录	
3.1	施工放样报告单	工序资料
	施工放样测量记录表	中桩边桩位置放样
	水准测量记录表	中桩边桩高程测量
3.2	混合料的搅拌记录	
	混合料的检查(含水率)	按规范要求频率、方法取样
	水泥剂量测定试验记录表	按规范要求频率、方法取样
	混合料取样记录、无侧限试件制作记录表	按规范要求频率、方法取样
3.3	混合料摊铺记录	施工过程记录
	压实度检测记录表	施工过程检测
3.4	检验申请批复单	工序资料
	外业检测资料	成品检验;见表4-3-3
4	试验检测资料	单独组卷

任务实施

一、检查水泥混凝土面层资料的完整性

(1)根据水泥稳定粒料基层的施工工序,检查核对施工过程记录表格。

(2)核对分项工程质量检测及评定表。

水泥稳定粒料基层质量检验评定表和质量检验报告单中的检测项目是与《公路工程质量检验评定标准》(JTG F80/1—2004)❶第7.7条规定的实测项目一一对应的。

①水泥稳定粒料基层实测项目见表4-3-5。

水泥稳定粒料基层实测项目　　　　表4-3-5

项次	检查项目		规定值或允许偏差				检查方法和频率	权值
			基层		底基层			
			高速公路、一级公路	其他公路	高速公路、一级公路	其他公路		
1△	压实度(%)	代表值	98	97	96	95	按附录B检查,每200m每车道2处	3
		极值	94	93	92	91		
2	平整度(mm)		8	12	12	15	3m直尺:每200m测2处×10尺	2
3	纵断高程(mm)		+5,-10	+5,-15	+5,-15	+5,-20	水准仪:每200m测4个断面	1
4	宽度(mm)		符合设计要求		符合设计要求		尺量:每200m测4处	1
5△	厚度(mm)	代表值	-8	-10	-10	-12	按附录H检查,每200m每车道1点	3
		合格值	-15	-20	-25	-30		
6	横坡(%)		±0.3	±0.5	±0.3	±0.5	水准仪:每200m测4个断面	1
7△	强度(MPa)		符合设计要求		符合设计要求		按附录G检查	3

②水泥稳定粒料基层质量检验报告单示例见表4-3-6和表4-3-7。

---

❶ JTG F80/1—2004被JTG F80/1—2017替代,后者自2018年5月1日起施行,前者同时废止。JTG F80/1—2017中稳定粒料基层和底基层实测项目见附表5。

表 4-3-6
共 2 页　第 1 页

半刚性水泥稳定粒料基层（底基层）质量检验报告单

编号：　第 1 段　共 1 段

项目名称	××路面大修工程	起止桩号	K102+000~K103+000	合同段	—	施工日期（年.月.日）	2015.8.8
施工单位	××路桥工程建设有限公司	监理单位	××路桥工程监理有限公司	公路等级	二级	检测日期（年.月.日）	2015.9.10
材料组成	碎石、石屑、水泥	配合比（%）	5	设计强度（MPa）	4.0	结构层	基层

项次	检测项目	单位	规定值或允许偏差	检测值									
1	压实度	%	97、93	97.2	98.3	98.6	98.0	97.8	98.4	98.6	97.5	96.8	97.4
2	平整度	mm	12	检测点数100点，合格点数82点，合格率82.0%									
3	纵断高程	mm	+5、-15	4	-2	2	-5	-3	3	6	8	3	-1
4	宽度	mm	符合设计要求	4580/30	4570/20	4590/40	4550/0	4560/10	4540/-10	4560/10	4570/20	4560/10	4540/-10
5	厚度	mm	代表值-10；合格值-20	255/5	264/14	245/-5	265/15	242/-8	258/8	266/16	272/22	264/14	260/10
6	横坡	%	±0.5	0.16	-0.25	0.32	0.31	-0.10	0.55	0.26	0.33	0.13	-0.24
7	强度	MPa	符合设计要求	共制作6组无侧限抗压强度试件，强度均符合设计要求									

压实度统计结果	平均值 $k=97.65$；置信系数 $=0.387$；标准差 $S=0.643$ 代表值 $K=97.4$；$k_0=97$；$K>k_0$；代表值合格；无单点值合格小于极限值
厚度统计结果	平均值 $x=259.1$；置信系数 $=0.580$；标准差 $S=9.468$ 代表值 $X=253.6$；$X_0=240$；$X>X_0$；代表值合格
强度统计结果	平均值 $x=259.1$；置信系数 $=0.580$；标准差 $S=9.468$ 代表值 $X=253.6$；$X_0=240$；$X>X_0$；代表值合格 共制作6组无侧限抗压强度试件，强度均符合设计要求

外观检查	表面平整密实，无坑洼，无离析；施工接茬平整、稳定
自检意见	
	本表适用于水泥、石灰、粉煤灰稳定材料，在材料组成注明
监理工程师意见	

检测：×× 　复核：×× 　质检负责人：×× 　技术主办：×× 　项目主管：××

签名：　　　签名：　　　施工员：×× 　签名：

日期：　　　日期：　　　日期：

表 4-3-7

半刚性水泥稳定粒料基层（底基层）质量检验报告单

第 1 段　共 1 段　第 2 页　共 2 页

编号：

项目名称	××路路面大修工程	起止桩号	K102+000～K103+000	合同段	—	施工日期（年.月.日）	2015.8.8
施工单位	××路桥工程建设有限公司	监理单位	××路桥工程监理有限公司	公路等级	二级	检测日期（年.月.日）	2015.9.10
材料组成	碎石，石屑，水泥	配合比（%）	5	设计强度（MPa）	4.0	结构层	基层

项次	检测项目	单位	规定值或允许偏差	检测值									
1	压实度	%	97,93	97.2	98.1	96.5	96.8	97.2	97.5	97.4	97.1	98.4	98.2
2	平整度	mm	12	检测点数100点，合格点数82点，合格率82.0%									
3	纵断高程	mm	+5，-15	4	2	-3	6	3	4	2	-3	-2	-5
4	宽度	mm	符合设计要求	4560/10	4520/-30	4570/20	4560/10	4580/30	4550/0	4570/20	4570/20	4550/0	4530/-20
5	厚度	mm	-20	—	—	—	—	—	—	—	—	—	—
6	横坡	%	±0.5	0.32	-0.24	0.58	0.32	-0.16	0.15	0.22	0.15	0.62	0.57
7	强度	MPa	符合设计要求	共制作6组无侧限抗压强度试件，强度均符合设计要求									

压实度统计结果：平均值 k=97.65；置信系数=0.387；置信值 K=97.4；k_0=97；$K>k_0$；代表值合格；无单点值小于干极限值

厚度统计结果：平均值 x=259.1；置信系数=0.580；标准差 S=0.468 代表值 X=253.6；X_0=240；$X>X_0$；代表值合格

强度统计结果：共制作6组无侧限抗压强度试件，强度均符合设计要求

平均值 x=9.468；标准差 S=0.643 代表值 K=240；

外观检查：表面平整密实，无坑洼，无离析；施工接茬平整 稳定

本表适用于水泥，石灰，粉煤灰稳定材料，在材料组成注明。

自检意见：

签名：　　　　日期：

监理工程师意见：

签名：　　　　日期：

检测：×× 　复核：×× 　施工员：×× 　质检负责人：×× 　技术主办：×× 　项目主管：××

③水泥稳定粒料基层质量检验评定表的填写示例详见表4-3-8。

半刚性水泥稳定粒料基层(底基层)质量检验评定表

表4-3-8

编号:

项目名称	××路面大修工程		监理单位	××路桥工程监理有限公司		公路等级	二级
桩号及部位	K102+000~K103+000 基层		施工单位	××路桥工程建设有限公司		合同段	一
项次	检测项目	规定值或允许偏差	检测结果			质量评定	
			检测数	合格数	合格率(%)	权值	加权得分(分)
1	压实度(%)	97	20	20	100.0	3	300
2	平整度(mm)	12	100	82	82.0	2	164
3	纵断高程(mm)	+5,-15	20	17	85.0	1	85
4	宽度(mm)	符合设计要求	20	16	80.0	1	80
5	厚度(mm)	-20	10	10	100.0	3	300
6	横坡(%)	±0.5	20	16	80.0	1	80
7	强度(MPa)	符合设计要求	6	6	100.0	3	300
合计		实测项目得分:93.5				14	1 309
外观鉴定		表面平整密实、无坑洼、无离析、施工接茬平整、稳定				减分	0
质量保证资料		齐全				减分	0
监理工程师意见及签名							
工程质量等级评分		得分:93.5分;			等级:合格		

统计:××　　　复核:××　　　技术主办:××　　　项目主管:××　　　日期:2015.9.12

注:①表头:与质量检验报告单一致。

②规定值或允许偏差:与质量检验报告单一致。

③检测数:质量检验报告单中相应检测项目的检测总数。

④合格数:质量检验报告单中相应检测项目的检测合格数量。

⑤合格率=合格数/检测数×100%

⑥权值:根据《公路工程质量检验评定标准》(JTG F80/1—2004)❶规定的实测项目权值填写,没有检测的项目不参与评定。

⑦加权得分=权值×合格率×100。

⑧加权平均得分=Σ加权得分/Σ权值。

⑨外观鉴定:与质量检验报告单大致相同,可根据实际情况增减,并进行相应减分。

⑩质量保证资料:分项工程的施工资料和图表残缺,缺乏最基本的数据,或有伪造涂改者,不予检验和评定。资料不全者应予减分,每款减1~3分。

⑪工程质量得分=加权平均得分-外观鉴定扣分-质量保证资料扣分。

⑫等级:分项工程评分值不小于75分者为合格;小于75分者为不合格;机电工程、属于工厂加工制造的桥梁金属构件不小于90分者为合格,小于90分者为不合格。

　　评定为不合格的分项工程,经加固、补强或返工、调测,满足设计要求后,可以重新评定其质量等级,但计算分部工程评分值时按其复评分值的90%计算。

---

❶ 《公路工程质量检验评定标准》(JTG F80/1—2004)已经被 JTG F80/1—2017 替代,新标准自 2018 年 5 月 1 日起施行,JTG F80/1—2004 同时废止。

二、检查资料填写的规范性以及准确性

（1）检查资料是否有涂改现象，填写字迹是否清晰，签名是否齐全；错误划改是否规范。

（2）检查资料计算是否正确，数字修约是否按规范进行。

（3）检查资料表格之间数据的一致性，如记录表与报告单之间是否一致。

三、检查水泥稳定粒料基层质量保证资料编排顺序

根据水泥稳定粒料基层质量保证资料编排顺序要求，将核对无误后的资料按顺序整理好。

思考与练习

1. 水泥稳定粒料基层施工方法有 _____ 和 _____ 。

2. 水泥稳定粒料基层实测项目包括哪些？

3. 按顺序列出水泥混凝土面层的施工资料。

模块 5　桥梁工程施工资料收集与整理

任务 1　桥梁基础施工资料收集与整理

✎ **学习目标**

1. 熟悉桥梁基础的分类；
2. 熟悉桥梁基础施工过程中需要记录的表；
3. 掌握桥梁基础的质量保证资料的收集方法和编排顺序。

📖 **工作任务**

某座大桥的桩基础采用钻孔灌注桩基础施工,该桥梁 14 号桥墩分部分项工程划分见表 5-1-1,其桩基础的施工、试验、检测记录资料见附录 5-1,整理该桥梁 3 号桥墩桩基础的施工资料并按要求编排顺序。

××跨线桥 14 号桥墩分部分项划分　　　　　　　表 5-1-1

单位工程	分 部 工 程		分 项 工 程	
××跨线桥	基础及下部构造	14 号桥墩	钻孔灌注桩(每桩)	钢筋加工安装
				钻孔灌注桩
			立柱(每柱)	钢筋加工安装
				立柱
			盖梁(每盖梁)	钢筋加工安装
				盖梁
			支座垫石	
			挡块	

📚 **相关理论**

桥梁基础是指建筑底部与地基接触的承重构件,其作用是将建筑物上全部荷载传给地基。

桥梁基础主要可分为桩基础、扩大基础及沉井基础等,如图 5-1-1 所示。

其中桩基础按施工方法可分为灌注桩基础和沉入桩基础。

一、灌注桩基础施工资料

灌注桩是指通过机械钻孔、钢管挤土或者人力挖掘等方法在地基土中形成桩孔,并在其中放置钢筋笼、灌注混凝土而形成的桩基础。

灌注桩按照成孔方法不同可分为钻孔灌注桩、挖孔灌注桩及沉管灌注桩等。

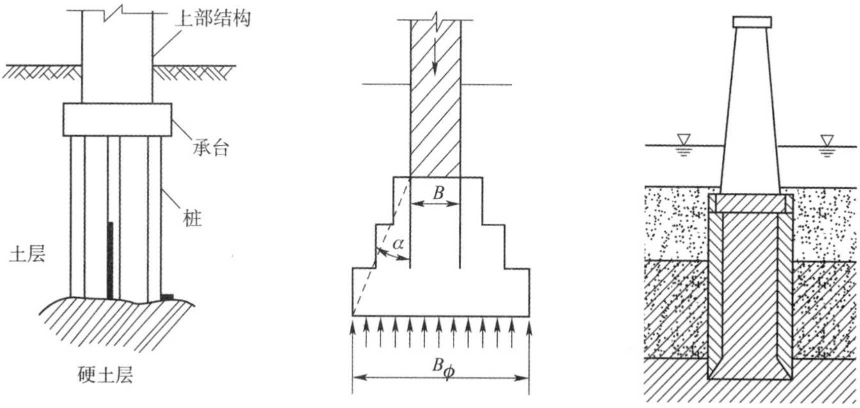

a)桩基础　　　　　　　　　b)扩大基础　　　　　　　　　c)沉井基础

图 5-1-1　桥梁基础

(一)钻孔灌注桩

1. 钻孔灌注桩施工工艺及相应阶段的记录表

钻孔灌注桩成孔方法主要有旋转钻机成孔、冲击钻进成孔和冲抓钻进成孔等,不同施工方法的主要工艺流程大致相同,但是对应有不同施工方法的记录表(表5-1-2)。

钻孔灌注桩主要工艺流程及对应表　　　　　　　　　表 5-1-2

序号	工 艺 流 程	对 应 表
1	测量放样,埋设护筒,钻机就位 	桩基桩位放样检测记录表; 施工放样测量记录表(记录护筒中心坐标); 水准测量记录表(主要记录护筒顶高程)
2	钻机钻孔过程 	回旋钻成孔记录表或冲击钻成孔记录表; 根据桩基成孔方式选用

序号	工 艺 流 程	对 应 表
3	钢筋笼加工与安装 	钢筋加工安装质量检验报告单
4	清孔,灌注混凝土前检查 	桩基终孔后灌注混凝土前检查记录表
5	桩基混凝土灌注 	水下混凝土灌注记录表
6	桩基开挖,成桩检查 	桩基成桩记录表; 施工放样测量记录表(记录成桩桩中心坐标); 水准测量记录表(记录成桩桩顶高程)

2. 钻孔灌注桩分项工程检验资料

公路工程质量检测资料主要包括三个部分,分别为质量检验评定表、质量检验报告单和试验记录表。其中,质量检验评定表和质量检验报告单中的检测项目是与《公路工程质量检验评定标准》(JTG F80/1)规定的项目一一对应的。

钻孔灌注桩的质量检测记录表格见表5-1-3。

钻孔灌注桩质量检测记录表 表 5-1-3

序号	类 别	对 应 表	
1	质量检验评定表	钻孔灌注桩质量检验评定表; 钢筋加工安装质量检验评定表	
2	质量检验报告单	钻孔灌注桩质量检验报告单; 钢筋加工安装质量检验报告单	
3	内业试验记录表	水泥	水泥出厂合格证及化验单; 水泥物理性能试验记录表; 水泥胶砂强度检验记录表
		外加剂	外加剂出厂合格证及化验单
		集料	粗集料试验记录表,非沥青混凝土用; 细集料试验记录表,非沥青混凝土用
		水质	水质分析试验记录表
		配合比	水泥混凝土(砂浆)配合比设计记录表
		钢筋	钢筋出厂合格证; 钢筋出厂试验报告,其包括钢筋生产方法、力学鉴定、物理化学性能; 焊材出厂检验合格证; 接头套筒出厂检验合格证; 钢材焊接力学性能试验记录表; 钢材力学性能试验记录表; 钢筋机械接头试验报告
4	外业检测记录表	混凝土或砂浆抗压强度统计表; 水泥混凝土抗压抗折强度试验记录表	
5	桩基检测	桩基检测报告独立成册	

3. 钻孔灌注桩质量保证资料编排顺序

钻孔灌注桩质量保证资料编排顺序见表5-1-4。

钻孔灌注桩质量保证资料编排顺序 表 5-1-4

序号	归档表名称	备 注
1	中间交工证书	
2	分项工程检验施工资料	
2.1	钻孔灌注桩质量检验评定表	
	钢筋加工及安装质量检验评定表	
2.2	钻孔灌注桩质量检验报告单	
	钢筋加工安装质量检验报告单	

序号	归档表名称	备注
2.3	混凝土或砂浆抗压强度统计表	
	水泥混凝土抗压抗折强度试验记录表	
3	施工记录	
3.1	桩基桩位放样检查记录表	
	施工放样测量记录表	护筒位置测量
	水准测量记录表	护筒顶高程测量
3.2	回旋钻成孔记录表	桩基成孔方式选用
	冲击钻成孔记录表	
3.3	桩基终孔后灌注混凝土前检查记录表	
3.4	水下混凝土灌注记录表	
3.5	桩基成桩记录表	
	施工放样测量记录表	桩位检测
	水准测量记录表	成桩桩顶高程测量
4	试验检测资料(内业试验)	单独组卷

(二)挖孔灌注桩

1. 挖孔灌注桩施工工艺及相应阶段的记录表

挖孔灌注桩应根据工程地质和水文地质情况,因地制宜选择孔壁支护方式。采用混凝土护壁支护的桩孔必须挖一节浇筑一节护壁,其各施工阶段对应的施工记录表见表5-1-5。

挖孔灌注桩主要工艺流程及对应表 表5-1-5

序号	工艺流程	对应表
1	测量放样	桩基桩位放样检测记录表; 施工放样测量记录表(记录桩中心坐标); 水准测量记录表(记录原地面高程)
2	人工挖孔过程	人工挖孔记录表
3	支设护壁模板	现浇混凝土模板安装检查记录表
4	浇筑护壁混凝土	混凝土施工检查记录表
5	拆除护壁模板	—
6	钢筋笼加工与安装	钢筋加工安装质量检验报告单
7	清孔,灌注混凝土前检查	桩基终孔后灌注混凝土前检查记录表
8	桩基混凝土灌注	水下混凝土灌注记录表
9	成桩检查	桩基成桩记录表; 施工放样测量记录表(记录成桩桩中心坐标); 水准测量记录表(记录成桩桩顶高程)

2. 挖孔灌注桩分项工程检验资料

挖孔灌注桩的质量检测记录表见表5-1-6。

序号	类　别	对　应　表
1	质量检验评定表	挖孔灌注桩质量检验评定表； 钢筋加工安装质量检验评定表
2	质量检验报告单	挖孔灌注桩质量检验报告单； 钢筋加工安装质量检验报告单
3	内业试验记录表	与钻孔灌注桩的内业试验记录表相同,见表 5-1-3
4	外业检测记录表	混凝土或砂浆抗压强度统计表； 水泥混凝土抗压抗折强度试验记录表
5	桩基检测	桩基检测报告独立成册

3. 挖孔灌注桩质量保证资料编排顺序

挖孔灌注桩质量保证资料编排顺序见表 5-1-7。

挖孔灌注桩质量保证资料编排顺序　　　　　　　　　　　　表 5-1-7

序号	归档表名称	备　注
1	中间交工证书	
2	分项工程检验施工资料	
2.1	挖孔灌注桩质量检验评定表	
	钢筋加工及安装质量检验评定表	
2.2	挖孔灌注桩质量检验报告单	
	钢筋加工安装质量检验报告单	
2.3	混凝土或砂浆抗压强度统计表	
	水泥混凝土抗压抗折强度试验记录表	
3	施工记录	
3.1	桩基桩位放样检查记录表	
	施工放样测量记录表	桩位测量
	水准测量记录表	原地面高程测量
3.2	现浇混凝土模板安装检查记录表	护壁模板安装
3.3	混凝土施工检查记录表	护壁混凝土浇筑
3.4	人工挖孔记录表	
3.5	桩基终孔后灌注混凝土前检查记录表	
3.6	水下混凝土灌注记录表	
3.7	桩基成桩记录表	
	施工放样测量记录表	桩位检测
	水准测量记录表	成桩桩顶高程测量
4	试验检测资料(内业试验)	单独组卷

二、沉入桩基础施工资料

沉入桩基础是指将各种预制好的桩(主要是预制钢筋混凝土桩或预应力混凝土桩或钢管桩,其次是钢桩或木桩)以不同的沉入方式沉至地基内,达到所需要的深度。

沉入桩的主要施工过程包括桩的预制和桩的沉入。

1. 桩的预制的施工工艺及相应阶段的记录表

预制钢筋混凝土桩、预应力混凝土桩及钢管桩的制作方法各不相同,下面主要介绍预制钢筋混凝土桩的制作及其对应的记录表。其主要施工工艺及相应阶段的记录表见表5-1-8。

钢筋混凝土预制桩主要工艺流程及对应表　　　　　　　　　　表5-1-8

序号	工 艺 流 程	对 应 表
1	钢筋加工安装 	钢筋加工安装质量检验报告单
2	预制桩模板安装 	预制混凝土构件模板安装检查记录表
3	浇筑混凝土 	混凝土施工检查记录表

2. 桩的沉入的施工工艺及相应阶段的记录表

沉入桩基础根据沉桩方式不同,主要可分为锤击沉桩、振动沉桩及静力压桩。不同沉入方法的主要工艺流程大致相同,其主要施工工艺及相应阶段的记录表见表5-1-9。

序号	工 艺 流 程	对 应 表
1	桩位放样复核 	桩基桩位放样检查记录表； 施工放样测量记录表； 水准测量记录表
2	搭设打桩平台,沉桩设备就位 	—
3	打桩和送桩 	坠锤、单动汽锤、柴油机锤沉桩记录表
4	成桩检查 	桩基成桩记录表； 施工放样测量记录表(成桩桩位检查)； 水准测量记录表(成桩桩顶高程检查)

3. 沉入桩基础分项工程检验资料

沉入桩基础的质量检测记录表见表 5-1-10。

序号	类　别	对　应　表
1	质量检验评定表	预制桩质量检验评定表； 钢筋加工安装质量检验评定表； 沉桩质量检验评定表
2	质量检验报告单	预制桩质量检验报告单； 钢筋加工安装质量检验报告单； 沉桩质量检验报告单
3	内业试验记录表	与钻孔灌注桩的内业试验记录表相同,见表 5-1-3
4	试验记录表	混凝土或砂浆抗压强度统计表； 水泥混凝土抗压抗折强度试验记录表

4. 沉入桩基础质量保证资料编排顺序

沉入桩基础质量保证资料编排顺序见表 5-1-11。

沉入桩基础质量保证资料编排顺序　　　　　　　　表 5-1-11

序号	归档表名称	备　注
1	中间交工证书	
2	分项工程检验施工资料	
2.1	预制桩质量检验评定表	
	沉桩质量检验评定表	
	钢筋加工及安装质量检验评定表	
2.2	预制桩质量检验报告单	
	沉桩质量检验报告单	
	钢筋加工安装质量检验报告单	
2.3	混凝土或砂浆抗压强度统计表	
	水泥混凝土抗压抗折强度试验记录表	
3	施工记录	
3.1	预制混凝土构件模板安装检查记录表	桩的预制
3.2	混凝土施工检查记录表	
3.3	桩基桩位放样检查记录表	桩位放样
	施工放样测量记录表	
	水准测量记录表	
3.4	坠锤、单动汽锤、柴油机锤沉桩记录表	
3.5	桩基成桩记录表	成桩位置检测
	施工放样测量记录表	
	水准测量记录表	
4	试验检测资料(内业试验)	单独组卷

三、扩大基础施工资料

1. 扩大基础施工工艺及相应阶段的记录表

扩大基础是将桥墩或桥台及上部结构传来的荷载直接传递至较浅支承地基的一种基础

形式。其主要施工工艺及相应阶段的记录表见表5-1-12。

扩大基础主要工艺流程及对应表 表5-1-12

序号	工 艺 流 程	对 应 表
1	测量放样 	施工放样测量记录表(记录基坑开挖各控制点坐标); 水准测量记录表(记录原地面高程)
2	基坑开挖,地基处理 	基坑检查记录表; 地基处理检查记录表
3	钢筋加工安装 	钢筋加工安装质量检验报告单
4	模板安装 	施工放样测量记录表(记录模板各控制点坐标); 水准测量记录表(记录模板高程); 现浇混凝土模板安装检查记录表

序号	工 艺 流 程	对 应 表
5	浇筑混凝土 	混凝土施工检查记录表
6	拆除模板,成品检测 	施工放样测量记录表; 平面位置检查记录表; 高程及横坡度试验记录表; 水准测量记录表(记录基础顶面高程)

2. 扩大基础分项工程检验资料

扩大基础的质量检测记录表见表 5-1-13。

扩大基础质量检测记录表 表 5-1-13

序号	类 别	对 应 表
1	质量检验评定表	扩大基础质量检验评定表; 钢筋加工安装质量检验评定表
2	质量检验报告单	扩大基础质量检验报告单; 钢筋加工安装质量检验报告单
3	内业试验记录表	与钻孔灌注桩的内业试验记录表相同,见表 5-1-3
4	外业检测记录表	混凝土或砂浆抗压强度统计表; 水泥混凝土抗压抗折强度试验记录表

3. 扩大基础质量保证资料编排顺序

扩大基础质量保证资料编排顺序见表 5-1-14。

扩大基础质量保证资料编排顺序 表 5-1-14

序号	归档表名称	备 注
1	中间交工证书	
2	分项工程检验施工资料	

序号	归档表名称	备 注
2.1	扩大基础质量检验评定表	
	钢筋加工及安装质量检验评定表	
2.2	扩大基础质量检验报告单	
	钢筋加工安装质量检验报告单	
2.3	混凝土或砂浆抗压强度统计表	
	水泥混凝土抗压抗折强度试验记录表	
3	施工记录	
3.1	施工放样测量记录表	
	水准测量记录表	原地面高程测量
3.2	基坑检查记录表	
3.3	地基处理检查记录表	
3.4	现浇混凝土模板安装检查记录表	
	施工放样测量记录表	模板位置控制
	水准测量记录表	
3.5	混凝土施工检查记录表	
3.6	施工放样测量记录表	
	平面位置检查记录表	轴线偏位检测
	高程及横坡度试验记录表	基础顶面高程检测
	水准测量记录表	
4	试验检测资料(内业试验)	单独组卷

四、沉井基础施工资料

1. 沉井施工工艺及相应阶段的记录表

沉井是指带刃脚的井筒状构造物,用人工或者机械方法清除井内土石,主要依靠自重克服井壁与土层的摩擦阻力,逐节下沉至地基中设计高程处,从而成为桥梁的基础。其主要施工工艺及相应阶段的记录表见表5-1-15。

扩大基础主要工艺流程及对应表　　　　　　　表5-1-15

序号	工艺流程	对 应 表
1	测量放样 	施工放样测量记录表(记录沉井的下沉位置); 水准测量记录表(记录顶面高程)

— 115 —

序号	工艺流程	对应表
2	沉井分节制作 	钢筋加工安装质量检验报告单； 预制混凝土构件模板安装检查记录表； 混凝土施工检查记录表
3	沉井下沉 	—
4	质量检查	施工放样测量记录表(记录沉井的位置)； 平面位置检查记录表； 水准测量记录表(记录沉井刃脚高程)

2. 沉井基础分项工程检验资料

沉井基础的质量检测记录表见表5-1-16。

沉井基础质量检测记录表　　　　　　　　表5-1-16

序号	类 别	对 应 表
1	质量检验评定表	沉井质量检验评定表； 钢筋加工安装质量检验评定表
2	质量检验报告单	沉井质量检验报告单； 钢筋加工安装质量检验报告单
3	内业试验记录表	与钻孔灌注桩的内业试验记录表相同，见表5-1-3
4	外业检测记录表	混凝土或砂浆抗压强度统计表； 水泥混凝土抗压抗折强度试验记录表

3. 沉井基础质量保证资料编排顺序

沉井基础质量保证资料编排顺序见表5-1-17。

序号	归档表名称	备注
1	中间交工证书	
2	分项工程检验施工资料	
2.1	沉井质量检验评定表	
	钢筋加工及安装质量检验评定表	
2.2	沉井质量检验报告单	
	钢筋加工安装质量检验报告单	
2.3	混凝土或砂浆抗压强度统计表	
	水泥混凝土抗压抗折强度试验记录表	
3	施工记录	
3.1	施工放样测量记录表	
	水准测量记录表	顶面高程测量
3.2	预制混凝土构件模板安装检查记录表	沉井模板安装记录
3.3	混凝土施工检查记录表	沉井混凝土浇筑记录
3.4	施工放样测量记录表	中心偏位检测
	平面位置检查记录表	
	水准测量记录表	沉井刃脚高程检测
4	试验检测资料(内业试验)	单独组卷

任务实施

一、检查桥梁基础施工资料的完整性

(1)根据任务要求,明确本桥梁基础为钻孔灌注桩基础。

(2)根据工程的施工工艺,核对钻孔灌注桩基础各工序所对应的施工过程记录表及分项工程质量检测表格及各统计表,并按照桩基础编号按顺序分开放好。

(3)补充缺少资料。

①资料表格有缺少的,需要找相关人员进行补充填写。例如,测量资料找测量员,施工检查记录找施工员,试验检测表格找试验员,质量检测报告单找质检员等。

②如果缺少"质量检验评定表",可以根据"质量检验报告单"上的数据和《公路工程质量检验评定标准》(JTG F80/1)规定的实测项目要求来补充完整。

下面以补充表格"钻孔灌注桩质量检验评定表"为例,阐述具体的方法(现有"钻孔灌注桩质量检验报告单"见表 5-1-18)。

a. 在《公路工程质量检验评定标准》(JTG F80/1—2004)❶中查找钻孔灌注桩的实测项目,具体实测项目见表 5-1-19,此处仅以 2004 版检评标准为例。

---

❶ JTG F80/1—2004 被 JTG F80/1—2017 替代,后者自 2018 年 5 月 1 日起施行,前者同时废止。JTG F80/1—2017 中钻孔灌注桩实测项目见附表 6。

钻孔灌注桩质量检验报告单

表 5-1-18

项目名称	××项目		桥梁名称	××跨线桥	合同段	A1 标段	施工日期（年.月.日）	2013.10.17
施工单位	××		监理单位	××	公路等级	高速公路	检测日期（年.月.日）	2013.12.15

项次	检测项目			单位	规定值或允许偏差	检测值（下栏填写桩的编号）			
						0-1 号桩基		0-2 号桩基	
1△	混凝土强度			MPa	C30	35.3	36.7	37.1	37.5
2△	桩位	群桩		mm	—	—		—	
		排架桩	允许	mm	50	12	—	10	—
			极值	mm	100				
3△	孔深			m	≥23.500	23.576	—	23.635	—
4△	孔径			mm	≥1 500	1 520		1 553	
5	钻孔倾斜度			%	≤1	0.2	—	0.3	—
6△	沉淀厚度	摩擦桩		mm	≤200	145		95	
		支承桩		mm	—	—		—	
7	钢筋骨架底面高程			mm	±50	+14		−58	
钻孔取芯情况结论									
无破损检测结论						Ⅰ 类桩		Ⅱ 类桩	
外观检查	桩长及锚固钢筋长度符合要求，桩头平整								
自检意见	符合设计及规范要求 签名：×× 日期：2013.12.15				监理工程师意见	签名： 日期：			

钻孔灌注桩实测项目

表 5-1-19

项次	检查项目			规定值或允许偏差	检查方法和频率	权值
1	混凝土强度（MPa）			在合格标准内	按附录 D 检查	3
2	桩位（mm）	群桩		100	全站仪或经纬仪；每桩检查	2
		排架桩	允许	50		
			极值	100		
3	孔深（m）			不小于设计	测绳量；每桩测量	3
4	孔径（mm）			不小于设计	探孔器；每桩测量	3
5	钻孔倾斜度（mm）			1% 桩长，且不大于 500	用测壁（斜）仪或钻杆垂线法；每桩检查	1
6	沉淀厚度（mm）	摩擦桩		设计规定，设计未规定时按施工规范要求	沉淀盒或标准测锤；每桩检查	2
		支承桩		不大于设计规定		
7	钢筋骨架底面高程（mm）			±50	水准仪；测每桩骨架顶面高程后反算	1

b. 根据相关内容填写"钻孔灌注桩质量检验评定表"，示例见表 5-1-20。

钻孔灌注桩质量检验评定表

表 5-1-20

项目名称	××项目						监理单位	××	公路等级	高速公路
桩号及部位	××跨线桥0号桥台桩基						施工单位	××	合同段	A1标段

项次	检测项目			规定值或允许偏差	检测结果			质量评定	
					检测数	合格数	合格率（%）	权值	加权得分（分）
1△	混凝土强度（MPa）			C30	4	4	100	3	300
2△	桩位（mm）	群桩		—	—	—	—	2	200
		排架桩	允许	50	2	2	100		
			极值	100	—	—	—		
3△	孔深（m）			≥23.500	2	2	100	3	300
4△	孔径（mm）			≥1 500	2	2	100	3	300
5	钻孔倾斜度（mm）			≤1%	2	2	100	1	100
6△	沉淀厚度（mm）	摩擦桩		≤200	2	2	100	2	200
		支承桩		—	—	—	—		
7	钢筋骨架底面高程（mm）			±50	2	1	50	1	50
加权平均得分（分）				96.7			合计	15	1 450
外观鉴定				桩长及锚固钢筋长度符合要求,桩头平整			减分		0
质量保证资料				资料齐全,局部卷面欠整洁			减分		1
监理工程师意见及签名									
工程质量等级评分				得分:95.7			等级:合格		

统计:××　　复核:××　　技术主办:××　　项目主管:××　　日期:2013.12.25

注:①表头:与质量检验报告单一致。

②规定值或允许偏差:与质量检验报告单一致。

③检测数:质量检验报告单中相应检测项目的检测总数。

④合格数:质量检验报告单中相应检测项目的检测合格数量。

⑤合格率＝合格数/检测数×100%。

⑥权值:根据《公路工程质量检验评定标准》(JTG F80/1—2004)❶规定的实测项目权值填写,没有检测的项目不参与评定。

⑦加权得分＝权值×合格率×100。

⑧加权平均得分＝Σ加权得分/Σ权值。

⑨外观鉴定:与质量检验报告单大致相同,可根据实际情况增减。无破损检测桩的质量有缺陷,但经设计单位确认仍可用时,应减3分;桩顶面应平整,桩柱连接处应平顺且无局部修补,不符合要求时减1~3分。

⑩质量保证资料:分项工程的施工资料和图表残缺,缺乏最基本的数据,或有伪造涂改者,不予检验和评定。资料不全者应予减分,每款减1~3分。

⑪工程质量得分＝加权平均得分－外观鉴定扣分－质量保证资料扣分。

⑫等级:分项工程评分值不小于75分者为合格;小于75分者为不合格;机电工程、属于工厂加工制造的桥梁金属构件不小于90分者为合格,小于90分者为不合格。

---

❶ 《公路工程质量检验评定标准》JTG F80/1—2004 已被 JTG F80/1—2017 替代,新标准自 2018 年 5 月 1 日起施行,JTG F80/1—2004 同时废止。

二、校核资料填写的规范性及准确性

（1）检查资料是否有涂改，填写字迹应清晰，采用碳素墨水书写，禁止使用圆珠笔、铅笔、红墨水及纯蓝墨水等易褪色的书写工具书写；如果个别数据必须更改的话，应在旁边签名。

（2）检查资料上的各方签名，签名必须手签全名，不能以盖章或复印代替手签名。

（3）检查各资料表格之间数据的准确性和一致性。例如，"钻孔灌注桩质量检验报告单"中的混凝土强度，应该与"水泥混凝土抗压抗折强度试验记录表"的检测值保持一致。

三、按要求顺序编排桥梁基础施工资料

根据各分项工程的质量保证资料编排顺序要求，将核对无误后的桥梁基础施工资料按桩基础编号顺序整理好，并装入对应的资料盒。

思考与练习

1. 按顺序列出冲击钻钻孔灌注桩的施工资料。
2. 按顺序列出桥梁扩大基础的施工资料。
3. 按顺序列出沉井基础的施工资料。

任务2　桥梁下部结构施工资料收集与整理

学习目标

1. 熟悉桥梁下部结构施工过程中需要记录的表；
2. 掌握桥梁下部结构的质量保证资料的收集方法和编排顺序。

工作任务

某座大桥的下部结构采用柱式墩，该桥梁14号桥墩分部分项工程划分见表5-2-1，其下部结构的施工、试验、检测记录资料见附录5-2。整理该桥梁3号桥墩下部结构的施工资料，并按要求编排顺序。

××跨线桥14号桥墩分部分项划分　　　　　　　　表5-2-1

单位工程	分　部　工　程		分　项　工　程	
××跨线桥	基础及下部构造	14号桥墩	钻孔灌注桩（每桩）	钢筋加工安装
				钻孔灌注桩
			立柱（每柱）	钢筋加工安装
				立柱
			盖梁（每盖梁）	钢筋加工安装
				盖梁
			支座垫石	钢筋加工安装
				支座垫石
			挡块	钢筋加工安装
				挡块

一、桥梁下部结构

桥梁下部结构是指桥梁位于支座以下的部分,也称支撑结构。下部结构包括桥墩、桥台,它的主要作用是承受上部结构传来的荷载,并通过基础又将此荷载及本身自重传递到地基上,如图5-2-1所示。

图5-2-1 桥梁下部结构

桥梁墩台按照使用材料的不同,可分为石砌、混凝土和钢筋混凝土三种。

1. 桥墩

桥墩是指多跨(两跨及以上)桥梁的中间支撑结构物。

桥墩按照构造形式不同,可分为实体墩(图5-2-2)、空心墩、柱式墩(图5-2-3)和框架墩等。

图5-2-2 实体墩

图5-2-3 柱式墩

2. 桥台

桥台是指位于桥梁两端,支承桥梁上部结构并与路堤衔接的建筑物。

桥台主要由台帽和台身组成,如图5-2-4所示。

二、混凝土墩、台身施工资料

1. 混凝土墩、台身施工工艺及相应阶段的记录表

混凝土墩、台身施工工艺及相应阶段的记录表见表5-2-2。

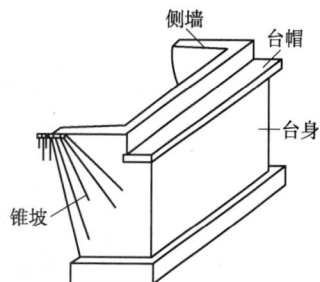

图5-2-4 U型桥台组成

序号	工 艺 流 程	对 应 表
1	测量放样	施工放样测量记录表(记录墩、台身各控制点坐标); 水准测量记录表(记录墩底高程)
2	钢筋加工安装 	钢筋加工安装质量检验报告单; 或钢筋网质量检验报告单; 根据钢筋结构形式选择
3	模板安装 	现浇混凝土模板安装检查记录表
4	混凝土浇筑 	混凝土施工检查记录表
5	拆除模板,成品检测 	垂直度或坡度试验记录表(记录墩、台身竖直度); 水准测量记录表(记录墩顶高程); 平面位置检查记录表(记录墩、台身平面位置); 施工放样测量记录表(记录墩、台身控制点坐标); 大面积平整度检测记录表(记录墩、台身表面平整度)

2. 混凝土墩、台身分项工程检验资料

混凝土墩、台身的质量检测记录表见表 5-2-3。

混凝土墩、台身质量检测记录表　　　　表 5-2-3

序号	类　别	对　应　表
1	质量检验评定表	墩、台身质量检验评定表； 钢筋加工安装质量检验评定表（钢筋网质量检验评定表）
2	质量检验报告单	墩、台身质量检验报告单； 钢筋加工安装质量检验报告单（钢筋网质量检验报告单）
3	内业试验记录表	与钻孔灌注桩的内业试验记录表相同，见表 5-1-3
4	外业检测记录表	混凝土或砂浆抗压强度统计表； 水泥混凝土抗压抗折强度试验记录表

3. 混凝土墩、台身质量保证资料编排顺序

混凝土墩、台身质量保证资料编排顺序见表 5-2-4。

混凝土墩、台身质量保证资料编排顺序　　　　表 5-2-4

序号	归档表名称	备　注
1	中间交工证书	
2	分项工程检验施工资料	
2.1	墩、台身质量检验评定表	
	钢筋加工及安装质量检验评定表（钢筋网质量检验评定表）	根据钢筋形式选择
2.2	墩、台身质量检验报告单	
	钢筋加工安装质量检验报告单（钢筋网质量检验报告单）	根据钢筋形式选择
2.3	混凝土或砂浆抗压强度统计表	
	水泥混凝土抗压抗折强度试验记录表	
3	施工记录	
3.1	施工放样测量记录表	记录墩、台身各控制点坐标
	水准测量记录表	记录墩底高程
3.2	现浇混凝土模板安装检查记录表	
3.3	混凝土施工检查记录表	
3.4	垂直度或坡度试验记录表	竖直度检测
	水准测量记录表	墩顶高程检测
	施工放样测量记录表	轴线偏位检测
	平面位置检查记录表	
	大面积平整度检测记录表	墩身平整度检测
4	试验检测资料（内业试验）	单独组卷

三、柱或双壁墩身施工资料

1. 柱或双壁墩身施工工艺及相应阶段的记录表

柱或双壁墩身施工工艺及相应阶段的记录表见表 5-2-5。

序号	工 艺 流 程	对 应 表
1	测量放样	施工放样测量记录表(记录柱或墩身各控制点坐标); 水准测量记录表(记录墩底高程)
2	钢筋加工安装 	钢筋加工安装质量检验报告单; 或钢筋网质量检验报告单; 根据钢筋结构形式选择
3	模板安装 	现浇混凝土模板安装检查记录表
4	混凝土浇筑 	混凝土施工检查记录表
5	拆除模板,成品检测 	垂直度或坡度试验记录表(记录柱或墩身竖直度); 水准测量记录表[记录柱(墩)顶高程]; 平面位置检查记录表[记录柱(墩)平面位置]; 施工放样测量记录表[记录柱(墩)控制点坐标]

2. 柱或双壁墩身分项工程检验资料

柱或双壁墩身的质量检测记录表见表5-2-6。

柱或双壁墩身质量检测记录表　　　　　　　　　　　表5-2-6

序号	类　别	对　应　表
1	质量检验评定表	柱或双壁墩质量检验评定表； 钢筋加工安装质量检验评定表(钢筋网质量检验评定表)
2	质量检验报告单	柱或双壁墩质量检验报告单； 钢筋加工安装质量检验报告单(钢筋网质量检验报告单)
3	内业试验记录表	与钻孔灌注桩的内业试验记录表相同,见表5-1-3
4	外业检测记录表	混凝土或砂浆抗压强度统计表； 水泥混凝土抗压抗折强度试验记录表

3. 柱或双壁墩身质量保证资料编排顺序

柱或双壁墩身质量保证资料编排顺序见表5-2-7。

柱或双壁墩身质量保证资料编排顺序　　　　　　　　表5-2-7

序号	归档表名称	备　注
1	中间交工证书	
2	分项工程检验施工资料	
2.1	柱或双壁墩质量检验评定表	
	钢筋加工及安装质量检验评定表(钢筋网质量检验评定表)	根据钢筋形式选择
2.2	柱或双壁墩质量检验报告单	
	钢筋加工安装质量检验报告单(钢筋网质量检验报告单)	根据钢筋形式选择
2.3	混凝土或砂浆抗压强度统计表	
	水泥混凝土抗压抗折强度试验记录表	
3	施工记录	
3.1	施工放样测量记录表	记录柱(墩)各控制点坐标
	水准测量记录表	记录柱(墩)底高程
3.2	现浇混凝土模板安装检查记录表	
3.3	混凝土施工检查记录表	
3.4	垂直度或坡度试验记录表	竖直度检测
	水准测量记录表	柱(墩)顶高程检测
	施工放样测量记录表	轴线偏位检测
	平面位置检查记录表	
4	试验检测资料(内业试验)	单独组卷

四、墩、台身砌体施工资料

1. 墩、台身砌体施工工艺及相应阶段的记录表

重力式桥台本身多数由石砌、片石混凝土或混凝土等圬工材料建造,并采用就地砌筑的方法施工。墩、台身砌体施工工艺及相应阶段的记录表见表5-2-8。

墩、台身砌体主要工艺流程及对应表 表 5-2-8

序号	工艺流程	对应表
1	测量放样	施工放样测量记录表(记录墩、台身各控制点坐标); 水准测量记录表(记录墩底高程)
2	墩台砌筑	—
3	成品检测	平面位置检查记录表(记录墩、台身平面位置); 施工放样测量记录表(记录墩、台身控制点坐标); 垂直度或坡度试验记录表(记录墩身竖直度); 水准测量记录表(记录墩顶高程); 大面积平整度检测记录表(记录墩身表面平整度)

2. 墩、台身砌体分项工程检验资料

墩、台身砌体的质量检测记录表见表 5-2-9。

墩、台身砌体质量检测记录表 表 5-2-9

序号	类 别	对 应 表	
1	质量检验评定表	墩、台身砌体质量检验评定表	
2	质量检验报告单	墩、台身砌体质量检验报告单	
3	内业试验记录表	水泥	水泥出厂合格证及化验单; 水泥物理性能试验记录表; 水泥胶砂强度检验记录表
		集料	细集料试验记录表,非沥青混凝土用
		石料	石料抗压强度试验记录表
		水质	水质分析试验记录表
		配合比	水泥混凝土(砂浆)配合比设计记录表; 砂净浆抗压强度试验记录表
4	试验记录表	混凝土或砂浆抗压强度统计表; 砂净浆抗压强度试验记录表	

3. 墩、台身砌体质量保证资料编排顺序

墩、台身砌体质量保证资料编排顺序见表 5-2-10。

墩、台身砌体质量保证资料编排顺序　　　　　　　表 5-2-10

序号	归档表名称	备 注
1	中间交工证书	
2	分项工程检验施工资料	
2.1	墩、台身砌体质量检验评定表	
2.2	墩、台身砌体质量检验报告单	
2.3	混凝土或砂浆抗压强度统计表	砂浆强度检测
	砂净浆抗压强度试验记录表	
3	施工记录	
3.1	施工放样测量记录表	记录墩、台身各控制点坐标
	水准测量记录表	记录墩底高程
3.2	平面位置检查记录表	轴线偏位检测
	施工放样测量记录表	
	垂直度或坡度试验记录表	竖直度检测
	水准测量记录表	墩顶高程检测
	大面积平整度检测记录表	墩身表面平整度检测
4	试验检测资料(内业试验)	单独组卷

五、墩、台帽或盖梁施工资料

1. 墩、台帽或盖梁施工工艺及相应阶段的记录表

墩、台帽或盖梁施工工艺及相应阶段的记录表见表 5-2-11。

墩、台帽或盖梁主要工艺流程及对应表　　　　　　　表 5-2-11

序号	工 艺 流 程	对 应 表
1	测量放样	施工放样测量记录表(记录台帽或盖梁各控制点坐标); 水准测量记录表(记录盖梁底面高程)
2	钢筋加工安装 	钢筋加工安装质量检验报告单; 或钢筋网质量检验报告单; 根据钢筋结构形式选择

序号	工 艺 流 程	对 应 表
3	模板安装 	现浇混凝土模板安装检查记录表
4	混凝土浇筑 	混凝土施工检查记录表
5	拆除模板,成品检测 	平面位置检查记录表(记录盖梁平面位置); 施工放样测量记录表(记录盖梁各控制点坐标); 水准测量记录表(记录盖梁顶面高程)

2. 墩、台帽或盖梁分项工程检验资料

墩、台帽或盖梁的质量检测记录表见表5-2-12。

墩、台帽或盖梁质量检测记录表　　　　　　　表5-2-12

序号	类　　别	对　应　表
1	质量检验评定表	墩、台帽或盖梁质量检验评定表; 钢筋加工安装质量检验评定表(钢筋网质量检验评定表)
2	质量检验报告单	墩、台帽或盖梁质量检验报告单; 钢筋加工安装质量检验报告单(钢筋网质量检验报告单)
3	内业试验记录表	与钻孔灌注桩的内业试验记录表相同,见表5-1-3
4	外业检测记录表	混凝土或砂浆抗压强度统计表; 水泥混凝土抗压抗折强度试验记录表

3. 墩、台帽或盖梁质量保证资料编排顺序

墩、台帽或盖梁质量保证资料编排顺序见表 5-2-13。

墩、台帽或盖梁质量保证资料编排顺序 表 5-2-13

序号	归档表名称	备　注
1	中间交工证书	
2	分项工程检验施工资料	
2.1	墩、台帽或盖梁质量检验评定表	
	钢筋加工及安装质量检验评定表(钢筋网质量检验评定表)	根据钢筋形式选择
2.2	墩、台帽或盖梁质量检验报告单	
	钢筋加工安装质量检验报告单(钢筋网质量检验报告单)	根据钢筋形式选择
2.3	混凝土或砂浆抗压强度统计表	
	水泥混凝土抗压抗折强度试验记录表	
3	施工记录	
3.1	施工放样测量记录表	记录盖梁各控制点坐标
	水准测量记录表	记录盖梁底面高程
3.2	现浇混凝土模板安装检查记录表	
3.3	混凝土施工检查记录表	
3.4	施工放样测量记录表	轴线偏位检测
	平面位置检查记录表	
	水准测量记录表	盖梁顶面高程检测
4	试验检测资料(内业试验)	单独组卷

六、支座垫石、挡块施工资料

1. 支座垫石、挡块施工工艺及相应阶段的记录表

支座垫石、挡块施工工艺及相应阶段的记录表见表 5-2-14。

支座垫石、挡块主要工艺流程及对应表 表 5-2-14

序号	工艺流程	对　应　表
1	测量放样	施工放样测量记录表(记录结构物各控制点坐标); 水准测量记录表(记录结构物底面高程)
2	钢筋加工安装	钢筋加工安装质量检验报告单; 或钢筋网质量检验报告单; 根据钢筋结构形式选择
3	模板安装	现浇混凝土模板安装检查记录表
4	混凝土浇筑	混凝土施工检查记录表

序号	工 艺 流 程	对 应 表
5	成品检测 支座垫石轴线偏位测量检查示意图 支座垫石四角高差测量检查示意图	平面位置检查记录表(记录结构物平面位置); 施工放样测量记录表(记录结构物各控制点坐标); 水准测量记录表(记录顶面高程)

2. 支座垫石、挡块分项工程检验资料

支座垫石、挡块的质量检测记录表见表5-2-15。

表 5-2-15

支座垫石、挡块质量检测记录表

序号	类 别	对 应 表
1	质量检验评定表	支座垫石质量检验评定表/挡块质量检验评定表; 钢筋加工安装质量检验评定表(钢筋网质量检验评定表)
2	质量检验报告单	支座垫石质量检验报告单/挡块质量检验报告单; 钢筋加工安装质量检验报告单(钢筋网质量检验报告单)
3	内业试验记录表	与钻孔灌注桩的内业试验记录表相同,见表5-1-3
4	外业检测记录表	混凝土或砂浆抗压强度统计表; 水泥混凝土抗压抗折强度试验记录表

3. 支座垫石、挡块质量保证资料编排顺序

支座垫石、挡块质量保证资料编排顺序见表5-2-16。

表 5-2-16

支座垫石、挡块质量保证资料编排顺序

序号	归档表名称	备 注
1	中间交工证书	
2	分项工程检验施工资料	
2.1	支座垫石质量检验评定表/挡块质量检验评定表	根据具体结构物选择
	钢筋加工及安装质量检验评定表(钢筋网质量检验评定表)	根据钢筋形式选择
2.2	支座垫石质量检验报告单/挡块质量检验报告单	根据具体结构物选择
	钢筋加工安装质量检验报告单(钢筋网质量检验报告单)	根据钢筋形式选择
2.3	混凝土或砂浆抗压强度统计表	
	水泥混凝土抗压抗折强度试验记录表	
3	施工记录	
3.1	施工放样测量记录表	记录结构物各控制点坐标
	水准测量记录表	记录结构物底面高程

序号	归档表名称	备注
3.2	现浇混凝土模板安装检查记录表	
3.3	混凝土施工检查记录表	
3.4	施工放样测量记录表	轴线偏位检测
	平面位置检查记录表	
	水准测量记录表	顶面高程检测
4	试验检测资料（内业试验）	单独组卷

✎ **任务实施**

一、检查桥梁下部结构施工资料的完整性

（1）根据任务要求，明确本桥梁下部结构的构造物主要有立柱、盖梁、支座垫石、挡块。

（2）根据立柱的施工工艺，核对立柱各工序所对应的施工过程记录表、质量检测表及统计表，并按照立柱编号分别放好。

（3）根据盖梁的施工工艺，核对盖梁各工序所对应的施工过程记录表、质量检测表及统计表，并按照盖梁编号分别放好。

（4）根据支座垫石的施工工艺，核对支座垫石各工序所对应的施工过程记录表、质量检测表及统计表，并按照支座垫石编号分别放好。

（5）根据挡块的施工工艺，核对挡块各工序所对应的施工过程记录表、质量检测表及统计表，并按照挡块编号分别放好。

（6）缺少资料补充。

①资料表格有缺少的，需要找相关人员进行补充填写。例如，测量资料找测量员，施工检查记录找施工员，试验检测表找试验员，质量检测报告单找质检员补充等。

②根据"质量检验报告单"补充"质量检验评定表"，在本章节任务一中已经详细阐述。

③"混凝土或砂浆抗压强度统计表"，按照《公路工程质量检验评定标准》（JTG F80/1—2004）❶附录 D"水泥混凝土抗压强度评定"要求，是根据"水泥混凝土抗压抗折强度试验记录表"中的实测强度进行统计评定的。

下面以补充表格"混凝土或砂浆抗压强度统计表（立柱）"为例，阐述具体的填写方法。3 号墩各立柱的抗压强度检测值见表 5-2-17，其设计强度值 R 为 30MPa。

3 号墩各立柱抗压强度检测值　　　　表 5-2-17

立柱编号	强度（MPa）		
3-1 号	38.6	35.3	37.0
3-2 号	36.4	34.3	32.8
3-3 号	36.2	36.6	35.4
3-4 号	37.0	38.4	37.2

根据相关内容填写"混凝土（砂浆）抗压强度统计汇总表"，见表 5-2-18。

---

❶　JTG F80/1—2004 被 JTG F80/1—2017 替代，后者自 2018 年 5 月 1 日起施行，前者同时废止。

混凝土(砂浆)抗压强度统计汇总表

表 5-2-18

工程名称	××项目		合同段	××标段	施工单位	××		第1页共1页	
分项工程名称	设计强度 R	统计组数 n	平均值 R_n	标准差 S_n	判定系数 K_1	判定系数 K_2	最低值 R_{min}（MPa）	$R_n - K_1 S_n$ $\geq 0.9R$	$R_{min} \geq$ $K_2 R$	评定结果
立柱	30	12	36.3	1.57	1.70	0.90	32.8	33.6 > 27	32.8 > 27	合格
以下空白										
自检意见	符合设计及规范要求 签名:×× 日期:2013.12.15			监理工程师意见				注:试件少于10组时, $R_n \geq 1.15R; R_{min} \geq 0.95R$		

统计:××   复核:××   技术主办:××   项目主管:××   日期:2013.12.15

注:①表头:与其他表格对应一致。

②分项工程名称:具体分项工程名称。

③设计强度 R:由题目可查 $R = 30$MPa(设计图纸中均可查询)。

④统计组数 n:3 号墩所有立柱的强度检测值数量 $n = 12$。

⑤平均值 R_n:通过计算,3 号墩立柱 12 组抗压强度的平均值 $R_n = 36.3$MPa。

⑥标准差 S_n:通过计算,3 号墩立柱 12 组抗压强度的标准差 $S_n = 1.57$。

⑦判定系数 K_1,K_2:根据《公路工程质量检验评定标准》(JTG F80/1—2004)附录 D"水泥混凝土抗压强度评定",可查 K_1,K_2 值。

由 $n = 12$ 可查,$K_1 = 1.70$,$K_2 = 0.9$。

⑧最低值 R_{min}:由表 5-2-17,可得 3 号墩立柱抗压强度的最低值 $R_{min} = 32.8$。

⑨$R_n - K_1 S_n \geq 0.9R$:计算可得 33.6 > 27。

⑩$R_{min} \geq K_2 R$:计算可得 32.8 > 27。

⑪评定结果:以上两个判定结果均满足,合格。若两个条件中任意一个不满足,结果均为不合格。

⑫自检意见:符合设计及规范要求,并在后面手签全名及填写日期。

二、校核资料填写的规范性及准确性

(1)检查资料是否有涂改,填写字迹应清晰,采用碳素墨水书写,禁止使用圆珠笔、铅笔、红墨水及纯蓝墨水等易褪色的书写工具书写;如果个别数据必须更改,应在旁边签名。

(2)检查资料上的各方签名,签名必须手签全名,不能以盖章或复印代替手签名。

(3)检查各资料表格之间数据的准确性和一致性。例如,"盖梁质量检验报告单"中的混凝土强度,应该与"水泥混凝土抗压抗折强度试验记录表"的检测值保持一致。

三、按要求顺序编排桥梁下部结构施工资料

根据各分项工程的质量保证资料编排顺序要求,将核对无误后的桥梁下部结构各构造物的施工资料按顺序整理好,并装入对应的资料盒。

思考与练习

1.进行混凝土抗压强度统计时,如果统计组数小于 10 组,该如何统计? 完成下面 ××桥 3 号墩盖梁的抗压强度统计,具体强度值见表 5-2-19,其设计强度值 R 为 40MPa。

盖 梁 编 号	强 度 （MPa）		
3-1 号	46.5	46.1	48.3
3-2 号	45.9	47.7	47.9

2. 按顺序列出桥梁立柱的施工资料。

3. 按顺序列出盖梁的施工资料。

任务3　桥梁上部构造预制和安装施工资料收集与整理

学习目标

1. 熟悉桥梁上部结构预制梁施工过程中需要记录的表；

2. 掌握桥梁上部结构预制梁的质量保证资料的收集方法和编排顺序。

工作任务

某桥梁的上部结构采用16m先张法预制梁，该桥梁0～1号跨上部结构预制和安装工程分部分项划分见表5-3-1，其上部结构预制梁预制与安装的施工、试验、检测记录资料见附录5-3。整理该桥梁0～1号跨上部结构预制和安装的施工资料，并按要求编排顺序。

××桥上部结构预制和安装工程分部分项划分　　　　表 5-3-1

单 位 工 程	分 部 工 程		分 项 工 程
××跨线桥	上部结构预制和安装	0～1号跨	钢筋加工及安装
			预应力筋的加工和张拉
			预制梁的预制
			梁板安装

相关理论

上部结构是桥梁位于支座以上（无铰拱起拱线或框架主梁底线以上）跨越桥孔部分的总称。

梁式桥上部结构常用的施工方法有就地浇筑施工和装配式施工两种方法。

装配式施工是指在预制工厂或在运输方便的桥址附近设置预制场进行梁的预制工作，然后采用一定的架设方法进行安装。

预应力混凝土梁板的预制，常用的施工方法有先张法和后张法两种。

一、先张法预应力混凝土梁板预制的施工资料

1. 先张法预应力混凝土梁板预制的施工工艺及相应阶段的记录表

先张法是先在台座上张拉预应力筋，然后立模浇筑混凝土以形成预应力混凝土构件的施工方法，构件是通过预应力钢筋和混凝土之间的黏结获得预压应力。先张法预应力混凝土梁板预制的施工工艺及相应阶段的记录表见表5-3-2。

序号	工 艺 流 程	对 应 表
1	张拉预应力筋 	预应力张拉(先张法)记录表
2	安装钢筋骨架 	钢筋加工安装质量检验报告单
3	安装模板 	预制混凝土构件模板安装检查记录表
4	浇筑混凝土 	混凝土施工检查记录表

序号	工 艺 流 程	对 应 表
5	拆模,养护,放松预应力筋 	—
6	出坑、堆放、运输,成品检测 	大面积平整度检测记录表

2. 先张法预应力混凝土梁板预制分项工程检验资料

先张法预应力混凝土梁板质量检测记录表见表 5-3-3。

先张法预应力混凝土梁板质量检测记录表

表 5-3-3

序号	类 别	对 应 表	
1	质量检验评定表	梁(板)预制质量检验评定表; 钢筋加工安装质量检验评定表; 钢丝、钢绞线(先张法)质量检验评定表; 或粗钢筋先张法质量检验评定表(根据预应力钢筋选用)	
2	质量检验报告单	梁(板)预制质量检验报告单; 钢筋加工安装质量检验报告单; 钢丝、钢绞线(先张法)质量检验报告单; 或粗钢筋先张法质量检验报告单(根据预应力钢筋选用)	
3	内业试验记录表	水泥	水泥出厂合格证及化验单; 水泥物理性能试验记录表; 水泥胶砂强度检验记录表
		外加剂	外加剂出厂合格证及化验单
		预埋件	预埋件出厂合格证
		集料	粗集料试验记录表(非沥青混合料用); 细集料试验记录表(非沥青混合料用)
		水	水质分析试验记录表
		配合比	水泥混凝土(砂浆)配合比设计记录表

序号	类 别	对 应 表	
3	内业试验记录表	钢筋	钢筋出厂合格证； 钢筋出厂试验报告（钢筋生产方法、力学鉴定、物理化学性能）； 焊材出厂检验合格证； 接头套筒出厂检验合格证； 钢材力学性能试验记录表； 钢材焊接力学性能试验记录表； 钢筋机械接头试验报告
		预应力筋	预应力筋出厂合格证； 预应力筋出厂试验报告（钢材生产方法、力学鉴定、物理化学性能）； 预应力混凝土用钢绞线力学性能试验记录表； 预应力钢筋冷拉试验记录表
		锚具等设备	锚具、夹具和连接器出厂检验合格证
		张拉器具	张拉设备（千斤顶油表等）标定证书
4	外业检测记录表	混凝土或砂浆抗压强度统计表； 水泥混凝土抗压抗折强度试验记录表	

3. 先张法预应力混凝土梁板质量保证资料编排顺序

先张法预应力混凝土梁板质量保证资料编排顺序见表5-3-4。

先张法预应力混凝土梁板质量保证资料编排顺序　　　　　　　　表5-3-4

序号	归档表名称	备 注
1	中间交工证书	
2	分项工程检验施工资料	
2.1	梁（板）预制质量检验评定表	
	钢筋加工及安装质量检验评定表	
	钢丝、钢绞线（先张法）质量检验评定表（粗钢筋先张法质量检验评定表）	根据预应力钢筋选用
2.2	梁（板）预制质量检验报告单	
	钢筋加工安装质量检验报告单	
	钢丝、钢绞线（先张法）质量检验报告单（粗钢筋先张法质量检验报告单）	根据预应力钢筋选用
2.3	混凝土或砂浆抗压强度统计表	
	水泥混凝土抗压抗折强度试验记录表	
3	施工记录	
3.1	预应力张拉（先张法）记录表	
3.2	预制混凝土构件模板安装检查记录表	
3.3	混凝土施工检查记录表	
3.4	大面积平整度检测记录表	梁板平整度检测
4	试验检测资料（内业试验）	单独组卷

二、后张法预应力混凝土梁预制的施工资料

1. 后张法预应力混凝土梁预制的施工工艺及相应阶段的记录表

后张法是指先浇筑混凝土,待达到规定的强度后再张拉预应力筋以形成预应力混凝土构件的施工方法。后张法预应力混凝土梁预制的施工工艺及相应阶段的记录表见表5-3-5。

后张法预应力混凝土梁主要工艺流程及对应表 表5-3-5

序号	工 艺 流 程	对 应 表
1	预制场建设,平整场地 	—
2.	安装钢筋骨架 	钢筋加工安装质量检验报告单
3	预应力管道安装 	预应力(后张法)管道检查记录表
4	安装模板 	预制混凝土构件模板安装检查记录表

序号	工艺流程	对应表
5	浇筑混凝土 	混凝土施工检查记录表
6	拆模,养护 	—
7	穿预应力筋,张拉 	预应力张拉(后张法)记录表
8	预应力孔道压浆 	预应力孔道压浆记录表
9	封锚 	封端检查记录表

序号	工 艺 流 程	对 应 表
10	起吊、出坑、运输、成品检测 	大面积平整度检测记录表

2.后张法预应力混凝土梁预制分项工程检验资料

后张法预应力混凝土梁质量检测记录表见表5-3-6。

后张法预应力混凝土梁质量检测记录表　　　　　　　　表5-3-6

序号	类　别	对 应 表
1	质量检验评定表	梁(板)预制质量检验评定表; 钢筋加工安装质量检验评定表; 后张法质量检验评定表
2	质量检验报告单	梁(板)预制质量检验报告单; 钢筋加工安装质量检验报告单; 后张法质量检验报告单
3	内业试验记录表	与先张法预应力混凝土梁板的内业试验记录表相同,见表5-3-3
4	外业检测记录表	混凝土或砂浆抗压强度统计表; 水泥混凝土抗压抗折强度试验记录表

3.后张法预应力混凝土梁质量保证资料编排顺序

后张法预应力混凝土梁质量保证资料编排顺序见表5-3-7。

后张法预应力混凝土梁质量保证资料编排顺序　　　　　　表5-3-7

序号	归档表名称	备　注
1	中间交工证书	
2	分项工程检验施工资料	
2.1	梁(板)预制质量检验评定表	
	钢筋加工及安装质量检验评定表	
	后张法质量检验评定表	
2.2	梁(板)预制质量检验报告单	
	钢筋加工安装质量检验报告单	
	后张法质量检验报告单	
2.3	混凝土或砂浆抗压强度统计表	
	水泥混凝土抗压抗折强度试验记录表	
3	施工记录	
3.1	预应力(后张法)管道检查记录表	
3.2	预制混凝土构件模板安装检查记录表	

序号	归档表名称	备 注
3.3	混凝土施工检查记录表	
3.4	预应力张拉(后张法)记录表	
3.5	预应力孔道压浆记录表	
3.6	封端检查记录表	
3.7	大面积平整度检测记录表	梁板平整度检测
4	试验检测资料(内业试验)	单独组卷

三、梁(板)安装的施工资料

1. 梁(板)安装的施工工艺及相应阶段的记录表

预制梁(板)的安装是预制装配式混凝土梁桥施工中的关键性工序,应结合施工现场条件、工程规模、桥梁跨径,以及架设安装的机械设备条件等具体情况,以安全可靠、经济简单和加快施工速度等为原则,选择合理的架梁方法。

预制构件的安装方法主要有陆地架设法、浮运架设法和高空架设法。

梁(板)安装施工工艺及相应阶段的记录表格见表5-3-8。

梁(板)安装主要工艺流程及对应表   表 5-3-8

序号	工 艺 流 程	对 应 表
1	安装架梁的机械设备 a)联合架桥机 b)跨墩龙门吊机 c)自行式吊车	—

序号	工 艺 流 程	对 应 表
2	架梁,测量定位	施工放样测量记录表; 水准测量记录表
3	湿接缝 干接缝(无需右侧表格) 	钢筋加工安装质量检验报告单; 现浇混凝土模板安装检查记录表; 混凝土施工检查记录表
4	成品检测	平面位置检查记录表; 施工放样测量记录表; 垂直度或坡度试验记录表; 高程及横坡度试验记录表; 水准测量记录表

2. 梁(板)安装分项工程检验资料

梁(板)安装质量检测记录表见表5-3-9。

梁(板)安装质量检测记录表   表5-3-9

序号	类 别	对 应 表
1	质量检验评定表	梁(板)安装质量检验评定表; 钢筋加工安装质量检验评定表(根据接缝有无钢筋选择)
2	质量检验报告单	梁(板)安装质量检验报告单; 钢筋加工安装质量检验报告单(根据接缝有无钢筋选择)
3	内业试验记录表	与钻孔灌注桩的内业试验记录表相同,见表5-1-3
4	外业检测记录表	混凝土或砂浆抗压强度统计表; 水泥混凝土抗压抗折强度试验记录表

3. 梁(板)安装质量保证资料编排顺序

梁(板)安装质量保证资料编排顺序见表5-3-10。

序号	归档表名称	备 注
1	中间交工证书	
2	分项工程检验施工资料	
2.1	梁(板)安装质量检验评定表	
	钢筋加工及安装质量检验评定表	根据接缝有无钢筋选择
2.2	梁(板)安装质量检验报告单	
	钢筋加工安装质量检验报告单	根据接缝有无钢筋选择
2.3	混凝土或砂浆抗压强度统计表	
	水泥混凝土抗压抗折强度试验记录表	
3	施工记录	
3.1	施工放样测量记录表	测量定位
	水准测量记录表	
3.2	现浇混凝土模板安装检查记录表	根据接缝类型选择(若为干接缝则无需本表)
	混凝土施工检查记录表	
3.3	平面位置检查记录表	支承中心偏位检测
	施工放样测量记录表	
3.4	垂直或坡度试验记录表	倾斜度检测
3.5	高程及横坡度试验记录表	顶面纵向高程检测
	水准测量记录表	
4	试验检测资料(内业试验)	单独组卷

任务实施

一、检查桥梁上部构造预制及安装施工资料的完整性

(1)根据任务要求,明确本工作任务为桥梁上部构造 0~1 号跨先张法预制梁的预制和梁的安装的施工资料整理。

(2)根据先张法预制梁的施工工艺,核对预制梁各工序所对应的施工过程记录表和质量检测表及统计表,并按照梁的编号分别放好。

(3)根据预制梁板安装的施工工艺,核对梁板安装各工序所对应的施工过程记录表、质量检测表格及统计表,并分别放好。

(4)缺少资料补充

①资料表格有缺少的,需要找相关人员进行补充填写。例如,测量资料找测量员,施工检查记录找施工员,试验检测表找试验员,质量检测报告单找质检员补充等。

②根据"质量检验报告单"补充"质量检验评定表",在本章节任务一中已经详细阐述。

③根据《公路工程质量检验评定标准》(JTG F80/1—2004)❶附录 D"水泥混凝土抗压强

---

❶ JTG F80/1—2004 被 JTG F80/1—2017 替代,后者自 2018 年 5 月 1 日起施行,前者同时废止。

度评定"要求,补充"混凝土或砂浆抗压强度统计表",在本模块任务 2 中已经详细阐述。

二、校核资料填写的规范性及准确性

(1)检查资料是否有涂改,填写字迹应清晰,采用碳素墨水书写,禁止使用圆珠笔、铅笔、红墨水及纯蓝墨水等易褪色的书写工具书写;如果个别数据必须更改的话,应在旁边签名。

(2)检查资料上的各方签名,签名必须手签全名,不能以盖章或复印代替手签名。

(3)检查各资料表格之间数据的准确性和一致性。例如,"梁(板)预制质量检验报告单"中的混凝土强度,应该与"水泥混凝土抗压抗折强度试验记录表"的检测值保持一致。

三、按要求顺序编排施工资料

根据各分项工程的质量保证资料编排顺序要求,将核对无误后的桥梁 0~1 号跨上部结构预制及安装的施工资料按顺序整理好,并装入对应的资料盒。

📖★ 思考与练习

1. 按顺序列出后张法预制梁的施工资料。
2. 按顺序列出梁板安装的施工资料(接缝为湿接缝)。

任务 4　桥梁上部构造现场浇筑施工资料收集与整理

✒ 学习目标

1. 熟悉桥梁上部结构现场浇筑梁板施工过程中需要记录的表;
2. 掌握桥梁上部结构现场浇筑梁板的质量保证资料的收集方法和编排顺序。

📖 工作任务

某桥梁的上部结构为就地浇筑梁板,该桥梁 1~2 号跨上部结构分部分项工程划分见表 5-4-1,其上部结构的施工、试验、检测记录资料见附录 5-4。整理该桥梁 1~2 号跨上部结构的施工资料并按要求编排顺序。

××桥上部结构分部分项工程划分　　　　　　　　　　表 5-4-1

单位工程	分部工程		分项工程
××桥	上部结构现场浇筑	1~2 号跨	钢筋加工及安装
			预应力筋的加工和张拉
			主要构件浇筑

📖 相关理论

一、就地浇筑梁板的施工资料

1. 就地浇筑梁板的施工工艺及相应阶段的记录表

就地浇筑施工是在桥孔位置搭设支架,并在支架上安装模板,绑扎及安装钢筋骨架,并在现场浇筑混凝土和施工预应力的施工方法。就地浇筑梁板的施工工艺及相应阶段的记录表见表 5-4-2。

序号	工　艺　流　程	对　应　表
1	测量放样	施工放样测量记录表； 水准测量记录表
2	地基处理，支架搭设，支架预压 	地基处理检查记录表； 满堂支架搭设检查验收表
3	底模、侧模安装 	现浇混凝土模板安装检查记录表； 高大模板检查验收表
4	钢筋骨架安装 	钢筋加工安装质量检验报告单
5	预应力管道安装 	预应力（后张法）管道检查记录表
6	混凝土浇筑 	混凝土施工检查记录表
7	拆模，养护	—

序号	工 艺 流 程	对 应 表
8	预应力筋张拉 	预应力张拉(后张法)记录表
9	预应力管道压浆 	预应力孔道压浆记录表
10	封端 	封端检查记录表
11	支架拆除,成品检测 	平面位置检查记录表(记录箱梁中轴线位置偏差); 施工放样测量记录表(记录箱梁各控制点坐标); 水准测量记录表(记录箱梁各控制点高程); 高程及横坡度试验记录表(记录箱梁顶面高程及横坡); 大面积平整度检测记录表(记录箱梁外侧面平整度)

2.就地浇筑梁板工程检验资料

就地浇筑梁板的质量检测记录表见表5-4-3。

就地浇筑梁板质量检测记录表 表 5-4-3

序号	类 别	对 应 表
1	质量检验评定表	就地浇筑梁(板)质量检验评定表; 钢筋加工安装质量检验评定表(钢筋网质量检验评定表); 后张法质量检验评定表
2	质量检验报告单	就地浇筑梁(板)质量检验报告单; 钢筋加工安装质量检验报告单(钢筋网质量检验报告单); 后张法质量检验报告单

序号	类　别	对　应　表
3	内业试验记录表	与先张法预应力混凝土梁板的内业试验记录表相同,见表5-3-3
4	外业检测记录表	混凝土或砂浆抗压强度统计表; 水泥混凝土抗压抗折强度试验记录表

3. 就地浇筑梁板质量保证资料编排顺序

就地浇筑梁板质量保证资料编排顺序见表5-4-4。

就地浇筑梁板质量保证资料编排顺序　　　　　　　　表5-4-4

序号	归档表名称	备　　注
1	中间交工证书	
2	分项工程施工检验资料	
2.1	就地浇筑梁(板)质量检验评定表	
	钢筋加工及安装质量检验评定表(钢筋网质量检验评定表)	根据钢筋形式选择
	后张法质量检验评定表	
2.2	就地浇筑梁(板)质量检验报告单	
	钢筋加工安装质量检验报告单(钢筋网质量检验报告单)	根据钢筋形式选择
	后张法质量检验报告单	
2.3	混凝土或砂浆抗压强度统计表	
	水泥混凝土抗压、抗折强度试验记录表	
3	施工记录	
3.1	施工放样测量记录表	记录梁板各控制点坐标
	水准测量记录表	记录梁板底面高程
3.2	地基处理检查记录表	
3.3	满堂支架搭设检查验收表	
3.4	预应力(后张法)管道检查记录表	
3.5	现浇混凝土模板安装检查记录表	
	高大模板检查验收表	
3.6	混凝土施工检查记录表	
3.7	预应力张拉(后张)记录表	
3.8	预应力孔道压浆记录表	
3.9	封端检查记录表	
3.10	施工放样测量记录表	轴线偏位检测
	平面位置检查记录表	
3.11	水准测量记录表	梁板顶面高程及横坡检测
	高程及横坡度检测记录表	
3.12	大面积平整度检测记录表	
4	试验检测资料(内业试验)	单独组卷

二、悬臂浇筑梁的施工资料

1. 悬臂浇筑梁的施工工艺及相应阶段的记录表

悬臂浇筑法的主要设备是一对能行走的挂篮。挂篮在已经张拉锚固并与墩身连成整体的梁段上移动，绑扎钢筋、立模、浇筑混凝土、施加预应力都在其上进行。完成本段施工后，挂篮对称向前各移动一节段，进行下一对梁段施工，循序前行，直至悬臂梁段浇筑完成。悬臂浇筑梁的施工工艺及相应阶段的记录表见表5-4-5。

悬臂浇筑梁主要工艺流程及对应表　　　　　　　　　　表5-4-5

序号	工 艺 流 程	对 应 表
1	挂篮拼装及试压 	—
2	测量放样	施工放样测量记录表； 水准测量记录表
3	底模、侧模安装 	现浇混凝土模板安装检查记录表； 高大模板检查验收表
4	钢筋骨架安装 	钢筋加工安装质量检验报告单
5	预应力管道安装 	预应力（后张法）管道检查记录表

序号	工 艺 流 程	对 应 表
6	内模安装 	现浇混凝土模板安装检查记录表(内模的检查与底模、侧模的安装检查记录在同一张表上)
7	混凝土浇筑 	混凝土施工检查记录表
8	拆模,养护	—
9	预应力筋张拉 	预应力张拉(后张法)记录表
10	预应力管道压浆 	预应力孔道压浆记录表
11	封端	封端检查记录表
12	成品检测,移篮进入下一节段施工 	平面位置检查记录表(记录箱梁中轴线位置偏差); 施工放样测量记录表(记录箱梁各控制点坐标); 水准测量记录表(记录箱梁各控制点高程); 高程及横坡度检测记录表(记录箱梁顶面高程及横坡); 大面积平整度检测记录表(记录箱梁外侧面平整度)

2. 悬臂浇筑梁工程检验资料

悬臂浇筑梁的质量检测记录表见表5-4-6。

悬臂浇筑梁质量检测记录表　　　　　　　　　　表5-4-6

序号	类　别	对　应　表
1	质量检验评定表	悬臂浇筑梁质量检验评定表； 钢筋加工安装质量检验评定表(钢筋网质量检验评定表)； 后张法质量检验评定表
2	质量检验报告单	悬臂浇筑梁质量检验报告单； 钢筋加工安装质量检验报告单(钢筋网质量检验报告单)； 后张法质量检验报告单
3	内业试验记录表	与先张法预应力混凝土梁板的内业试验记录表相同，见表5-3-3
4	外业检测记录表	混凝土或砂浆抗压强度统计表； 水泥混凝土抗压抗折强度试验记录表

3. 悬臂浇筑梁质量保证资料编排顺序

悬臂浇筑梁质量保证资料编排顺序见表5-4-7。

悬臂浇筑梁质量保证资料编排顺序　　　　　　　表5-4-7

序号	归档表名称	备　注
1	中间交工证书	
2	分项工程施工检验资料	
2.1	悬臂浇筑梁质量检验评定表	
	钢筋加工及安装质量检验评定表(钢筋网质量检验评定表)	根据钢筋形式选择
	后张法施工质量检验评定表	
2.2	悬臂浇筑梁质量检验报告单	
	钢筋加工安装质量检验报告单(钢筋网质量检验报告单)	根据钢筋形式选择
	后张法施工质量检验报告单	
2.3	混凝土或砂浆抗压强度统计表	
	水泥混凝土抗压、抗折强度试验记录表	
3	施工记录	
3.1	施工放样测量记录表	记录梁板各控制点坐标
	水准测量记录表	记录梁板底面高程
3.2	预应力（后张法）管道检查记录表	
3.3	现浇混凝土模板安装检查记录表	
	高大模板检查验收表	
3.4	混凝土施工检查记录表	
3.5	预应力张拉(后张法)记录表	
3.6	预应力孔道压浆记录表	

序号	归档表名称	备 注
3.7	封端检查记录表	
3.8	施工放样测量记录表	轴线偏位检测
	平面位置检查记录表	
3.9	水准测量记录表	梁板顶面高程及横坡检测
	高程及横坡度检测记录表	
3.10	大面积平整度检测记录表	
4	试验检测资料(内业试验)	单独组卷

任务实施

一、检查桥梁上部构造就地浇筑梁板施工资料的完整性

(1)根据任务要求,明确本工作任务为桥梁上部构造 1~2 号跨就地浇筑梁板的施工资料整理。

(2)根据就地浇筑梁板的施工工艺,核对上部结构 1~2 号跨梁板各工序所对应的施工过程记录表、质量检测表及统计表,并分别放好。

(3)缺少资料补充。

①资料表格有缺少的,需要找相关人员进行补充填写。例如,测量资料找测量员,施工检查记录找施工员,试验检测表找试验员,质量检测报告单找质检员补充等。

②根据"质量检验报告单"补充"质量检验评定表"(在本章节任务一中已经详细阐述)。

③根据《公路工程质量检验评定标准》(JTG F80/1—2004)❶附录 D"水泥混凝土抗压强度评定"要求,补充"混凝土或砂浆抗压强度统计表",(在本模块任务 2 中已经详细阐述)。

二、校核资料填写的规范性及准确性

(1)检查资料是否有涂改,填写字迹应清晰,采用碳素墨水笔书写,禁止使用圆珠笔、铅笔、红墨水笔及纯蓝墨水笔等易褪色的书写工具书写;如果个别数据必须更改,应在旁边签名。

(2)检查资料上的各方签名,签名必须手签全名,不能以盖章或复印代替手写签名。

(3)检查各资料表格之间数据的准确性和一致性。例如,"就地浇筑梁(板)质量检验报告单"中的混凝土强度,应该与"水泥混凝土抗压抗折强度试验记录表"的检测值保持一致。

三、按要求顺序编排桥梁上部结构施工资料

根据各分项工程的质量保证资料编排顺序要求,将核对无误后的桥梁 1~2 号跨上部结构就地浇筑梁板的施工资料按顺序整理好,并装入对应的资料盒。

---

❶ JTG F80/1—2004 被 JTG F80/1—2017 替代,后者自 2018 年 5 月 1 日起施行,前者同时废止。

1. 按顺序列出就地浇筑梁板的施工资料。

2. 按顺序列出悬臂浇筑梁的施工资料。

任务 5　桥面系及附属工程施工资料收集与整理

学习目标

1. 熟悉桥梁桥面及附属工程施工过程中需要记录的表；

2. 掌握桥梁桥面及附属工程的质量保证资料的收集方法和编排顺序。

工作任务

某桥梁桥面系及附属工程的分部分项工程划分见表 5-5-1，其附属结构的施工、试验检测记录资料见附录 5-5。整理该桥梁桥面及附属工程的施工资料并按要求顺序编排。

××跨线桥桥面系及附属工程分部分项工程划分　　　　　　　　　　　　　表 5-5-1

单 位 工 程	分 部 工 程	分 项 工 程
××跨线桥	桥面系及附属工程	桥梁总体，搭板，水泥混凝土桥面铺装，伸缩缝，防撞栏

相关理论

桥面系是指桥梁附属设施中直接承受车辆、人群等荷载并将其传递至主要承重构件的桥面构造系统，其包括桥面铺装、搭板、防撞护栏、人行道、栏杆及照明灯柱等。

一、搭板的施工资料

1. 搭板的施工工艺及相应阶段的记录表

搭板是指搁置在桥台或者悬臂梁端与路堤之间的连接板，如图 5-5-1 所示。搭板的作用是调节板两端的不均匀沉降，以减轻车辆对桥头的冲击，防止桥头跳车。搭板的施工工艺及相应阶段的记录表见表 5-5-2。

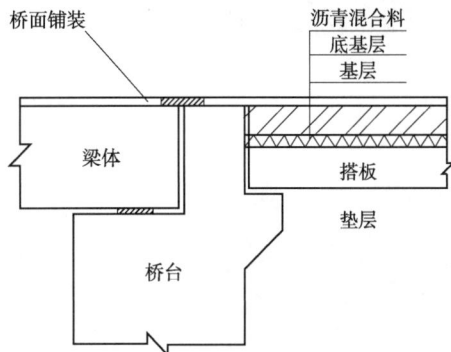

图 5-5-1　桥头搭板立面示意图

序号	工 艺 流 程	对 应 表
1	台背填土	台背填土质量检验评定表; 台背填土质量检验报告单; 压实度检测记录表; 桥涵背回填检查记录表; 注:台背填土的相关资料应归档于桥梁基础及下部结构中
2	测量放样	施工放样测量记录表; 水准测量记录表
3	钢筋骨架安装	钢筋加工安装质量检验报告单; 或钢筋网质量检验报告单(根据钢筋形式选择)
4	侧模安装	现浇混凝土模板安装检查记录表
5	混凝土浇筑	混凝土施工检查记录表
6	拆模,养护	—
7	成品检测	水准测量记录表(记录搭板各控制点高程); 高程及横坡度检测记录表(记录搭板顶面高程及横坡)

2. 搭板工程检验资料

搭板的质量检测记录表见表 5-5-3。

搭板质量检测记录表格 表 5-5-3

序号	类　别	对　应　表
1	质量检验评定表	桥头搭板质量检验评定表； 钢筋加工安装质量检验评定表(钢筋网质量检验评定表)
2	质量检验报告单	桥头搭板质量检验报告单； 钢筋加工安装质量检验报告单(钢筋网质量检验报告单)
3	内业试验记录表	与钻孔灌注桩的内业试验记录表相同，见表 5-1-3
4	试验记录表	混凝土或砂浆抗压强度统计表； 水泥混凝土抗压抗折强度试验记录表

3. 搭板质量保证资料编排顺序

搭板质量保证资料编排顺序见表 5-5-4。

搭板质量保证资料编排顺序 表 5-5-4

序号	归档表名称	备　注
1	中间交工证书	
2	分项工程施工检验资料	
2.1	桥头搭板质量检验评定表	
	钢筋加工及安装质量检验评定表(钢筋网质量检验评定表)	根据钢筋形式选择
2.2	桥头搭板质量检验报告单	
	钢筋加工安装质量检验报告单(钢筋网质量检验报告单)	根据钢筋形式选择
2.3	混凝土或砂浆抗压强度统计表	
	水泥混凝土抗压抗折强度试验记录表	
3	施工记录	
3.1	施工放样测量记录表	记录搭板各控制点坐标
	水准测量记录表	记录搭板底面高程
3.2	现浇混凝土模板安装检查记录表	
3.3	混凝土施工检查记录表	
3.4	水准测量记录表	搭板顶面高程及横坡检测
	高程及横坡度检测记录表	
4	试验检测资料(内业试验)	单独组卷

二、桥面铺装的施工资料

桥面铺装是指用沥青混凝土、水泥混凝土等材料铺筑在桥面板上的保护层，其作用是保护桥面板并分布车轮的集中荷载。

桥面铺装种类很多，有水泥混凝土、沥青混凝土、沥青表面处治和泥结碎石等。水泥混凝土和沥青混凝土桥面铺装应用最为广泛，能满足各项要求。沥青表面处治和泥结碎石铺装因其耐久性差，仅在低等级公路桥梁中使用。

(一)水泥混凝土桥面铺装的施工资料

1.水泥混凝土桥面铺装的施工工艺及相应阶段的记录表

水泥混凝土桥面铺装的施工工艺及相应阶段的记录表见表5-5-5。

水泥混凝土桥面铺装主要工艺流程及对应表 表5-5-5

序号	工 艺 流 程	对 应 表
1	凿除浮渣,清洗桥面 	—
2	测量放样	施工放样测量记录表; 水准测量记录表
3	钢筋骨架安装 	钢筋加工安装质量检验报告单; 或钢筋网质量检验报告单(根据钢筋形式选择)
4	侧模安装 	现浇混凝土模板安装检查记录表
5	混凝土浇筑 	混凝土施工检查记录表
6	拆模,养护	—
7	成品检测 	施工放样测量记录表(记录桥面中线各控制点坐标); 水准测量记录表(记录桥面各控制点高程); 高程及横坡度检测记录表(记录桥面铺装顶面高程及横坡)

2. 水泥混凝土桥面铺装工程检验资料

水泥混凝土桥面铺装的质量检测记录表见表5-5-6。

水泥混凝土桥面铺装质量检测记录表 表5-5-6

序号	类　别	对　应　表
1	质量检验评定表	桥面铺装质量检验评定表； 钢筋加工安装质量检验评定表(钢筋网质量检验评定表)
2	质量检验报告单	桥面铺装质量检验报告单； 钢筋加工安装质量检验报告单(钢筋网质量检验报告单)
3	内业试验记录表	与钻孔灌注桩的内业试验记录表相同,见表5-1-3
4	外业检测记录表	混凝土或砂浆抗压强度统计表； 水泥混凝土抗压抗折强度试验记录表； 路面结构厚度统计表； 混凝土钻芯取样记录表； 3m直尺平整度检测记录表或连续式平整度仪测定平整度记录表(根据具体检测办法选用)； 路面构造深度检测记录表

3. 水泥混凝土桥面铺装质量保证资料编排顺序

水泥混凝土桥面铺装质量保证资料编排顺序见表5-5-7。

水泥混凝土桥面铺装质量保证资料编排顺序 表5-5-7

序号	归档表名称	备　注
1	中间交工证书	
2	分项工程施工检验资料	
2.1	桥面铺装质量检验评定表	
	钢筋加工及安装质量检验评定表(钢筋网质量检验评定表)	根据钢筋形式选择
2.2	桥面铺装质量检验报告单	
	钢筋加工安装质量检验报告单(钢筋网质量检验报告单)	根据钢筋形式选择
2.3	混凝土或砂浆抗压强度统计表	
	水泥混凝土抗压抗折强度试验记录表	
	路面结构厚度统计表	
	混凝土钻芯取样记录表	
	3m直尺平整度检测记录表或连续式平整度仪测定平整度记录表	根据具体检测办法选用
	路面构造深度检测记录表	
3	施工记录	
3.1	施工放样测量记录表	记录桥梁中线各控制点坐标
	水准测量记录表	记录桥面铺装底面高程
3.2	现浇混凝土模板安装检查记录表	
3.3	混凝土施工检查记录表	

序号	归档表名称	备 注
3.4	施工放样测量记录表	记录桥面铺装成品中线坐标
3.5	水准测量记录表	桥面铺装顶面高程及横坡检测
	高程及横坡度检测记录表	
4	试验检测资料(内业试验)	单独组卷

(二)沥青混凝土桥面铺装的施工资料

1. 沥青混凝土桥面铺装的施工工艺及相应阶段的记录表

沥青混凝土桥面铺装的施工工艺及相应阶段的记录表见表5-5-8。

沥青混凝土桥面铺装主要工艺流程及对应表 表5-5-8

序号	工 艺 流 程	对 应 表
1	凿除浮渣,清洗桥面 	—
2	测量放样	施工放样测量记录表; 水准测量记录表
3	铺设防水层 	下封层施工质量检查记录表
4	浇洒黏层油 	黏层施工质量检查记录表
5	铺装沥青面层 	沥青混合料路面施工记录表; 沥青混合料温度、厚度检测记录表

序号	工 艺 流 程	对 应 表
6	成品检测 	施工放样测量记录表(记录桥面中线各控制点坐标); 水准测量记录表(记录桥面各控制点高程); 高程及横坡度检测记录表(记录桥面铺装顶面高程及横坡)

2. 沥青混凝土桥面铺装工程检验资料

沥青混凝土桥面铺装的质量检测记录表见表5-5-9。

沥青混凝土桥面铺装质量检测记录表

表5-5-9

序号	类 别	对 应 表
1	质量检验评定表	桥面铺装质量检验评定表
2	质量检验报告单	桥面铺装质量检验报告单
3	内业试验记录表	与沥青混凝土路面的内业试验记录表相同,见表4-1-3
4	外业检测记录表	压实度结果统计表; 沥青路面压实度试验记录表或核子仪法压实度检测记录表; 路面结构厚度统计表; 沥青路面厚度检测记录表; 3m直尺平整度检测记录表或连续式平整度仪测定平整度记录表(根据具体检测办法选用); 路面构造深度检测记录表

3. 沥青混凝土桥面铺装质量保证资料编排顺序

沥青混凝土桥面铺装质量保证资料编排顺序见表5-5-10。

沥青混凝土桥面铺装质量保证资料编排顺序

表5-5-10

序号	归档表名称	备 注
1	中间交工证书	
2	分项工程施工检验资料	
2.1	桥面铺装质量检验评定表	
2.2	桥面铺装质量检验报告单	
2.3	压实度结果统计表	
	沥青路面压实度试验记录表或核子仪法压实度检测记录表	根据检测方法选用
	路面结构层厚度统计表	
	沥青路面厚度检测记录表	
	3m直尺平整度检测记录表或连续式平整度仪测定平整度记录表	根据具体检测办法选用
	路面构造深度检测记录表	

序号	归档表名称	备　注
3	施工记录	
3.1	施工放样测量记录表	记录桥梁中线各控制点坐标
	水准测量记录表	记录桥面铺装底面高程
3.2	下封层施工质量检查记录表	
3.3	黏层施工质量检查记录表	
3.4	沥青混合料路面施工记录表	
	沥青混合料温度、厚度检测记录表	
3.5	施工放样测量记录表	记录桥面铺装成品中线坐标
3.6	水准测量记录表	桥面铺装顶面高程及横坡检测
	高程及横坡度检测记录表	
4	试验检测资料(内业试验)	单独组卷

三、伸缩缝施工资料

1. 伸缩缝的施工工艺及相应阶段的记录表

桥梁伸缩缝是指为适应材料胀缩变形对结构的影响而在结构中设置的间隙。通常在两梁端之间、梁端与桥台之间或桥梁的铰接位置上设置伸缩缝。

伸缩缝的施工工艺及相应阶段的记录表见表5-5-11。

伸缩缝主要工艺流程及对应表　　　　　　　　　　表5-5-11

序号	工艺流程	对　应　表
1	测量放样	施工放样测量记录表; 水准测量记录表
2	开槽 	—
3	植筋,埋设伸缩缝 	钢筋加工安装质量检验报告单

序号	工 艺 流 程	对 应 表
4	混凝土浇筑 	混凝土施工检查记录表
5	养护	
6	成品检测 	水准测量记录表(记录伸缩缝各控制点高程); 高程及横坡度检测记录表(记录伸缩缝顶面高程及横坡)

2. 伸缩缝工程检验资料

伸缩缝的质量检测记录表见表 5-5-12。

伸缩缝质量检测记录表 　　　　　　　　　　　　　　表 5-5-12

序号	类 别		对 应 表
1	质量检验评定表		伸缩缝质量检验评定表; 钢筋加工安装质量检验评定表
2	质量检验报告单		伸缩缝质量检验报告单; 钢筋加工安装质量检验报告单
3	内业试验记录表	水泥	水泥出厂合格证及化验单; 水泥物理性能试验记录表; 水泥胶砂强度检验记录表
		外加剂	外加剂出厂合格证及化验单
		集料	粗集料试验记录表,非沥青混凝土用; 细集料试验记录表,非沥青混凝土用
		水质	水质分析试验记录表
		配合比	水泥混凝土(砂浆)配合比设计记录表
		钢筋	钢筋出厂合格证; 钢筋出厂试验报告,其包括钢筋生产方法、力学鉴定、物理化学性能; 焊材出厂检验合格证; 接头套筒出厂检验合格证; 钢材焊接力学性能试验记录表; 钢材力学性能试验记录表; 钢筋机械接头试验报告
		伸缩缝	伸缩缝出厂合格证; 伸缩缝出厂试验报告; 伸缩缝安装说明等
4	外业检测记录表		混凝土或砂浆抗压强度统计表; 水泥混凝土抗压、抗折强度试验记录表; 3m直尺平整度检测记录表

3. 伸缩缝质量保证资料编排顺序

伸缩缝质量保证资料编排顺序见表 5-5-13。

伸缩缝质量保证资料编排顺序 表 5-5-13

序号	归档表名称	备注
1	中间交工证书	
2	分项工程施工检验资料	
2.1	伸缩缝质量检验评定表	
	钢筋加工及安装质量检验评定表	
2.2	伸缩缝质量检验报告单	
	钢筋加工安装质量检验报告单	
2.3	混凝土或砂浆抗压强度统计表	
	水泥混凝土抗压、抗折强度试验记录表	
	3m 直尺平整度检测记录表	
3	施工记录	
3.1	施工放样测量记录表	记录伸缩缝各控制点坐标
	水准测量记录表	记录伸缩缝底面高程
3.2	混凝土施工检查记录表	
3.3	水准测量记录表	伸缩缝顶面高程及横坡检测
	高程及横坡度检测记录表	
4	试验检测资料(内业试验)	单独组卷

四、防撞护栏的施工资料

1. 防撞护栏的施工工艺及相应阶段的记录表

防撞护栏是桥梁的一种安全防护设施,其主要作用是防止失控车辆越出桥外,使车辆不能突破、下穿、翻越桥梁,对机动车起保护作用。防撞护栏的施工工艺及相应阶段的记录表见表 5-5-14。

防撞护栏主要工艺流程及对应表 表 5-5-14

序号	工艺流程	对应表
1	测量放样	施工放样测量记录表; 水准测量记录表
2	钢筋骨架安装 	钢筋加工安装质量检验报告单

序号	工 艺 流 程	对 应 表
3	模板安装 	现浇混凝土模板安装检查记录表
4	混凝土浇筑 	混凝土施工检查记录表
5	拆模,养护	
6	成品检测 	平面位置检查记录表(记录防撞栏轴线偏位); 施工放样测量记录表(记录防撞栏各控制点坐标); 水准测量记录表(记录防撞护栏各控制点高程); 垂直度或坡度检测记录表(记录防撞护栏的坡度)

2. 防撞护栏工程检验资料

防撞护栏的质量检测记录表见表 5-5-15。

防撞护栏质量检测记录表   表 5-5-15

序号	类 别	对 应 表
1	质量检验评定表	混凝土防撞护栏浇筑质量检验评定表; 钢筋加工安装质量检验评定表
2	质量检验报告单	混凝土防撞护栏浇筑质量检验报告单; 钢筋加工安装质量检验报告单
3	内业试验记录表	与钻孔灌注桩的内业试验记录表相同,见表 5-1-3
4	试验记录表	混凝土或砂浆抗压强度统计表; 水泥混凝土抗压、抗折强度试验记录表

3. 防撞护栏质量保证资料编排顺序

防撞护栏质量保证资料编排顺序见表 5-5-16。

序号	归档表名称	备 注
1	中间交工证书	
2	分项工程施工检验资料	
2.1	混凝土防撞护栏浇筑质量检验评定表	
	钢筋加工及安装质量检验评定表	
2.2	混凝土防撞护栏浇筑质量检验报告单	
	钢筋加工安装质量检验报告单	
2.3	混凝土或砂浆抗压强度统计表	
	水泥混凝土抗压抗折强度试验记录表	
3	施工记录	
3.1	施工放样测量记录表	记录防撞护栏各控制点坐标
	水准测量记录表	记录防撞护栏底面高程
3.2	现浇混凝土模板安装检查记录表	
3.3	混凝土施工检查记录表	
3.4	平面位置检查记录表	防撞护栏平面位置检测
	施工放样测量记录表	
3.5	水准测量记录表	防撞护栏坡度检测
	垂直度或坡度检测记录表	
4	试验检测资料(内业试验)	单独组卷

任务实施

一、检查桥梁桥面系及附属工程施工资料的完整性

(1)根据任务要求,明确本工作任务为桥梁桥面系及附属工程的施工资料整理。

(2)根据桥面系及附属工程的施工工艺,核对本桥梁附属工程各工序所对应的施工过程记录表、质量检测表及统计表,并按搭板、桥面铺装、伸缩缝、防撞护栏分别放好。

(3)缺少资料补充:

①资料表格有缺少的,需要找相关人员进行补充填写。例如,测量资料找测量员,施工检查记录找施工员,试验检测表找试验员,质量检测报告单找质检员补充等。

②根据"质量检验报告单"补充"质量检验评定表"(在本模块节任务 1 中已经详细阐述)。

③根据《公路工程质量检验评定标准》(JTG F80/1—2004)❶附录 D"水泥混凝土抗压强度评定"要求,补充"混凝土或砂浆抗压强度统计表"(在本模块任务 2 中已经详细阐述)。

二、校核资料填写的规范性及准确性

(1)检查资料是否有涂改,填写字迹应清晰,采用碳素墨水笔书写,禁止使用圆珠笔、铅

---

❶ JTG F80/1—2004 被 JTG F80/1—2017 替代,后者自 2018 年 5 月 1 日起施行,前者同时废止。

笔、红墨水笔及纯蓝墨水笔等易褪色的书写工具书写;如果个别数据必须更改,应在旁边签名。

(2)检查资料上的各方签名,签名必须手签全名,不能以盖章或复印代替手写签名。

(3)检查各资料表格之间数据的准确性和一致性。例如,"桥头搭板质量检验报告单"中的混凝土强度,应该与"水泥混凝土抗压抗折强度试验记录表"的检测值保持一致。

三、按要求顺序编排桥梁桥面及附属工程施工资料

根据各分项工程的质量保证资料编排顺序要求,将核对无误后的桥梁桥面系及附属工程的施工资料按顺序整理好,并装入对应的资料盒。

★ 思考与练习

1. 按顺序列出沥青混凝土桥面铺装的施工资料。
2. 按顺序列出混凝土防撞护栏的施工资料。

附录 5-1　桩基础施工、试验及检测记录资料

钻孔灌注桩质量检验评定表

项目名称	××公路工程	监理单位		××	公路等级	一级
桩号及部位	跨线桥14号墩右幅桩基	施工单位		××	合同段	—

项次	检测项目	规定值或允许偏差	检测结果			质量评定	
			检测数	合格数	合格率(%)	报值	实得分(分)
1	混凝土强度(MPa)	C30	6	6	100	3	300
2	桩位(mm)	50/100	4	4	100	2	200
3	孔深(m)	≥25	2	2	100	3	300
4	孔径(mm)	≥1 600	2	2	100	3	300
5	倾斜度(mm)	1%桩长,且不大于500	2	2	100	1	100
6	沉淀厚度(mm)	≤500	2	2	100	2	200
7	钢筋骨架底面高程(m)	±50	2	2	100	1	100
8							
9							
合计						15	1 500
加权平均分(分)							100
外观鉴定		桩头平整,桩长及锚固钢筋长度符合要求				减分	0
质量保证资料		齐全				减分	0
监理工程师意见及签名		合格　　　　　　签名:　　　　　　日期:2007.8.20					
工程质量等级评分		得分:100　　等级:合格					

统计:××　　　复核:××　　　技术主办:××　　　项目主管:××　　　日期:2007.8.20

钢筋加工及安装质量检测评定表

项目名称	××公路工程	监理单位	××	公路等级	一级
桩号及部位	跨线桥14号墩右幅桩基	施工单位	××	合同段	一

项次	检测项目	规定值或允许偏差	检测结果			质量评定	
			检测数	合格数	合格率(%)	报值	实得分(分)
1	受力钢筋间距(mm)	±20	14	14	100	3	300
2	箍筋、横向水平钢筋、螺旋筋间距(mm)	±10	14	14	100	2	200
3	钢筋骨架尺寸(mm)	长±10;宽±5	28	28	100	1	100
4	弯起钢筋位置(mm)						
5	保护层厚度(mm)	±10	16	16	100	3	300
6							
7							
8							
9							
合计						9	900
加权平均分(分)							100
外观鉴定	钢筋笼顺直,但表面有少许锈蚀					减分	1
质量保证资料	齐全					减分	0
监理工程师意见及签名							
工程质量等级评分	得分:99			等级:合格			

统计:×× 复核:×× 技术主办:×× 项目主管:×× 日期:2007.8.20

钻孔灌注桩质量检验报告单

项目名称	××公路工程		桩号及部位	××		跨线桥14号右幅桩基		施工日期	2007.1.31
施工单位	××		监理单位	××		公路等级	一级	检测日期	2007.3.6
项次	检测项目	单位	规定值或允许偏差	检测值（下栏填写桩的编号）					
				右1号		右2号			
1	混凝土强度	MPa	C30	39.5	39.8	39.0	40.3	41.1	40.5
2	桩位 群桩	mm	—	+7	+4		+4	+5	
	排架桩	mm	50/100						
3	孔深	m	≥25	25.005			25.038		
4	孔径	mm	≥1 600	1 605			1 603		
5	钻孔倾斜度	mm	1%桩长,且≤500	50			50		
6	沉淀厚度 摩擦桩	mm	≤50	3			2		
	支承桩	mm	—						
7	钢筋骨架底高程	mm	±50	+37			+42		
钻孔取芯情况结论									
无破损检测结论		I类				I类			
外观检查	桩长及锚固钢筋长度符合要求,桩头平整								
自检意见	符合设计及规范要求　　签名:××					监理工程师意见			

检测:××　　　　　复核:××　　　　　施工员:××　　　　　质检负责人:××　　　　　技术主办:××　　　　　项目主管:××

日期:2007.3.6　　　　　　　　　　　　　　　　　　　　　　　　　　　　　　　　　　　　　日期:2007.3.6

项目名称	××公路工程	施工单位	××	合同段	—
单项工程名称及桩号	跨线桥桩基	监理单位	××	公路等级	一级

桩号	14 号	桩号	右 1	桩径(m)	1.60

施工水位	—	施工控制水位	—	实测水位	—

护筒	类型	钢护筒	直径(m)	2.0	护筒顶高程(m)	3.315	埋深(m)	2.0

中心位置	X	设计(m)	5 669.175	实测(m)	5 669.179	偏差(mm)	允许值	±50
							实测值	±4
	Y	设计(m)	2 339.859	实测(m)	2 339.869	偏差(mm)	允许值	±50
							实测值	+10

中心地面高程	设计(m)	—	实测(m)	—	偏差(m)	—

钻机类型/编号	冲击钻	钻头尺寸(m)	1.60

护筒底面地质情况	土质黏结力良好,适合填埋护筒

控制桩位置及坐标图示	—

备注	桩基施工前准备工作齐备

自检意见	符合设计及规范要求 签名:××　　日期:2007.2.1

监理工程师意见	

测量	××	计算	××	复核	××	技术主办	××	项目主管	××	测量日期	2007.2.1

项目名称	××公路工程	施工单位	××公路工程有限公司		
测量范围	跨线桥 14 号右 1 护筒	监理单位	××建设监理工程总监办	公路等级	一级
允许误差（mm）	$\pm 12 \sqrt{n} = \pm 12$	闭合差（mm）	0	仪器产地型号	B20I
测点或桩号	水准尺读数(m)		仪器高（m）	高程(mm)	备注
	后视	前视			
BM1	3.367			2.001	
14-1 护筒		2.053		3.315	
BM1		3.367		2.001	
以下空白					
自检意见	符合设计及规范要求 签名:×× 日期:2007.2.1				
监理工程师意见					

测量	××	计算	××	复核	××	技术主办	××	项目主管	××	测量日期	2007.2.1

冲击钻成孔记录表

项目名称	××公路工程	承包单位	××	开钻日期	2007.2.1
监理单位	××		编号	桩尖设计高程(m)	-25
墩号	14	桩号	右1	地面高程(m)	冲锤形式和直径 十字形;1.60m 冲锤质量(kg) 4500
护筒长度(m) 2.5	桩径(m) 1.60	护筒顶顶高程(m) 3.315	护筒埋置深度(m) 2.0		
上班交班时进度(m) 开钻	本班进尺(m) 12.0	累计进尺(m) 12.0	自 2007.2.1 10:00 至 2007.2.1 24:00		

时间 起 (h)	(min)	止 (h)	(min)	共计(h)	工作项目	冲程(m)	冲击次数(次/min)	钻进深度(m) 本次	累计	检孔深度(m)	孔底高程(m)	孔内水位(m)	备注
10	—	12	—	—	开孔	—							
12	—	14	—	2	冲锤	2	6~8	2.0	2.0	2.0	-1.315	3.615	粗砂,石子
14	—	16	—	2	冲锤	2	6~8	2.0	4.0	4.0	-0.685	3.615	泥,沙
16	—	18	—	2	冲锤	2	6~8	2.0	6.0	6.0	-2.685	3.615	—
18	—	20	—	2	冲锤	2	6~8	2.0	8.0	8.0	-4.685	3.615	—
20	—	22	—	2	冲锤	2	6~8	2.0	10.0	10.0	-6.685	3.615	黏土,细沙
22	—	24	—	2	冲锤	2	6~8	2.0	12.0	12.0	-8.685	3.615	—

时间统计(h)	纯钻时间	取渣	检孔	检查钻具	接换钢丝绳	投石	投土	小计	孔内事故	机械事故	待料	停电	小计	合计
	12	—	—	—	—	2	记录	小计	—	—	—	—	—	12

自检意见	钻进正常	签名:××	日期:2007.2.1
监理工程师意见			

班长	施工员	记录	技术主办	项目主管	测量日期
××	××	××	××	××	2007.2.1

钢筋加工安装质量检验报告

附表 5-1-7

项目名称	×× 公路工程		跨线桥 14 号台 1 桩		施工日期	2007.2.2
施工单位	××	监理单位	××	桩号 ××	公路等级 一级	检测日期 2007.2.6

项次	检测项目		单位	规定值或允许偏差	检测值						
1	受力钢筋间距	两排以上排距 梁、板、拱肋	mm								
		同排 基础、墩台、柱、锚碇	mm								
		灌注桩	mm	112/±20	125/+13	107/−5	113/+1	1.7/+5	103/−9	1 051/−7	106/−6
2	箍筋、横向水平钢筋、螺旋筋间距		mm	200/±10	192/−8	195/−5	207/+7	206/+6	193/−7	203/+3	205/+5
3	钢筋骨架尺寸	长	mm	26 960/±10	26 963/+3	26 954/−6	26 957/−3	2 696/+1	26 963/+3	26 958/−2	26 955/−5
		宽、高或直径	mm	14 516/±5	1 453.6/+2	1 455.6/+4	1 447.6/−4	1 449.6/−2	1 457.6/+6	1 450.6/−1	1 454.6/+3
4	弯起钢筋位置		mm	—							
5	保护层厚度	柱、梁、拱肋	mm	—							
		基础、墩台、锚碇	mm	74.2/±10	75.2/+1	72.2/−2	73.2/−1	76.2/+2	78.2/+4	79.2/+5	71.2/+3
		板	mm	—							

外观检查	钢筋表面洁净，焊接牢固	
自检意见	符合设计及规范要求 签名：×× 日期 2007.2.6	监理工程师意见

检测：×× 复核：×× 施工员：×× 质检负责人：×× 技术主办：×× 项目主管：×× 日期：2007.2.6

项目名称	××公路工程	施工单位	××	公路等级	一级
单项工程名称	桩基	监理单位	××		
墩号	跨线桥14号墩	桩编号	右1号桩		

护筒顶高程(m)	3.315	护筒长度(m)	2.5	倾斜度(%)	0.2
桩设计直径(m)	1.6	终孔直径(m)	1.605	孔位偏差(mm)	5

设计孔底高程(m)		-25		终孔孔底高程(m)	-25.000
清孔后孔底高程(m)		-25.007		灌注前孔底高程(m)	-25.005
灌注前泥浆比重	1:1	含砂率(%)	0.8	沉淀层厚度(mm)	2
钻孔中出现的问题及处理		无			

钢筋骨架	钢筋直径及根数		主筋长度(m)	1、26.96;2、15
	骨架总长(m)	26.96	骨架底面高程(m)	-24.3
	骨架每节长度(m)	12+12+3.52	焊接方法及搭接长度(mm)	单面焊接

备注	附件:测孔原始记录
自检意见	符合设计规范要求 签名:××　　　日期:2007.2.6
监理工程师意见	

检测	××	计算	××	复核	××	技术主办	××	项目主管	××	测量日期	2007.2.6

项目名称	××公路工程		施工单位	××		公路等级	一级
墩(台)桩编号	跨桥线 14 号桩基		监理单位	××			

直径(m)	1.605	设计孔底高程(m)	−25
灌注前孔底高程(m)	−25.005	护筒顶高程(m)	3.315
箍筋骨架底高程(m)	−24.93	混凝土高程(m)	1.515
水泥强度等级	P.O 40.5R	水灰比	0.09
坍落度(mm)	19.5	每盘混凝土数量(m³)	8
计算混凝土数量(m³)/厚度(m)	53/265	倾斜斗体积(m³)	27
水泥:砂:砾石:水:外掺剂	301:823:123:652	总盘数/总数量(m³)	8/59

时间	总孔深(m)	基准面到混凝土顶面高度(m)	混凝土浇筑厚度(m)	导管总长(m)	基准面至导管顶面高度 拆管前/后(m)	导管埋深(m) 拆管前/后	拆管长度(m)	重要记录
	1	2	3	4	5			
19:15	28.3	26	2.3	28	0	2	0	封底
19:34	28.3	23	5.3	28/25.5	0.2/0.1	4.8/2.4	2.5	拆管
19:57	28.3	17	11.3	25.5/20.5	0.2/0.3	8.3/3.2	5	拆管
20:20	28.3	15	13.3	20.5/18	0.2/0.2	5.3/2.8	2.5	拆管
20:43	28.3	10	18.3	18/13	0.2/0.2	7.8/2.8	5	拆管
21:05	28.3	8	20.3	13/10.5	0.2/0.2	4.8/2.3	2.5	拆管
21:27	28.3	5	23.3	10.5/8	0.2/0.2	5.3/2.8	2.5	拆管
21:40	28.3	1.8	26.5					

自检意见	符合设计规范要求 签名:××　　日期:2007.2.6
监理工程师意见	

检测	××	施工员	××	记录	××	技术主办	××	项目主管	××	测量日期	2007.2.6

桩基成桩记录表

项目名称	××公路工程		施工单位	××
单项工程名称及桩号	跨线桥桩基	监理单位 ××	公路等级	一级
墩(台)、桩编号	14 号右 1			
设计桩顶高程(m)	2.0	成桩桩顶高程(m)		1.515

桩心坐标	X	设计 (m)	5 669.175	实测 (m)	5 669.182	偏差 (mm)	允许值：±50
							实测值：+7
	Y		2 339.859		2 339.852		允许值：±50
							实测值：－7

桩头直径(cm)	设计	160	实测	167	偏差	+7
桩头凿除高度(cm)	51.5		接桩长度(cm)		100	
最小保护层厚度(cm)	4.5					
有无露筋及处理方法	无露筋					
混凝土外观检查	桩头完整,无缺陷					
图示						
自检意见	符合设计规范要求 签名:×× 日期:2007.8.16					
监理工程师意见						

检测	××	计算	××	复核	××	技术主办	××	项目主管	××	测量日期	2007.8.16

附录5-2 桥梁下部结构施工、试验及检测记录资料

盖梁质量检验评定表

项目名称		××公路工程	监理单位		××		公路等级	一级
桩号及部位		跨线桥14号墩右幅盖梁	施工单位		××		合同段	—

项次	检测项目	规定值或允许偏差	检测结果			质量评定	
			检测数	合格数	合格率(%)	权值	实得分(分)
1	混凝土强度(MPa)	C30	2	2	100	3	300
2	断面尺寸(mm)	±20	6	6	100	2	200
3	轴线偏位(mm)	10	4	4	100	2	200
4	高程(mm)	±10	5	5	100	2	200
5	支座垫石预留位置(mm)	10	6	6	100	1	100
6							
合计						10	1 000
加权平均分(分)							100
外观鉴定		表面平整,外露面色泽均匀,棱角线平顺,局部有小面积蜂窝				减分(分)	1.5
质量保证资料		齐全				减分	0
监理工程师意见及签名							
工程质量等级评分		得分:98.5　　等级:合格					

统计:× ×　　复核:× ×　　技术主办:× ×　　项目主管:× ×　　日期:2007.11.15

— 174 —

墩台帽或盖梁检验报告单

项目名称	××公路工程	桥梁名称	跨线桥14号墩右幅盖梁	合同段	—	施工日期	2007.10.3
施工单位	××	监理单位	××	公路等级	一级	检测日期	2007.10.31

项次	检测项目		单位	规定值或允许偏差	检测值（右幅盖梁）					
1	混凝土强度		MPa	C30	39.0	38.8				
2	断面尺寸		mm	±20	-5	-9	+6	+10	-3	+5
3	轴线偏位	纵	mm	10	7	4				
		横	mm	10	2	6				
4	顶面高程	简支梁	mm	±10	+5	-4	-2	+3	-2	
		连续梁	mm	—						
		双支座梁	mm	—						
5	支座垫石预留位置		mm	10	2	5	1	4	3	2

施工日期		2007.10.3
检测日期		2007.10.31
外观检查	符合设计及规范要求	混凝土表面平整，外露面色泽均匀
自检意见	符合设计及规范要求	

监理工程师意见	
	签名： 日期：

检测：××	复核：××	施工员：××	签名：×× 日期：2007.10.31	技术主办：××	项目主管：××	日期：2007.10.31
			质检负责人：××			

— 175 —

项目名称		××公路工程			施工单位			××		
单项工程名称		跨线桥盖梁			监理单位		××		公路等级	一级
墩(台)号		右幅 14 号墩								
轴线偏位 （mm）	横轴	允许值	10		左端	2		右端		6
	纵轴				前端	7		后端		4
平面尺寸 （mm）	长	允许 偏差	不小于设计值	设计值	18 460	实测值	18 467	实测 偏差 （mm）		+7
	宽				1 800		1 803			+3
地面高程(m)		左前	11.197			中心	10.687	右前		10.293
		左后	10.152				10.762	右后		10.447
图示										
备注										
自检 意见		符合设计及规范要求 　　　　　　　　　　　　　签名:××　　　日期:2007.10.3								
监理 工程师 意见										
检测	××	计算	××	复核	××	技术主办	××	项目主管	××	检测日期	2007.10.3

项目名称	××公路工程	施工单位	××	合同段	—
分项工程名称	盖梁	监理单位	××	公路等级	一级

混凝土浇筑部位	14 号墩右幅盖梁

相邻两板表面高差(mm)	允许值	2	实测值	1	0	0	1	0	1
表面平整度(mm)	允许值	5	实测值	2	1	1	5	2	1

轴线偏位(mm)		允许误差	横轴左端	横轴右端	纵轴前端	纵轴后端
		10	2	5	7	3

内模尺寸偏差(mm)	长	允许值	±20	实测值	−5	−9	−3	+5
	宽	允许值	±20	实测值	+6	+10	−7	+8

高程偏差(侧模板上标线,mm)	允许值	±10	实测值	−3	+5	−4	+6

垂直度或坡度	允许值	—	实测值	—	—	—	—

预埋件位置是否准确	准确
接缝情况	平整
支撑稳定情况	稳固

自检意见	符合设计及规范要求 签名:×× 　　日期:2007.10.4
监理工程师意见	

检测	××	施工员	××	记录	××	技术主办	××	项目主管	××	检测日期	2007.10.4

项目名称	××公路工程	施工单位	××	合同段	—
分项工程名称	下部构造盖梁	监理单位	××	公路等级	一级
施工部位	跨线 14 号墩右幅盖梁	砂含水率(%)	5.8	碎石含水率(%)	2
设计配合比	276:287:1 087:171:5.59:54	现场计量方式	电子秤计量		
碎石规格及产地	5~25mm;云浮				
砂规格及产地	中砂;北江				

施工时间	开始	9:20	结束	15:00
施工气温(℃)	最高	30	最低	27
混凝土强度等级	C30		拌和方式	强制式
运输方式	搅拌车		振捣方式	振捣棒
水泥品种及强度等级	P.O 42.5P		水泥用量(kg/m³)	276
施工配合比	276:831:1 106:108:5.59:54		水灰比	0.52
外加剂	名称	FON – 2	掺入量(%)	1.68

实测坍落度(mm)	1:120	2:135	3:130	平均	130
留取试样	组数	4	编号	右 14 号盖梁	
设计工程量(m³)	48.4		实际工程量	48.4	
施工间断情况记录	无				

自检意见	符合施工设计规范要求 　　　　　　　　　　　　　　　签名:×× 　日期:2007.10.5
监理工程师意见	

检测	××	施工员	××	记录	××	技术主办	××	项目主管	××	检测日期	2007.10.5

项目名称	××公路工程	施工单位		××	合同段	一
桩号或范围	14 号右幅盖梁成品	监理单位		××	公路等级	一级

桩号	设计值(m)		实测值(m)		偏差(mm)			备注
	X	Y	X	Y	ΔX	ΔY	$\sqrt{\Delta X^2 + \Delta Y^2}$	
14 号右 1	5 669.175	2 339.859	5 669.177	2 339.863	2	4	2	
右 2	5 660.518	2 343.772	5 660.521	2 343.775	3	3	6	

自检意见	符合设计及规范要求 签名:×× 日期:2007.11.5
监理工程师意见	

测量	××	计算	××	复核	××	技术主办	××	项目主管	××	检测日期	2007.11.5

附录 5-3　桥梁上部结构预制梁预制与安装的施工、试验及检测

预制梁（板）质量检验报告单

项目名称	× ×北路公路工程		桩号及部位	K1-060 胜塘甫小桥右幅空心板			编号：			
施工单位	× ×公路工程有限公司		监理单位	× ×建设监理中心× ×公路工程总监办				公路等级	一级	
项次	检测项目	单位	规定值或允许偏差	检测值（下栏填梁板编号）						
				右 1 号		右 2 号				
1△	混凝土强度	MPa	C40	49.7		51.2				
2	梁（板）长度	mm	15 960/ +51, −10	15 963/ +3		15 957/ −3				
3	宽度	干接缝（梁翼缘、板）	mm							
		湿接缝（梁翼缘、板）	mm	100/ ±20	83/ −17	85/ −15	93/ −17	87/ −13	85/ −15	94/ −6
		箱梁 顶宽	mm							
		箱梁 底宽	mm							
4	高度	梁、板	mm	850/25	852/ +2	847/ −3		852/ +2	846/ −4	
		箱梁	mm							
5	断面尺寸（mm）	顶板厚	mm	130/ +5, 0	130/0	132/ +2		134/ +4	132/ +2	
		底板厚	mm	130/ +5, 0	132/ +2	131/ +1		131/ +1	132/ +2	
		腹板或梁肋	mm	130/ +5, 0	134/ +4	132/ +2		130/0	134/ +4	
6	平整度		mm	5	详见检测记录					
7	横系系及预埋件位置		mm	5						
	施工日期				2007. 3. 10		2007. 3. 4			
	检测日期				2007. 4. 7		2007. 4. 1			
外观检查	表面平整，颜色一致，无明显施工接缝，封锚混凝土密实，平整									
自检意见	符合设计及规范要求				监理工程师意见		符合设计及规范要求			

检测：× ×　　　复核：× ×　　　签名：× ×　　　施工员：× ×　　　日期:2007. 6. 2　　　质检负责人：× ×　　　技术主办：× ×　　　签名：× ×　　　项目主管：× ×　　　日期:2007. 6. 2

钢线、钢绞线（先张法）质量检验报告单

项目名称	××公路工程		桩号及部位	胜塘南小桥右幅1号空心板		编号：	
施工单位	××公路工程有限公司	监理单位	××建设监理中心	公路等级	一级	施工日期	2007.3.7
						检测日期	2007.3.10
项次	检测项目	单位	规定值或允许偏差	检测值			
1	镦头钢丝同束长度相对差	束长>20m	mm	L/3 000 及 5	—		
		束长6~20m	mm	L/3 000	1.5	1.6	
		束长<5m	mm	2	—		
2	张拉应力值	kN	符合设计要求	1464.8		
3	张拉伸长率	%	±6%	-1.71		
4	同一构件内断丝根数不超过钢丝总数的百分数	%	2%	0		
外观检查	预应力筋表面洁净无锈蚀						
自检意见	符合设计及规范要求			监理工程师意见		符合设计及规划要求	
	签名：×× 日期 2007.3.10			签名：×× 日期：2007.3.10			

检测：×× 复核：×× 施工员：×× 质检负责人：×× 技术主办：×× 项目主管：××

预应力张拉（先张法）记录表

编号：

项目名称	××公路工程	单项工程名称	16m空心板	施工单位	××公路工程有限公司	监理单位	××建设监理中心 ××公路工程总监办	合同段	DJ-01标	公路等级	一级

构件编号	右半幅1号板			41	
张拉端断面号	A	张拉端锚固形式	自锚	拉伸机编号	08号,06号
锚固端断面号	B	锚固端锚固形式	自锚	油压表编号	3007,53005
钢丝强度(MPa)	1860	超张拉应力(%)		控制伸长值(mm)	477~538
钢丝束规格	φ15.2	设计控制应力(MPa)	1395	计算伸长值(mm)	508

		标定日期	2006.12.27
钢绞线切割方法	砂轮机切割	摩阻系数	
		C_n 超张拉油表读数	23.4;23.8
放张强度(MPa)		C_n 安装时油表读数	

钢绞线编号	初应力 读数(MPa)	初应力 伸长值	超张拉 张拉力(kN)	超张拉 读数(MPa)	超张拉 伸长值	安装 张拉力(kN)	安装 读数(MPa)	安装 伸长值	回缩量	总伸长量(mm)及伸长率(%)	滑丝断丝情况	备注
1-15号	2.7	62	1 464.8	23.4	437					499/−1.77	无	整体同时张拉
1-15号	3.2		1 464.8	23.8								

自检意见	符合设计及施工规范要求	监理工程师意见	符合设计及规范要求
	签名：×× ×× 日期:2007.3.9		签名：×× ×× 日期:2007.3.9

检测	××	施工员	××	记录	××	技术主办	××	项目主管	××	测量日期	2007.3.9

预制混凝土构件模板安装检查记录表

项目名称	××公路工程		施工单位	××公路工程有限公司		合同段	DJ－01标
单项工程名称	胜塘南小桥16m空心板		监理单位	××建设监理中心 ××公路工程总监办		公路等级	一级
构件名称及编号	右半幅1号板						
相邻两板表面高差（mm）	允许值	2	实测值	1	2	0	1
表面平整度(mm)	允许值	5	实测值	2	1	3	5
模内尺寸偏差(mm)	长度	允许值	+5,0	实测值	+2	+3	+5
	宽度	允许值	+5,0	实测值	0	+2	+1
	高度	允许值	+5,0	实测值	+3	+4	+2
侧面弯曲(mm)	允许值	±1	实测值	+1	−1	0	
锚具、连接板等预埋件位置是否准确	准确						
模板刚度是否满足施工需要	满足						
接缝宽度及处理情况	严密						
支撑稳定情况	稳定						
备注	无						
自检意见	符合设计及施工规范要求 签名：×× 日期:2007.3.9						
监理工程师意见	符合设计及规范要求 签名：×× 日期:2007.3.9						
检测	××	施工员	××	记录	××	技术主办	××	项目主管	××	检测日期	2007.3.9

项目名称	××公路工程	施工单位	××公路工程有限公司	合同段	DJ-01 标
单项工程名称	胜塘南小桥18m空心板	监理单位	××建设监理中心 ××公路工程总监办	公路等级	一级
施工部位	有半幅1号板	砂含水率（%）	1.4	碎石含水率（%）	0.2
设计配合比	水泥:砂:石:水:外加剂 1:1.44:2.67:0.33:0.018		现场计量方式	电子计量	
碎石规格及产地	5~25mm;鹤山				
砂规格及产地	中砂;三水				
施工时间	开始	8:30	结束	9:00	
施工气温(℃)	最高	19	最低	14	
混凝土强度等级	C40		拌和方式	强制式拌和	
运输方式	料斗吊运		振捣方式	插入式振捣	
水泥品种及强度等级	石井牌 P.O 42.5R		水泥用量（kg/m³）	440	
施工配合比	1:1.46:2.68:0.30:0.018		水灰比	0.33	
外加剂	名称	H – FDN300 水剂	掺入量（%）	1.8	
实测坍落度（mm）	1	40	2	50	3	45	平均	45
留取试样	组数	4	编号	同梁编号		
设计方量（m³）	10.07		实浇方量（m³）	10.09	
施工间断情况记录	无				
自检意见	符合设计及施工规范要求 　　　　　　　　签名:×× 日期:2007.3.10				
监理工程师意见	符合设计及规范要求 　　　　　　　　签名:×× 日期:2007.3.10				
检测	××	施工员	××	记录	××	技术主办	××	项目主管	××	检测日期	2007.3.10

水泥混凝土（砂浆）抗压、抗折强度试验记录表

编号：

项目名称	××公路工程	分项工程名称		上部及桥面
设计强度（MPa）	40	外加剂名称及用量	H－FDN300；1.8%	试验日期 2007.4.7（施工单位：××公路工程有限公司）
水泥强度等级	42.5R	石子粒径及种类	5～25mm；碎石	水灰比 0.33　养生情况 标准养护　试验规程编号 JTG E30—2005

试验单位：××公司

试验结果

试件编号或试件部位	试件尺寸(mm)	龄期(d)	受压面积(mm²)	支座间距离(mm)	破坏荷载(kN)	破坏强度(MPa)	强度取值(MPa)	占28d强度百分比(%)
胜塘南小桥16m空心板	150×150×150	28	22 500		1 040	46.2	49.7	124.3
右半幅1号板	150×150×150	28	22 500		1 200	53.3		
…	150×150×150	28	22 500		1 115	49.6		

材料用量（每盘，kg/m²）

材料	用量
水	145
水泥	440
粗碎石	476
细砂石	—
砂	634
外掺剂	7.92
成型日期	2007.3.10

自检意见	符合设计及施工规范要求	监理工程师意见	符合设计及规范要求
试验 ××	记录 ××	计算 ××	复核 ××
	签名：××	日期：2007.4.7	质检负责人 ××
	签名：××	日期：2007.4.7	项目主管 ××

项目名称	××公路工程	施工单位	××公路工程有限公司	合同段	DJ-01标
桩号或范围	胜塘南小桥右幅1号梁	监理单位	××建设监理中心 ××公路工程总监办	公路等级	一级

起讫桩号	实测值(mm)					备注
	1	2	3	4	5	
左侧	2	4	1	2	3	
右侧	3	3	1	2	3	

自检意见	符合设计及规范要求 　　　　　　　　　　　　　　签名:××　日期:2007.4.7
监理工程师 意见	符合设计及规范要求 　　　　　　　　　　　　　　签名:××　日期:2007.4.7

检测	××	计算	××	复核	××	技术主办	××	项目主管	××	测量日期	2007.4.7

附录 5-4 桥梁上部结构施工、试验及检测记录资料

就地浇筑梁（板）质量检验报告单

项目名称	××公路工程		桩号及部位	广佛跨线桥右幅9号墩边跨观光段			合同段	DJ-01标	施工日期	2008.6.23
施工单位	××公路工程有限公司		监理单位	××监理中心			公路等级	一级	检测日期	2008.7.30
项次	检测项目	单位	规定值或允许偏差	检测值						
1	混凝土强度	MPa	55	底65.6	63.5	64.7	顶65.8	66.2	64.2	
2	轴线偏位	mm	10	2	2	3	1			
3	梁板顶面高程	mm	±10	-4	+2	-3	+5			
4	断面尺寸 高度	mm	+5，-10	2003/+3	2001/+1					
	顶宽	mm	±30	17008/+8	17003/+3					
	箱梁底宽	mm	±20	8506/+6	8512/+12					
	顶底腹板或厚度	mm	±10，-0	+2	+3					
5	长度	mm	+5，-10	5927/+7	5920/0					
6	横坡	%	±0.15	-0.02	0.01					
7	平整度	mm	8	详见检测记录						
外观检查	混凝土表面平整，梁体内无任何建筑垃圾									
自检意见	符合设计及规范要求				监理工程师意见		符合设计及规范要求			

检测:×× 复核:×× 施工员:×× 签名:×× 日期:2008.7.30 质检负责人:×× 技术主办:×× 签名:×× 项目主管:×× 日期:2008.7.30

后张法质量检验报告单

编号：

项目名称	××公路工程					
施工单位	××公路工程有限公司	桩号及部位	广佛跨线桥右9号墩边跨现浇段腹板纵向预应力筋	公路等级	一级	施工日期 2008.7.7
监理单位	××监理中心					检测日期 2008.7.7

项次	检测项目		单位	规定值或允许偏差	检测值							
1	管道坐标	梁长方向	mm	±30	详见检测记录							
		梁高方向	mm	±10	详见检测记录							
2	管道间距	同排	mm	10	详见检测记录							
		上下层	mm	10	详见检测记录							
3	张拉应力值		kN	3 468	3 468	3 468	3 082	3 082	3 082	3 082	3 082	3 082
4	张拉伸长率		%	±6%	5.0,2.7	-0.1,1.0	4.1,2.6	-2.3,-1.5	3.5,-2.2	3.1,2.7	1.5,-2.1	2.5,2.5
5	断丝滑丝数	钢束	根	每束1根,且不超过总数的1%	0	0	0	0	0	0	0	0
		钢筋	根	不允许	—							

外观检查	预应力筋表面洁净		
自检意见	符合设计及规范要求	监理工程师意见	符合设计及规范要求

检测：××　复核：××　签名：××　施工员：××　日期:2008.7.7　质检负责人：××　技术主办：××　签名：××　项目主管：××　日期:2008.7.7

钢筋加工安装质量检验报告单

项目名称	××公路工程	桩号及部位	广佛跨线桥右幅9号墩边跨现浇段底板	编号：			
施工单位	××公路工程有限公司	监理单位	××监理中心 ××公路工程总监办	公路等级 一级	施工日期 2008.6.19	检测日期 2008.6.21	

项次	检测项目		单位	规定值或允许偏差	检测值						
1	受力钢筋间距	两排以上排距	mm	—							
		同排 梁、板、拱肋	mm	100/±10	103/+3	92/−8	101/+1	102/+2	108/+8	96/−4	95/−5
		基础、墩台、柱、锚碇	mm	—							
		灌注桩	mm	—							
2	箍筋、横向水平钢筋、螺旋筋间距		mm	300/±10	306/+6	302/+2	296/−4	295/−5	301/+1	303/+3	305/+5
3	钢筋骨架尺寸	长度	mm	8 413/±10	8 415/+2	8 410/−3	8 411/−2	8 416/+3	8 417/+4	8 410/−3	8 414/+1
		宽度、高度或直径	mm	233/±5	235/+2	230/−3	231/−2	236/+3	237/+4	231/−2	235/+2
4	弯起钢筋位置		mm								
5	保护层厚度	柱、梁、拱肋	mm	60/±5	62/2	65/5	61/1	58/−2	57/−3	59/−1	62/2
		基础、墩台、锚碇	mm	—							
		板	mm	—							

外观检查	钢筋表面洁净，焊接稳固
自检意见	符合设计及施工规范要求
监理工程师意见	符合设计及规范要求

自检意见：
签名：×× 施工员：×× 复核：×× 质检负责人：×× 日期：2008.6.21

检测：×× 技术主办：×× 项目主管：×× 签名：×× 日期：2008.6.21

日期：2008.6.21

项目名称	××公路工程	施工单位	××公路工程有限公司		
单项工程名称	上部构造	监理单位	××监理中心 ××公路工程总监办	公路等级	一级
管道所在部位及编号	跨线桥右 9 号墩边跨现浇段腹板竖向预应力管道；N4－11				

管道坐标 （梁长 I 梁高）	左端面		1/4 截面		1/2 截面		3/4 截面		右端面	
	0	13	66	13	132	13	198	13	264	438
	左弯起点		右弯起点		任抽点		任抽点		任抽点	
	—	—	—	—	—	—	—	—	—	—

管道间距 （同排 I 上下排）	左端面	1/4 截面	1/2 截面	3/4 截面	右端面
	100 —	100 —	100 —	100 —	100 —

管道线形圆滑情况	直顺
管道固定情况 及固定情况	牢固
锚具规格质量 及固定情况	符合设计要求
锚具垫板与 孔道垂直情况	垂直
自检意见	符合设计及规范要求 签名：×× 日期：2008.6.21
监理工程师 意见	符合设计及规范要求 签名：×× 日期：2008.6.21

检测	××	施工员	××	记录	××	技术主办	××	项目主管	××	检测日期	2008.6.21

项目名称	××公路工程	施工单位	××公路工程有限公司		
单项工程 名称	上部结构跨线桥主桥箱梁	监理单位	××监理中心 ××公路工程总监办	公路等级	一级
混凝土 浇筑部位	右 9 号墩边跨现浇段底板腹板				

相邻两板表面 高差(mm)	允许值	2	实测值	1	2	0	0	2	1
表面平整度(mm)	允许值	5	实测值	2	1	4	0	1	3

轴线偏位(mm)	允许误差		横轴左端		横轴右端		纵轴前端		纵轴后端
	10		7		4		8		2

模内尺寸 偏差 (mm)	长度	允许值	+5,0	实测值	+4	0	+3	+2
	宽度	允许值	+5,0	实测值	+1	+3	+1	+2

高程偏差(测模 板上标线)(mm)	允许值	±20	实测值	+12	+1	+6	−4

垂直度或坡度	允许值	—	实测值				

预埋件位置 是否准确	准确
接缝情况	严密
支撑稳定情况	稳固
自检意见	符合设计及施工规范要求 签名:×× 日期:2008.6.22
监理工程师 意见	符合设计及规范要求 签名:×× 日期:2008.6.22

检测	××	施工员	××	记录	××	技术主办	××	项目主管	××	检测日期	2008.6.22

混凝土施工检查记录表

项目名称	××公路工程		施工单位	××公路工程有限公司		
单项工程名称	上部构造		监理单位	××建设监理中心 ××公路工程总监办	公路等级	一级
施工部位	跨线桥9号墩右幅边跨现浇板底板腹板		砂含水率（％）	5.7	碎石含水率（％）	1.5
设计配合比	474:579:1 075:168:12.24:93			现场计量方式	电子秤计量	
碎石规格及产地	5～25mm;云浮					
砂规格及产地	中砂;北江					
施工时间	开始		16:00	结束	18:00	
施工气温（℃）	最高		33	最低	29	
混凝土强度等级	C55		拌和方式		强制式	
运输方式	搅拌车		振捣方式		振动棒	
水泥品种及强度等级	P.O 42.5R		水泥用量（kg/m³）		474	
施工配合比	474:614:1 091:117:12.24:93		水灰比		0.30	
外加剂	名称		FDN－2	掺入量（％）	2.16	
实测坍落度（mm）	1	80	2	75	3	70 平均 75
留取试样	组数	6	编号	跨线桥9号墩右幅边跨现浇段底板、腹板		
设计方数（m³）	75		实浇方数（m³）		78	
施工间断情况记录	无间断					
自检意见	符合设计及规范要求 签名:×× 日期:2008.6.23					
监理工程师意见	符合设计及规范要求 签名:×× 日期:2008.6.23					
检测	××	施工员	××	记录	×× 技术主办 ×× 项目主管 ×× 检测日期 2008.6.23	

预应力张拉（后张法）记录表

编号：

项目名称	××公路工程	施工单位	××公路工程有限公司	建设监理中心	××建设监理中心	公路等级	一级
单项工程名称	跨线桥主桥箱梁	构件编号	右9号墩边跨现浇段底板	监理单位	××公路工程总监办 2008.7.7		

各预应力束设计张拉力及计算伸长量：$p_p = 3\,468\text{kN}；\Delta p = 19.58\text{cm}$

张拉部位及首弯束示意图

			千斤顶编号	1,2,3,4	标定日期	2008.05.15	张拉日期	2008.7.7
张拉混凝土强度（MPa）	50.7		油压表编号	001,755,7312,7031	初应力读数	—		
摩擦系数	—		安装油表读数	—	顶塞油表读数	—		
超张拉油表读数	—							

钢束编号	张拉断面编号	千斤顶编号	记录项目	10% 初读数	中间过程 第一行程	103% 超张拉 第二行程	100% 回油	锚固 安装应力	小缸读数 锚塞回缩	总伸长量(cm)及伸长率(%)	清、断丝情况	处理情况
HI2（右2）	1	1	油表读数（MPa）	5.0	23		45.6	45.6	小缸	20.56/5	无	无
			伸长量（cm）	2.3	7.2		13.3	12.3	回缩			
	11	2	油表读数（MPa）	4.8	22.8		45.4	45.4	小缸			
			伸长量（cm）	2.5	7.5		12	11	回缩			
HI2（右2）	1	3	油表读数（MPa）	4.5	22.5		45.1	45.1	小缸	20.11/ 2.7	无	无
			伸长量（cm）	2.8	8.6		11.8	10.9	回缩			
	11	4	油表读数（MPa）	4.7	22.7		45.3	45.3	小缸			
			伸长量（cm）	2.1	7.9		13.0	12.1	回缩			

自检意见	符合设计及施工规范要求	监理工程师意见	符合设计及规范要求	钢绞线切割方法：砂轮机切割

检测	××	施工员	××	签名：××	日期:2008.7.7	记录	××	技术主办	××	日期:2008.7.7	项目主管	签名:××	测量日期	2008.7.7
												××		

预应力孔道压浆记录表

项目名称	××公路工程	施工单位	××公路工程有限公司	监理单位	××监理中心 ××公路工程总监办	公路等级	一级
单项工程名称	跨线桥主桥箱梁	大梁编号	右9号墩边跨现浇段	配合比	1 400:28:500	压浆日期	2008.7.8
水泥名称及强度等级	P.O42.5R	气温(℃)	29	掺塑化剂量(%)	一	水温(℃)	29
						掺膨胀剂量(%)	2.0	泌水率(%)	1.6
水灰比	0.357	水泥浆流动度(s)		全构件压浆水泥用量(kg)	500	压浆温度(℃)	29

第一次压浆

压浆顺序	压浆方向	时间起止	压力(MPa)	通过	冒浆情况	停留时间(min)
H12(左1)		14:35－14:51				
H12(左2)		14:54－15:15				
H12(右1)		15:19－15:41				
H12(右2)		15:44－15:59				
C1(左)	顺桥面	16:02－16:17	0.4	良好	良好	2
C2(左)		16:19－16:36				
C1(右)		14:38－16:53				
C2(右)		16:55－17:13				
C3(左)		17:14－17:34				

第二次压浆

压浆方向	时间起止	净质时间	压力(MPa)	冒浆情况	处理意见 压力(MPa)
				冒浆 通过	符合设计及规范要求

顶腹板底板示意图

H12 H12 H12
C1 C1 C2 C3 C4
C5 C6 C6 C5
C1 C2 C3 C4
桥中线

自检意见：符合设计及施工规范要求

记录	××	施工员	××	技术主办	××	签名：××	日期：2008.7.8

监理工程师意见：符合设计及规范要求

检测	××	项目主管	××	监理	××	签名：××	测量日期：2008.7.8

项目名称	××公路工程		施工单位	××公路工程有限公司		
桩号或范围	右 9 号墩边跨 22～24 号现浇段		监理单位	××监理中心 ××公路工程总监办		公路等级	一级
大梁编号	桥面横向预应力钢束;竖向预应力钢束					
端头	横向单端张拉、封锚,竖向顶端封锚					
封端日期	2008.7.9					
端头 钢筋	数量	18φ8 共 18 根;37φ8 共 12 根				
	位置	准确				
	保护层	符合需求				
支模尺寸偏差 情况	无					
混凝土配合比	474:610:1 090:122:12.24:93					
坍落度(cm)	160					
蜂窝、麻面、空洞、掉角等质量缺陷及处理情况记录	无					
备注	无					
自检意见	符合设计及规范要求 签名:×× 日期:2008.7.9					
监理工程师 意见	符合设计及规范要求 签名:×× 日期:2008.7.9					

检测	××	施工员	××	记录	××	技术主办	××	项目主管	××	检测日期	2008.7.9

附录 5-5 桥梁附属结构施工、试验及检测记录资料

桥头搭板质量检验评定表

附表 5-5-1

编号：

项目名称	××公路工程		监理单位	××监理中心 ××公路工程总监办		公路等级	一级
桩号及部位	跨线桥右幅搭板		施工单位	××公路工程有限公司		合同段	DJ－01标
项次	检测项目		规定值或 允许偏差	检测结果			质量评定	
				检测数	合格数	合格率(%)	权值	实得分(分)
1△	混凝土强度(MPa)		30	4	4	100	3	100
2	枕梁尺寸(mm)	宽度、高度	±20	4	4	100	1	100
		长度	±30	2	2	100		
3	板尺寸(mm)	长度、宽度	±20	10	10	100	1	100
		厚度	±30	10	10	100	2	100
4	顶面高程(mm)		±2	10	10	100	2	100
5	顶板纵坡(%)		0.3	6	6	100	1	100
6								
7								
合计							10	1 000
加权平均分								100
外观鉴定			混凝土表面平整、边缘顺直,但局部有小面积蜂窝				减分	－1.5
质量保证资料			齐全				减分	0
监理工程师意见			符合质量评定标准 签名:×× 日期:2008.8.9					
工程质量等级评分			得分:98.5 等级:合格					

统计:×× 复核:×× 技术主办:×× 项目主管:×× 日期:2008.8.9

— 196 —

桥头搭板质量检验报告单

编号：

项目名称	××公路工程	桩号及部位	广佛跨线桥0号台幅搭板	合同段	DJ-01标	施工日期	2008.6.30
施工单位	××公路工程有限公司	监理单位	××监理中心××公路工程总监办	公路等级	一级	检测日期	2008.7.28

项次	检测项目		单位	规定值或允许偏差	检测值				
1Δ	混凝土强度		MPa	C30	38.5	38.8			
2	枕梁尺寸(mm)	宽度,高度	mm	±20	-7	+10			
		长度	mm	±30	-5				
3	板尺寸(mm)	长度,宽度	mm	±30	+12	+10	-4	+5	+6
		厚度	mm	±10	+3	+2	-5	+8	+1
4	顶面高程		mm	±2	+1	0	+1	+2	0
5	顶板纵坡度		%	0.3	0.01	0.01	0.02		

外观检查	混凝土表面平整	符合设计及规范要求
自检意见	符合设计及规范要求	
监理工程师意见	符合设计及规范要求	

检测：×× 　复核：×× 　签名：×× 　日期：2008.7.28

施工员：×× 　质检负责人：×× 　技术主办：×× 　项目主管：×× 　签名：×× 　日期：2008.7.28

高程及横坡度检测记录表

项目名称	××公路工程	施工单位	××公路工程有限公司	监理单位	××建设监理中心 ××公路工程总监办	合同段	DJ-01标	公路等级	一级
水准点编号及位置	BMD17	水准点高程(m)	2.113	单项工程名称	0号搭板	仪器产地及型号	索佳:SET2110		

桩号	实测高程(mm)			设计高程(mm)			高程偏差(mm)			水平距离(m)		左幅横坡度(%)			右幅横坡度(%)		
	左	中	右	左	中	右	左	中	右	左	右	实测值	设计值	偏差值	实测值	设计值	偏差值
K1+571.563	—	5.872	5.647	—	5.871	5.646	—	+1	+1	—	15				1.501	1.5	0.01
K1+565	—	5.736	5.536	—	5.736	5.535	—	0	+1	—	15				1.501	1.5	0.01
K1+562	—	5.702	5.479	—	5.702	5.477	—	0	+2	—	15				1.502	1.5	0.02

自检意见	符合设计及规范要求 签名:×× 日期:2008.7.3	监理工程师意见	符合设计及规范要求 签名:×× 日期:2008.7.3

测量	××	计算	××	复核	××	技术主办	××	项目主管	××	测量日期	2008.7.3

模块 6　隧道工程施工资料收集与整理

隧道工程包括总体、明洞、洞口工程、洞身开挖、洞身衬砌、防排水、隧道路面、装饰和辅助施工措施九个分部工程。隧道工程施工文件包括各单位、分部及分项工程的开工报告、质量自检评定、实施性施工组织设计、施工试验资料、各分项工程的中间交工证书及其附件、施工过程音像资料及其他施工文件等。

本模块列出隧道各分部工程中具有代表性的项目，对于隧道路面分部工程可参照模块 4。

任务 1　隧道明洞施工资料收集与整理

学习目标

1. 熟悉明洞施工过程中需要记录的表；
2. 掌握隧道明洞质量保证资料的收集方法和编排顺序。

工作任务

某高速公路隧道为左右线分离式隧道，进出口均设置拱形明洞。该隧道左线进口明洞分部分项工程划分见表 6-1-1，该隧道左线进口明洞的施工、检测记录表格见附录 6-1。收集该隧道左线进口明洞的施工资料，并按要求编排顺序。

××隧道左线出口明洞分部分项划分　　　　　　　表 6-1-1

单位工程	分部工程	分项工程
××隧道左线	进口明洞	明洞开挖
		仰拱（根据围岩情况设置）
		明洞浇筑
		明洞防水层
		明洞回填等

相关理论

在隧道进口或出口段，如果仰坡表层岩土风化严重易塌落时，则应延长洞身（早进洞晚出洞）或加筑明洞，保证行车安全。

一、明洞施工工艺及相应阶段现场记录表

明洞（钢筋混凝土结构）施工工艺及相应阶段现场记录表见表 6-1-2。

序号	工 艺 流 程	主要记录表
1	测量放样,明洞开挖,边坡支护 	施工放样测量记录表; 水准测量记录表(原始地面); 基坑检查记录表; 高程测量记录表; 基底承载力检测记录表; 地基处理检查记录表; 边坡支护参照路基防护
2	仰拱施工 	混凝土灌注记录表; 钢筋施工检查记录表; 混凝土施工检查记录表; 仰拱检查记录表
3	绑扎钢筋,安装模版,浇筑明洞 	混凝土施工检查记录表; 隧道安装钢筋检查记录表; 现浇混凝土模板安装检查记录表; 施工放样测量记录表; 水准测量记录表; 明洞浇筑检查记录表
4	施作明洞防水层 	明洞外贴式防水层检查记录表; 或隧道防水层检查记录表; 根据实际施工方式选择表格

序号	工 艺 流 程	主要记录表
5	明洞回填 	明洞回填检查记录表； 压实度检测记录表； 水准测量记录表

二、明洞工程质量保证资料清单及编排顺序

施工单位应有完整的施工原始记录、试验数据、分项工程自查数据等质量保证资料，并进行整理分析，负责提交齐全、真实和系统的施工资料和图表。明洞工程质量保证资料清单及编排顺序见表6-1-3。

明洞工程保证资料清单及编排顺序   表6-1-3

分部工程	分项工程	归档表名称		备　注
进口明洞左线	明洞浇筑	中间交工证书		
		明洞浇筑质量检验评定表		
		明洞浇筑质量检验报告单		
		施工放样测量记录表； 水准测量记录表		模板测量资料
		施工记录	明洞浇筑现场检查记录表	
			仰拱检查记录表	
			隧道安装钢筋检查记录表	
			混凝土模板安装检查记录表	
			混凝土施工检查记录表	
		试验检测资料		
	明洞防水层	中间交工证书		
		明洞防水层质量检验评定表		
		明洞防水层质量检验报告单		
		明洞防水层检查记录表		
	明洞回填	中间交工证书		
		明洞回填质量检验评定表		
		明洞回填质量检验报告单		
		压实度统计汇总表		
		施工记录	明洞回填现场检查记录表	
			水准测量记录表	
		试验检测资料		

任务实施

一、检查隧道明洞工程施工资料的完整性

(1)根据任务要求,明确本隧道洞口为明洞工程。

(2)根据工程的施工工艺,核对明洞工程各工序所对应的施工过程记录表、分项工程质量检测表及各统计表,并按顺序分开放好。

(3)补充缺少资料:

①资料表格有缺少的,需要找相关人员进行补充填写。例如,测量资料找测量员,施工检查记录找施工员,试验检测表找试验员,质量检测报告单找质检员等。

②如果缺少"质量检验评定表",可以根据"质量检验报告单"上的数据和《公路工程质量检验评定标准》(JTG F80/1)规定的实测项目要求来补充完整。

下面以补充表格"明洞浇筑质量检验评定表"为例,阐述具体的方法。

范例:石蛋岭隧道为分离式隧道类型,左线长 670m,右线长 665m,左右线设计线间距 23m。隧道左线进口明洞长 8m,起讫桩号 ZK35+032 ~ ZK35+040。隧道洞门采用削竹式洞门。明洞主拱圈、仰拱均采用 C30 钢筋混凝土,主拱圈、仰拱混凝土厚度均为 300mm。现有"明洞浇筑质量检验报告单"见表 6-1-4。

明洞浇筑质量检验报告单　　　　　　　　　　　　　　　表 6-1-4

承包单位:××　　　　　　　　　　　　　　　　　合同号:××

监理单位:××　　　　　　　　　　　　　　　　　编号:××

工程名称		石蛋岭隧道		分项工程名称					明洞浇筑			
桩号及部位		ZK35+032 ~ ZK35+040 左线进口明洞		所属分部工程					进口明洞			
项次	检查项目	规定值或允许偏差	检查方法和频率	实测值或实测偏差值								
				1	2	3	4	5	6	7	8	9	10
1△	混凝土强度(MPa)	在合格标准内	按附录 D 计量	39.8	39.4	39.9	39.8	39.4	—	—	—	—	—
2△	混凝土厚度(mm)	不小于设计	尺量或地质雷达:每20m检查一个断面,每个断面自拱顶每3m检查1点	304	306	302	305	304	305	306	302	303	304
3	混凝土平整度(mm)	20	2m 直尺:每 10m 每侧检查 2 处	8	5	12	14	6	13	12	6	9	12
外观鉴定		混凝土表面有轻微蜂窝麻面;线条顺直美观;混凝土颜色均匀一致;施工缝平顺无错台										
自检意见		符合设计及规范要求		监理工程师意见								
		签名:×× 日期:××		签名: 日期:								

检验:××　　　　记录:××　　　　复核:××　　　　日期:××

a. 在《公路工程质量检验评定标准》(JTG F80/1—2004)❶中查找明洞浇筑的实测项目,具体实测项目见表 6-1-5。

----

❶ JTG F80/1—2004 被 JTG F80/1—2017 替代,后者自 2018 年 5 月 1 日起施行,前者同时废止。JTG F80/1—2017 中明洞浇筑实测项目见附表 7。

明洞浇筑实测项目

表 6-1-5

项次	检 查 项 目	规定值或允许偏差	检查方法和频率	权值
1△	混凝土强度(MPa)	在合格标准内	按附录D检查	3
2△	混凝土厚度(mm)	不小于设计	尺量或地质雷达:每20m检查一个断面,每个断面自拱顶每3m检查1点	3
3	混凝土平整度(mm)	20	2m直尺:每10m每侧检查2处	1

b. 根据相关内容填写"明洞浇筑质量检验评定表",见表6-1-6。

明洞浇筑质量检验评定表

表 6-1-6

承包单位:××　　　　　　　　　　　　　　　　　　　合同号:××
监理单位:××　　　　　　　　　　　　　　　　　　　编　号:××

工程名称		石蛋岭隧道		施工时间			××	
桩号及部位		ZK35+032~ZK35+040 左线进口明洞		检验时间			××	
项次	检验项目	规定值或允许偏差		检验结果			质量评定	
				检测数	合格数	合格率(%)	权值	加权得分(分)
1	混凝土强度(MPa)	在合格标准内		5	5	100	3	300
2	混凝土厚度(mm)	不小于设计		10	10	100	3	300
3	混凝土平整度(mm)	20		10	10	100	1	100
加权平均得分(分)		100				合计	7	700
外观鉴定		混凝土表面有轻微蜂窝麻面;线条顺直美观,混凝土颜色均匀一致;施工缝平顺无错台					减分(分)	1
质量保证资料		资料齐全,局部卷面欠整洁					减分(分)	1
监理工程师意见								
工程质量等级评分		得分:98　等级:合格						

统计:××　　　复核:××　　　技术主办:××　　　项目主管:××　　　日期:××

具体内容参见模块5中任务1"钻孔灌注桩质量检验评定表"的填写说明。

二、校核资料填写的规范性及准确性

(1)通过对施工资料填写数据的检查复核,分析数据是否真实、正确。例如,"混凝土坍落度检测记录表"中坍落度填写为123.45cm,其坍落度的检测数据是不可精确到毫米以下的,填写不准确,其真实性将受到质疑。

(2)检查明洞施工资料的对应性。

检查方案、计划、检验报告、检验结果是否与规范规定相对应,相关联的资料之间数据是否一致。例如,"明洞浇筑质量检验报告单"中的混凝土强度,应该与"水泥混凝土抗压抗折强度试验记录表"的检测值保持一致。

三、按要求顺序编排明洞施工资料

根据各分项工程的质量保证资料编排顺序要求,将核对无误后的明洞工程施工资料按顺序整理好,并装入对应的资料盒。

1. 明洞开挖过程中主要填写的记录表有哪些？
2. 明洞浇筑施工时，填写的记录表主要有哪些？
3. 明洞回填时需要填写的记录表有哪些？
4. 按顺序列出明洞防水层的施工资料。
5. 按顺序列出明洞回填的施工资料。
6. 按顺序列出明洞开挖的施工资料。

任务2　隧道洞口工程施工资料收集与整理

学习目标

1. 熟悉洞口施工过程中需要记录的表；
2. 掌握洞口工程质量保证资料的收集方法和编排顺序。

工作任务

某高速公路隧道为左右线分离式隧道，该隧道左线洞口工程分部分项工程划分见表6-2-1，洞口施工、检测表格见附录6-2。整理该隧道左线洞口工程的施工资料，并按要求编排顺序。

××隧道左线洞口工程分部分项划分　　　　　表6-2-1

单位工程	分部工程	分项工程
××隧道左线	洞口工程	洞口开挖
		洞口边仰坡防护
		洞门和翼墙的浇(砌)筑
		截水沟、洞口排水沟等

相关理论

洞口工程的主要构造物是洞门，洞门是隧道两端的外露部分，也是联系洞内衬砌与洞口外路堑的支护结构。

常见的洞门类型有环框式洞门(削竹式)、端墙式洞门、翼墙式洞门、柱式洞门及台阶式洞门，如图6-2-1所示。

a)环框式洞门（削竹式）

b)端墙式洞门

图　6-2-1

c)翼墙式洞门

d)柱式洞门

e)台阶式洞门

图6-2-1　洞门类型

一、洞口工程施工工艺及相应阶段现场记录表

洞口工程施工工艺及相应阶段现场记录表见表6-2-2。

洞口工程施工主要工艺流程及对应现场记录表　　　　　　表6-2-2

序号	工 艺 流 程	主要记录表
1	测量放样,地表清理 （图）	水准测量记录表; 施工放样现场检查记录表; 参照路基土石方工程地表处理
2	洞口截排水系统施工 （图）	水准测量记录表; 轴线(中线)偏位测量记录表; 浆砌(混凝土)排水沟质量检验记录表等; 参照路基排水工程

序号	工艺流程	主要记录表
3	洞口分层开挖 	洞口开挖现场检查记录表； 洞口边仰坡开挖检测记录表； 测量资料等； 参照路基土石方工程
4	边、仰坡支护 	锚杆钻孔施工记录表； 锚杆安装检查记录表； 锚杆注浆施工记录表； 隧道混凝土钢筋网安装检查记录表； 喷射混凝土检查记录表； 洞口边仰坡防护检查记录表等； 参照路基防护工程
5	洞门、翼墙施工 	钢筋加工安装检查记录表； 模板安装检查记录表； 混凝土施工检查记录表； 混凝土拌和物坍落度试验记录表； 基坑检查记录表； 高程测量记录表； 地基处理检查记录表； 测量资料等

二、洞口工程质量保证资料清单及编排顺序

洞口工程质量保证资料清单及编排顺序见表6-2-3。

洞口工程质量保证资料清单及编排顺序 　　　　　　　　　　表6-2-3

分部工程	分项工程	归档表名称		备　　注
洞口工程	洞口开挖	中间交工证书		隧道洞口开挖按照路基土石方2.2和2.3节进行质量验收评定
		土方路基质量检验评定表		
		土方路基现场质量检验报告单		
		施工放样测量记录表； 水准测量记录表		
		施工记录	洞口开挖现场检查记录表	
			洞口边仰坡开挖检测记录表	

分部工程	分项工程	归档表名称		备　注
洞口工程	边仰坡防护	中间交工证书		洞门和护坡的砌筑，按照挡土墙、护坡的标准进行质量检验评定
		锚喷防护质量检验评定表		
		质量检验报告单(锚杆、钢筋网、喷射混凝土)		
		施工放样测量记录表；水准测量记录表		模板位置检测
		施工记录	锚杆钻孔施工记录表	
			锚杆安装检查记录表	
			锚杆注浆施工记录表	
			隧道喷射混凝土钢筋网安装检查记录表	
			喷射混凝土检查记录表	
			洞口边仰坡防护检查记录表	
		试验检测资料		
	洞门和翼墙的浇(砌)筑	中间交工证书		洞门和护坡的砌筑，按照挡土墙、护坡的标准进行质量检验评定
		洞门混凝土端墙、翼墙和挡土墙质量检验评定表		
		洞门混凝土端墙、翼墙和挡土墙质量检验报告单		
		施工放样测量记录表；水准测量记录表		
		施工记录	隧道安装钢筋检查记录表	
			混凝土模板安装检查记录表	
			混凝土施工检查记录表	
			洞门端墙、挡(翼)墙现场检查记录表	
			基坑检查记录	
			地基处理检查记录等	
	截水沟、洞口排水沟等	中间交工证书		
		浆砌(混凝土)排水沟质量检验评定表		
		浆砌(混凝土)排水沟质量检验报告单		
		施工放样测量记录表；水准测量记录表		
		浆砌(混凝土)排水沟质量检验记录表等		
		试验检测资料		

任务实施

一、检查隧道洞口工程施工资料的完整性

(1)根据任务要求,明确本隧道洞口工程各分项工程。

（2）根据工程的施工工艺，核对洞口工程各工序所对应的施工过程记录表、分项工程质量检测表及各统计表，并按顺序分开放好。

（3）补充缺少资料：

①资料表格有缺少的，需要找相关人员进行补充填写。例如，测量资料找测量员，施工检查记录找施工员，试验检测表找试验员，质量检测报告单找质检员等。

②如果缺少"质量检验评定表"，可以根据"质量检验报告单"上的数据和《公路工程质量检验评定标准》（JTG F80/1）规定的实测项目要求来补充完整。

二、校核资料填写的规范性及准确性

（1）校核资料填写的准确性。

通过对施工资料填写数据的检查复核，分析数据是否真实、正确。例如，"混凝土坍落度检测记录表"中坍落度填写为123.45mm，其坍落度的检测数据是不可精确到毫米以下的，填写不准确，其真实性将受到质疑。又如，"检验申请批复单"上的"要求到现场检验时间、承包人递交时间、监理员收件时间"填写一定要符合先后顺序。

（2）检查洞口施工资料的对应性。

检查方案、计划、检验报告、检验结果是否与规范规定相对应，相关联的资料之间数据是否一致。例如，"洞口浇筑质量检验报告单"中的混凝土强度，应该与"水泥混凝土抗压抗折强度试验记录表"的检测值保持一致。

三、按要求顺序编排洞口施工资料

根据各分项工程的质量保证资料编排顺序要求，将核对无误后的明洞工程施工资料按顺序整理好，并装入对应的资料盒。

思考与练习

1. 洞口边仰坡防护时，填写的记录表主要有哪些？
2. 洞门浇筑时，填写的记录表主要有哪些？
3. 按顺序列出洞口开挖的施工资料。
4. 按顺序列出洞口防排水工程的施工资料。

任务3　隧道洞身开挖施工资料收集与整理

学习目标

1. 熟悉洞身开挖施工过程中需要记录的表；
2. 掌握洞身开挖质量保证资料的收集方法和编排顺序。

工作任务

某高速公路隧道为左右线分离式隧道，该隧道左线 ZK35＋472～ZK36＋480 段为Ⅲ级围岩，采用钻爆法施工，该隧道左线洞身开挖分部分项工程划分见表 6-3-1，该隧道左线洞身开挖施工、检测记录资料见附录 6-3。整理该段洞身开挖的施工资料，并按要求编排顺序。

单位工程	分部工程	分项工程
××隧道左线	洞身开挖	ZK35＋472～ZK35＋××洞身开挖
		ZK35＋××～ZK35＋××洞身开挖
		...
		ZK36＋××～ZK36＋480洞身开挖

注:洞身分段开挖。

相关理论

隧道的开挖应根据隧道长度、断面大小、结构形式、工期要求、机械设备及地质条件等,选择适宜的开挖方案。如果开挖方案有变化,须进行必要的衔接。

一、洞身开挖施工工艺及相应阶段现场记录表

洞身开挖(钻爆法)施工工艺及相应阶段现场记录表见表6-3-2。

洞身开挖(钻爆法)工艺流程及对应现场记录表 表6-3-2

序号	工 艺 流 程	主要记录表
1	施工准备,布孔,钻孔 	施工放样测量现场检查记录表; 隧道超前探孔记录表; 隧道预注浆堵水检查记录(需要时填写)
2	装药,爆破 	—
3	通风,危岩清除,出渣 	洞身开挖检验记录表; 隧道洞身开挖情况记录表; 隧道开挖地质检测检查记录表; 隧道断面地质情况记录表; 隧道洞身开挖测量记录表

二、洞身开挖施工质量保证资料清单及编排顺序

洞身开挖施工质量保证资料清单及编排顺序见表6-3-3。

洞身开挖施工质量保证资料清单及编排顺序 表6-3-3

分部工程	分项工程	归档表名称		备 注
洞身开挖	ZK35 + × × ~ ZK35 + × × 洞身开挖	中间交工证书		
		洞身开挖质量检验评定表		
		洞身开挖质量检验报告单		
		施工放样测量记录表； 水准测量记录表		原地面
		施工记录	洞身开挖检验记录表	
			隧道洞身开挖情况记录表	
			隧道断面地质情况记录表	
			隧道开挖地质监测记录表	
			隧道洞身开挖测量记录表	
		试验检测资料(单独组卷)		

✏️ **任务实施**

一、检查隧道洞身开挖施工资料的完整性

(1)根据任务要求,明确本隧道洞身开挖工程各分项工程。

(2)根据工程的施工工艺,核对洞身开挖工程各工序所对应的施工过程记录表、分项工程质量检测表及各统计表,并按顺序分开放好。

(3)补充缺少资料:

①资料表格有缺少的,需要找相关人员进行补充填写。例如,测量资料找测量员,施工检查记录找施工员,试验检测表找试验员,质量检测报告单找质检员等。

②如果缺少"质量检验评定表",可以根据"质量检验报告单"上的数据和《公路工程质量检验评定标准》(JTG F80/1)规定的实测项目要求来补充完整。

二、校核资料填写的规范性及准确性

要随时掌握工程施工进度,资料要随着工程施工进度同步进行,以保证施工资料的准确性和时效性。资料完成后要及时上报监理,进行资料认签工作,当重要工程或隐蔽工程施工时,一定要到施工现场进行原始资料的收集,并及时进行整理。

(1)校核资料填写的规范性及准确性。

检查施工资料填写是否字迹清晰、签字齐全且无代签现象,结论是否准确、描述得当。核查各记录表中数据的真实性、对应性、符合性,特别是涉及结构安全与耐久性试验的数据应逐项核对,做到数据准确、各关联表格内容对应。

(2)检查洞口施工资料的对应性。

检查方案、计划、检验报告、检验结果是否与规范规定相对应,相关联的资料之间数据是否一致。

三、按要求顺序编排洞身开挖施工资料。

根据各分项工程的质量保证资料编排顺序要求,将核对无误后的洞身开挖施工资料按开挖段先后顺序整理好,并装入对应的资料盒。

思考与练习

1. 洞身开挖实测项目有哪些?
2. 洞身开挖过程中主要填写哪些记录表?
3. 按顺序列出洞身开挖的施工资料。

任务4　隧道洞身衬砌施工资料收集与整理

学习目标

1. 熟悉洞身衬砌施工过程中需要记录的表;
2. 掌握洞身衬砌工程质量保证资料的收集方法和编排顺序。

工作任务

某高速公路隧道为左右线分离式隧道,该隧道左线 ZK36 + 482 ~ ZK36 + 987 段为Ⅳ级围岩,采用新奥法施工,洞身衬砌采用初期支护和二次衬砌结合进行,该段隧道洞身衬砌分部分项工程划分见表6-4-1,该隧道左线洞身衬砌施工、试验、检测记录资料见附录6-4。整理该段洞身衬砌的施工资料,并按要求编排顺序。

××隧道左线洞身衬砌工程分部分项划分　　　　表 6-4-1

单位工程	分部工程	分项工程
××隧道左线	洞身衬砌	(钢纤维)喷射混凝土支护
		锚杆支护
		钢筋网支护
		仰拱
		混凝土衬砌
		钢支撑
		衬砌钢筋等

相关理论

衬砌工程主要包括喷射混凝土支护、锚杆支护、钢筋网支护、钢支撑、仰拱、衬砌钢筋和混凝土衬砌;有的工程根据围岩类别可以省略,要根据设计要求施工。

一、初期支护施工资料

隧道开挖后,为控制围岩应力释放和变形,增加结构安全度和方便施工,隧道开挖后立即施作刚度较小并作为永久承载结构一部分的结构层,称为初期支护。初期支护主要有长管棚、小导管注浆、中空注浆锚杆、砂浆锚杆、钢架支撑、钢筋网及喷射混凝土等形式。常用的初期支护形式和现场记录表见表6-4-2。

常用的初期支护形式及现场记录表

表6-4-2

序号	施 作 形 式	主要记录表
1	（钢纤维）喷射混凝土支护 	（钢纤维）喷射混凝土支护现场检查记录表； 混凝土施工原始记录
2	锚杆支护 	隧道洞身锚杆检查记录表； 锚杆钻孔施工记录表； 锚杆注浆施工记录表； 隧道锚杆拉拔力检验记录表
3	钢筋网支护 	钢筋网支护现场检查记录表
4	钢支撑 	钢支撑支护现场检查记录表

二、监控量测资料

监控量测是指在隧道施工过程中,对围岩、地表、支护结构的变形和稳定状态,以及周边环境动态进行的经常性观察和量测工作。隧道监控量测主要包括拱顶下沉、周边收敛及地表沉降等。

监控量测必须按照规范和设计文件的要求进行量测。监控量测布点频率、检测频率、观测时间延续等必须符合要求。监控量测资料必须有原始数据支持,不得直接填写高程等直接结论。监控量测主要内容及现场记录表见表6-4-3。

监控量测主要内容及现场记录表 表6-4-3

序号	监控量测内容	主要记录表
1	拱顶下沉检测 拱顶测点 测高程	拱顶下沉记录表; 拱顶下沉测量计算表
2	净空收敛变化监测 数显收敛计	周边收敛测试记录表; 隧道现场监控量测记录表; 收敛数据回归分析图
3	地表沉降检测 钢钢尺 精密水准仪	水准测量记录表; 沉降观测记录表

三、二次衬砌资料

二次衬砌是为防止和控制围岩的变形或塌落,确保围岩的稳定,或者为处理涌水和漏水,或者为整体美观等目的,将周围围岩覆盖起来的结构体。

二次衬砌主要形式及对应的现场记录表见表6-4-4。

序号	二次衬砌主要形式	主要记录表
1	混凝土衬砌 	衬砌钢筋现场检查记录表； 隧道模板安装检查记录表； 混凝土拆模后检查记录表； 仰拱现场检查记录表； 混凝土施工检查记录表； 混凝土拌和物坍落度试验记录表； 水泥混凝土抗压强度试验记录表等
2	衬砌钢筋 	

四、洞身衬砌分项工程质量保证资料清单及编排顺序

洞身衬砌分项工程质量保证资料清单及编排顺序见表6-4-5。

洞身衬砌工程质量保证资料清单及编排顺序　　　　　　　　　表6-4-5

分部工程	分项工程	归档表名称		备　注
洞身衬砌	钢支撑支护	中间交工证书		
		钢支撑支护质量检验评定表		
		钢支撑支护质量检验报告单		
		施工放样测量记录表； 水准测量记录表		
		安装钢支撑现场检测记录表		
	锚杆支护	中间交工证书		
		锚杆支护质量检验评定表		
		锚杆支护质量检验报告单		
		施工记录	锚杆钻孔施工记录表	
			隧道洞身锚杆检查记录表	
			锚杆注浆施工记录表	
		试验检测资料		
	钢筋网支护	中间交工证书		
		钢筋网支护质量检验评定表		
		钢筋网支护质量检验报告单		
		钢筋网支护现场检查记录表		

分部工程	分项工程	归档表名称		备　注
洞身衬砌	（钢纤维）喷射混凝土支护	中间交工证书		在初期支护和防水层施工结束后要进行监控量测
		（钢纤维）喷射混凝土支护质量检验评定表		
		（钢纤维）喷射混凝土支护质量检验报告单		
		混凝土（砂浆）抗压强度统计汇总表		
		（钢纤维）喷射混凝土支护现场检查记录表		
		监控测量记录	隧道洞身初支断面记录表	
			隧道现场监控量测记录表	
			周边收敛测试记录表	
			收敛数据回归分析图	
			拱顶下沉记录表	
			拱顶下沉测量计算表	
			拱顶下沉数据回归分析图	
	仰拱	中间交工证书		
		仰拱质量检验评定表		
		仰拱质量检验报告单		
		混凝土（砂浆）抗压强度统计汇总表		
		施工放线测量记录表及示意图 水准测量记录表		
		施工记录	隧道混凝土钢筋网安装检查记录	
			隧道洞身喷射混凝土检查记录	
			隧道模板安装检查记录表	
			衬砌钢筋检查记录表	
			仰拱现场检查记录表	
	衬砌钢筋（二次衬砌）	中间交工证书		
		衬砌钢筋质量检验评定表		
		衬砌钢筋质量检验报告单		
		衬砌钢筋检查记录表		
	混凝土衬砌（二次衬砌）	中间交工证书		
		混凝土衬砌质量检验评定表		
		混凝土衬砌质量检验报告单		
		混凝土（砂浆）抗压强度统计汇总表		
		施工放线测量记录表及示意图； 水准测量记录表		
		施工记录	隧道模板安装检查记录表	
			隧道模筑混凝土拆模后检查记录表	
			混凝土施工检查记录表	
	试验检测资料			单独组卷

任务实施

一、检查隧道洞身衬砌工程施工资料的完整性

（1）根据任务要求，明确本隧道洞身衬砌工程各分项工程。

（2）根据工程的施工工艺，核对洞身衬砌工程各工序所对应的施工过程记录表、分项工程质量检测表及各统计表，并按顺序分开放好。

（3）补充缺少资料：

①资料表格有缺少的，需要找相关人员进行补充填写。例如，测量资料找测量员，施工检查记录找施工员，试验检测表找试验员，质量检测报告单找质检员等。

②如果缺少"质量检验评定表"，可以根据"质量检验报告单"上的数据和《公路工程质量检验评定标准》（JTG F80/1）规定的实测项目要求来补充完整。

二、校核资料填写的规范性及准确性

检查施工资料填写是否字迹清晰、签字齐全且无代签现象，结论是否准确、描述得当。核查各记录表中数据的真实性、对应性、符合性，特别是涉及结构安全与耐久性试验的数据应逐项核对，做到数据准确、各关联表格内容相对应。

三、按要求顺序编排洞身衬砌施工资料

根据各分项工程的质量保证资料编排顺序要求，将核对无误后的洞身衬砌施工资料按先后顺序整理好，并装入对应的资料盒。

思考与练习

1. 锚杆支护过程中需填写的现场记录表主要有哪些？
2. 监控量测内容主要包括哪几方面？各自对应的记录表主要有哪些？
3. 二次衬砌通常采用何种形式？各自对应的记录表主要有哪些？
4. 按顺序列出仰拱的施工资料。
5. 按顺序列出初期支护各分项工程的施工资料。
6. 按顺序列出混凝土衬砌的施工资料。

附录6-1 明洞施工、检测表格

明洞浇筑质量检验报告单

附表 6-1-1

承包单位：××   合同号：××

监理单位：××   编号：××

工程名称		石蛋岭隧道		分项工程名称			明洞浇筑				
桩号及部位		ZK35＋032～ZK35＋040 左线进口明洞		所属分部工程			进口明洞				
项次	检查项目	规定值或允许偏差	检查方法和频率	实测值或实测偏差值									
				1	2	3	4	5	6	7	8	9	10
1△	混凝土强度（MPa）	在合格标准内	按附录D计量	39.8	39.4	39.9	39.8	39.4	—	—	—	—	—
2△	混凝土厚度（mm）	不小于设计	尺量或地质雷达：每20m检查一个断面，每个断面自拱顶每3m检查1点	304	306	302	305	304	305	306	302	303	304
3	混凝土平整度（mm）	20	2m 直尺：每10m每侧检查2处	8	5	12	14	6	13	12	6	9	12
外观鉴定		混凝土表面有轻微蜂窝麻面；线条顺直美观，混凝土颜色均匀一致；施工缝平顺无错台											
自检意见		符合设计及规范要求。 签名：×× 日期：××		监理工程师意见			签名： 日期：					

检验：××   记录：××   复核：××   日期：××

明洞浇筑质量检验评定表

附表 6-1-2

承包单位：××   合同号：××

监理单位：××   编号：××

工程名称		石蛋岭隧道	施工时间		××	
桩号及部位		ZK35＋032～ZK35＋040 左线进口明洞	检验时间		××	
项次	检验项目	规定值或允许偏差	检验结果			质量评定	
			检测数	合格数	合格率（%）	权值	加权得分
1△	混凝土强度（MPa）	在合格标准内	5	5	100	3	300
2△	混凝土厚度（mm）	不小于设计	10	10	100	3	300
3	混凝土平整度（mm）	20	10	10	100	1	100
加权平均得分（分）		100		合计		7	700
外观鉴定		混凝土表面有轻微蜂窝麻面；线条顺直美观，混凝土颜色均匀一致；施工缝平顺无错台				减分	1
质量保证资料		资料齐全，局部卷面欠整洁				减分	1
监理工程师意见及签名							
工程质量等级评分		得分:98	等级:合格				

统计：××   复核：××   技术主办：××   项目主管：××   日期：××

明洞防水层现场质量检验报告单　　　　　　　　　　附表 6-1-3

承包单位：　　　　　　　　　　　　　　　　　　　合同号：

监理单位：　　　　　　　　　　　　　　　　　　　编号：

工程名称				施工时间	
桩号及部位				检验时间	
项次	检验项目	规定值或允许偏差	检验结果	检验频率和方法	
1	搭接长度(mm)	≥100		尺量：每环测 3 处	
2	卷材向隧道延伸长度(mm)	≥500		尺量：检查 5 处	
3	卷材于基底的横向长度(mm)	≥500		尺量：检查 5 处	
4	沥青防水层每层厚度(mm)	2		尺量：检查 10 点	

承包单位自检意见：

　　　　　　　　　　　　　　　质检负责人：　　　　　　　　日期：

监理工程师意见：

　　　　　　　　　　　　　　　监理工程师：　　　　　　　　日期：

明洞回填现场质量检验报告单　　　　　　　　　　附表 6-1-4

承包单位：　　　　　　　　　　　　　　　　　　　合同号：

监理单位：　　　　　　　　　　　　　　　　　　　编号：

工程名称				施工时间	
桩号及部位				检验时间	
项次	检验项目	规定值或允许偏差	检验结果	检验频率和方法	
1	回填层厚(mm)	≤300		尺量：每层检查，每侧至少 5 点	
2	两侧回填高差(mm)	≤500		水准仪：检查 5 处	
3	坡度	不大于设计		尺量：检查 3 处	
4△	回填压实质量	压实质量符合设计要求		层厚及碾压遍数符合要求	

承包单位自检意见：

　　　　　　　　　　　　　　　质检负责人：　　　　　　　　日期：

监理工程师意见：

　　　　　　　　　　　　　　　监理工程师：　　　　　　　　日期：

洞门或（明洞）基坑现场检查记录表

承包单位：　　　　　　　　　　　　　　　　　　　　合同号：

监理单位：　　　　　　　　　　　　　　　　　　　　编号：

工程名称		施工时间	
桩号及部位		检验时间	

项次	检验项目	规定值或设计值	实测数据									
1	基底平面尺寸（mm）	±50										
2	基底高程（mm）	土质：±50； 石质：+50，−200										
3	基底承载能力（MPa）	符合设计要求										

意见：

质检员：　　　　　　日期：　　　　　　监理工程师：　　　　　　日期：

明洞浇筑现场检查记录表

承包单位：　　　　　　　　　　　　　　　　　　　　合同号：

监理单位：　　　　　　　　　　　　　　　　　　　　编号：

工程名称		施工时间	
桩号及部位		检验时间	

项次	检验项目	规定值或设计值	实测数据									
1	混凝土强度（MPa）	在合格标准内										
2	混凝土厚度（mm）	不小于设计										
3	混凝土平整度（mm）	20										

意见：

质检员：　　　　　　日期：　　　　　　监理工程师：　　　　　　日期：

表 6-1-7

明洞防水层现场检查记录表

承包单位：　　　　　　　　　　　　　　　　　　合同号：

监理单位：　　　　　　　　　　　　　　　　　　编号：

工程名称		施工时间	
桩号及部位		检验时间	

项次	检验项目	规定值或设计值	实测数据									
1	搭接长度（mm）	≥100										
2	卷材向隧道延伸长度（mm）	≥500										
3	卷材于基底的横向长度（mm）	≥500										
4	沥青防水层每层厚度（mm）	2										

意见：

质检员：　　　　　　　日期：　　　　　　　监理工程师：　　　　　　　日期：

明洞回填现场检查记录表

承包单位：　　　　　　　　　　　　　　　　　　合同号：

监理单位：　　　　　　　　　　　　　　　　　　编号：

工程名称		施工时间	
桩号及部位		检验时间	

项次	检验项目	规定值或设计值	实测数据									
1	回填层厚（mm）	≤300										
2	两侧回填高差（mm）	≤500										
3	坡度	不大于设计										
4	回填压实质量	压实质量符合设计要求										

意见：

质检员：　　　　　　　日期：　　　　　　　监理工程师：　　　　　　　日期：

附录6-2 洞口施工、检测表格

洞口开挖现场质量检验报告单

附表6-2-1

承包单位：　　　　　　　　　　　　　　　　　　　　　　合同号：
监理单位：　　　　　　　　　　　　　　　　　　　　　　编　号：

工程名称			施工时间	
桩号及部位			检验时间	

检验项目		规定值或允许偏差	检验结果	检验频率和方法
截水天沟	断面尺寸	符合设计要求		
	与边仰坡距离	不小于5m		
边仰坡	坡度	不大于设计值		
	防护	符合设计要求		
	仰坡边脚与端墙顶帽背水平距离(m)	≥1.5		
	仰坡坡脚低于端墙顶高度(m)	≥0.5		
外观质量		水沟铺砌,灰缝饱满,不铺砌的水沟,缝隙填塞良好;边仰坡坡面平顺,稳定,坡顶无危石,坡面无剥落土石		

承包单位自检意见：

　　　　　　　　　　　　　　　　　　质检负责人：　　　　　　　　　日期：

监理工程师意见：

　　　　　　　　　　　　　　　　　　监理工程师：　　　　　　　　　日期：

— 221 —

洞口砌体端墙、翼墙、挡土墙现场质量检验报告单

承包单位：　　　　　　　　　　　　　　　　　　　　合同号：

监理单位：　　　　　　　　　　　　　　　　　　　　编号：

工程名称			施工时间	
桩号及部位			检验时间	

项次	检验项目		规定值或允许偏差	检验结果	检验频率和方法
1	砂浆强度		在合格标准内		按附录B检验
2	平面位置(m)		50		仪器测量:每边不少于4处;3m靠尺测量:拱部不少于2处,墙身不少于4处
3	断面尺寸(m)		不小于设计		仪器测量:每边不少于4处;3m靠尺测量:拱部不少于2处,墙身不少于4处
4	顶面高程(m)		±20		仪器测量:每边不少于4处;3m靠尺测量:拱部不少于2处,墙身不少于4处
5	底面高程(m)		±50		仪器测量:每边不少于4处;3m靠尺测量:拱部不少于2处,墙身不少于4处
6	表面平整度(m)	块石	20		2m靠尺测量:拱部不少于2处,墙身不少于4处
		料石	30		
		混凝土块料石	10		
7	竖直度或坡度(%)		0.5		吊垂线:每边不少于4处

承包单位自检意见：

　　　　　　　　　　　　　　　　　　　　　质检负责人：　　　　　　　　　日期：

监理工程师意见：

　　　　　　　　　　　　　　　　　　　　　监理工程师：　　　　　　　　　日期：

边仰坡锚杆支护现场质量检验报告单

承包单位：   合同号：

监理单位：   编号：

工程名称			施工时间	
桩号及部位			检验时间	

项次	检验项目	规定值或允许偏差	检验结果	检验频率和方法
1△	锚杆数量(根)	不少于设计		现场逐根清点
2	锚杆拔力(kN)	28d 拔力平均值≥设计值，最小拔力≥0.9 设计值		按锚杆数 1% ,且不小于 3 根做拔力试验
3	孔位(mm)	±50		尺量:检查锚杆数的 10%
4	钻孔深度(mm)	±50		尺量:检查锚杆数的 10%
5	钻孔直径	满足设计要求		尺量:检查锚杆数的 10%
6	锚杆长度	满足设计要求		按锚杆数 3% ,或不小于 3 根

承包单位自检意见：

质检负责人：   日期：

监理工程师意见：

监理工程师：   日期：

223

洞口排水沟质量检验报告单

承包单位：　　　　　　　　　　　　　　　　　　　合同号：

监理单位：　　　　　　　　　　　　　　　　　　　编号：

工程名称				施工时间	
桩号及部位				检验时间	

项次	检验项目	规定值或允许偏差(mm)	检验结果	检验频率和方法
1	轴线偏位(mm)	±50		仪器测量:每条排水沟不少于5处
2	沟底高程(mm)	±15		仪器测量:每条排水沟不少于5处
3	边排水沟纵坡坡度(%)	±0.5,不积水		仪器测量:每条排水沟不少于5处
4	排水沟宽度(mm)	+30,0		尺量:每条排水沟不少于4处
5	排水沟侧墙高度(mm)	-10		尺量:每条排水沟不少于4处
6	壁厚(mm)	-10		尺量:每条排水沟不少于4处

承包单位自检意见：

　

质检负责人：　　　　　　　　　　　　　　日期：

监理工程师意见：

　

监理工程师：　　　　　　　　　　　　　　日期：

洞门端墙、挡(翼)墙现场检查记录表

承包单位：   合同号：

监理单位：   编号：

工程名称					施工时间				
桩号及部位					检验日期				

检验项目		规定值或设计值	实测数据							
混凝土强度和砂浆强度(MPa)		在合格标准内								
平面位置(mm)	浆砌	50								
	混凝土	30								
顶面高程(m)	浆砌	±20								
	混凝土	±10								
表面平整度(mm)	浆砌	20								
	混凝土	10								
断面尺寸(mm)		不小于图纸规定								
墙顶水沟		高宽尺寸符合设计要求								
基础底面高程(mm)	石质	+50,-200								
	土质	+50,								
墙面坡度		不陡于图纸规定								

意见：

质检员：   日期：   监理工程师：   日期：

附录 6-3　洞身开挖施工、检测记录资料

洞身开挖质量检验评定表

附表 6-3-1

施工单位：×× 　合同号：××
监理单位：×× 　编号：××

桩号及部位	ZK35＋472～ZK35＋520 洞身开挖		分项工程名称	左线洞身开挖		所属分部工程	洞身开挖		

基本要求：
不良地质地段开挖前应做好预加固、预支护；
当前方地质出现变化迹象或接近围岩分界线时，必须用地质雷达、超前小导航、超前探孔等方法先探明隧道的工程地质和水文地质情况，方可进行开挖；
应严格控制人挖；当石质坚硬完整且岩石抗压强度大于 30MPa 并确认不影响衬砌结构稳定和强度时，允许岩石个别凸出部分（每 1m² 不大于 0.1m²）凸入衬砌断面，锚喷支护时凸入不大于 30mm，衬砌时不大于 50mm，拱脚、墙脚以上 1m 内严禁大挖；
开挖轮廓要预留支撑沉落量及变形量，并利用量测反馈信息及时调整；
隧道爆破开挖时应严格控制爆震动；
洞身开挖在清除浮石后应及时进行初喷支护

项次		检查项目	规定值或允许偏差	实测值或实测偏差值	质量评定			
					平均值、代表值	合格率（%）	权值	得分（分）
实测项目	1△	拱部超挖（mm）	破碎石、软土等（Ⅰ、Ⅱ类围岩）	平均100，最大150	＋60，＋35，＋20，＋90，＋80，＋56，＋28		100	3	300
			中硬石、软岩（Ⅲ、Ⅳ、Ⅴ类围岩）	平均150，最大250					
			硬岩（Ⅵ类围岩）	平均100，最大200					
	2	边墙超挖（mm）	每侧	＋100，－0	50,60,45,55,70,90,95,40		100	2	200
			全宽	＋200，－0	20,40,80,60,60,55,57		100		
	3	仰拱、隧底超挖（mm）	平均100，最大250	20,40,80,60,60,55,27		100	1	100
		合计						6	600

外观鉴定	洞顶无浮石	减分	0	监理意见	符合 JTG F80/1—2004 检验评定标准	
质量保证资料	齐全、真实	减分	0			
工程质量等级评定		评分:100		质量等级:合格		

计算：××　复核：××　检验负责人：××　日期：××

承包单位:××

监理单位:××

合同号:××

编号:××

工程名称	石蛋岭隧道			施工时间	××
桩号及部位	ZK35+472~ZK35+520 洞身开挖			检验时间	××

项次	检验项目		规定值或允许偏差	检验结果	检验频率和方法
1△	拱部超挖 （mm）	破碎岩土（Ⅰ、Ⅱ级围岩）	平均100,最大150	合格	水准仪或断面仪:每20m一个断面
		中硬岩、软岩(Ⅲ、Ⅳ、Ⅴ级围岩)	平均150,最大250		
		硬岩(Ⅵ级围岩)	平均100,最大200		
2	边墙超挖 （mm）	每侧	+100,-0	合格	尺量:每20m检查一处
		全宽	+200,-0	合格	
3	仰拱、隧底超挖(mm)		平均100,最大250	合格	水准仪:每20m检查3处

承包单位自检意见:

符合设计及规范要求

质检负责人:××　　　　　　　　　　　　　　　　　　　　日期:××

监理工程师意见:

监理工程师:　　　　　　　　　　　　　　　　　　　　日期:

施工单位：××　　　　　　　　　　　　　　　　　　　　合同号：××

监理单位：××　　　　　　　　　　　　　　　　　　　　编号：××

分项工程名称	ZK35 +472 ~ ZK35 +520 洞身开挖		所属分部工程	洞身开挖		施工时间	××
桩号及部位	ZK35 +472 ~ ZK35 +520 洞身		检查人		记录人	××	检验时间	××

项次	检验项目		设计值（规定值）	允许偏差	检验结果	检验频率和方法
1△	拱部超挖（mm）	破碎岩土（Ⅰ、Ⅱ类围岩）		平均100,最大150	+60,+35,+20,+90,+80,+56,+28	激光断面仪：每 20m 抽一个断面,测点间距 ≤1m
		中硬岩、软岩（Ⅲ、Ⅳ、Ⅴ类围岩）		平均150,最大250		
		硬岩（Ⅵ类围岩）		平均100,最大200		
2	边墙超挖（mm）	每侧		+100,−0	50,60,45,55,70,90,95,40	
		全宽		+200,−0	20,40,80,60,60,55,57	
3	仰拱、隧底超挖(mm)			平均100,最大250	20,40,80,60,60,55,27	水准仪：每 20m 检查 3 处

外观质量：

洞顶无浮石

自检结论：

符合规范及设计要求

质检工程师：　　　　　　　日期：××

施工单位：××　　　　　　　　　　　　　　　　　　　　　合同号：××

监理单位：××　　　　　　　　　　　　　　　　　　　　　编　号：××

分项工程名称	左幅洞身开挖	施工日期	××	检测日期	××
桩号及部位	ZK35 +472 ~ ZK35 +520 洞身开挖		开挖方法与设备		
调查项目	情况记录		处置结果记录		
开挖面的地质条件(岩质、岩体状态等)	围岩为强风化片岩,岩体节理裂缝较发育,岩体破碎,局部较破碎,岩体强度较低,围岩稳定性较差,拱部易掉块		及时初期支护,短进尺		
开挖面的涌水(涌水量、涌水压力及排水的水量、水温、混浊度、pH 值、水的比值等)	无				
开挖面后方区段的围岩及支护状态	支护后稳定				
地表面、地面建筑物及洞口状况	无变化				
气象(气候、气温、气压、降雨量等)、地震等情况	无				
隧道附近的地表水及地下水情况(指对隧道施工质量有影响的)	无				
甲烷或其他可燃气体情况	无				

施工负责人：××　　　　　　日期：××　　　　　　质检工程师：××　　　　　　日期：××

隧道断面地质情况记录表

施工单位: × ×

监理单位: × ×

合同号: × ×

编号: × ×

工程名称			石蛋岭隧道	施工日期	× ×
桩号及部位			ZK35 + 472 ~ ZK35 + 520 洞身开挖	地质描述	符合设计
开挖情况					施工描述
部位			围岩级别	检测值（超挖 mm）	断面开挖,采用Ⅱ级围岩的开挖支护法,短台阶,两边交错开槽,坚持"短进尺,弱爆破,快封闭,强支护"的原则指导施工开挖
		设计	实际		
拱部		Ⅱ	Ⅱ	+ 70	
边墙	左	Ⅱ	Ⅱ	+ 60	
	右	Ⅱ	Ⅱ	+ 50	
隧底		Ⅱ	Ⅱ	+ 40	
仰拱		Ⅱ	Ⅱ	+ 30	

附:开挖断面草图

施工负责人: × ×   日期: × ×   质检工程师: × ×   日期: × ×

施工单位： 合同号：

监理单位： 编号：

工程名称				施工时间				
桩号及部位				检验时间				
岩面检查				围岩类别				
检测人				记录人				

序号	检查部位		允许值	检查频率	K		K		K		K	
					设计	实测	设计	实测	设计	实测	设计	实测
1	1 点		允许岩石个别突出部分每平方米内不大于 0.1m²，侵入断面不大于3cm	5～10m 检查 1 次								
2	2 点											
3	2′点											
4	3 点											
5	3′点											
6	4 点											
7	4′点											
8	5 点											
9	5′点											
10	6 点											
11	6′点											
12	边墙底高程（mm）	左侧	+0									
			−100									
13		右侧	+50									
			+0									

附草图(或照片)：

自检意见：

质检工程师：

日期：

施工单位：××

监理单位：××

合同号：××

编号：××

分项工程名称	左幅洞身开挖			施工日期		××	检测日期		××
桩号及部位	ZK35＋472.2～ZK35＋476.2 上导洞				开挖方法与设备				

测点桩号		洞顶高程（m）			宽度（m）			路面基底高程（m）	外观检查
		左	中	右	左侧	右侧	全宽		
ZK35＋476.2	设计	398.216	400.869	398.216	5.169	5.169	10.338		
	实测	398.256	400.905	398.268	5.208	5.198	10.380		
ZK35＋475.4	设计	398.221	400.873	398.221	5.169	5.169	10.338		
	实测	398.261	400.924	398.273	5.200	5.245	10.395		
ZK35＋474.6	设计	398.225	400.878	398.225	5.169	5.169	10.338		
	实测	398.285	400.988	398.305	5.213	5.240	10.400		
ZK35＋473.8	设计	398.230	400.882	398.230	5.169	5.169	10.338		
	实测	398.275	400.963	398.313	5.225	5.230	10.410		
ZK35＋473	设计	398.234	400.887	398.234	5.169	5.169	10.338		
	实测	398.269	400.955	398.299	5.204	5.233	10.425		
ZK35＋472.2	设计	398.238	400.891	398.238	5.169	5.169	10.338		
	实测	398.286	400.977	398.295	5.198	5.225	10.400		
合格率									
超欠挖控制描述	洞顶无浮石,无欠挖,超挖适当								

施工负责人：×× 　　　日期：×× 　　　质检工程师：×× 　　　日期：××

承包单位：　　　　　　　　　　　　　　　　　　　合同号：

监理单位：　　　　　　　　　　　　　　　　　　　编号：

工程名称				施工时间								
桩号及部位				检验时间								
项次	检验项目		规定值或设计值	实测数据								
1	拱部超挖（mm）	破碎岩土（Ⅰ、Ⅱ级围岩）	平均100,最大150									
		中硬岩、软岩（Ⅲ、Ⅳ、Ⅴ级围岩）	平均150,最大250									
		硬岩（Ⅵ级围岩）	平均100,最大200									
2	边墙超挖（mm）	每侧	+100, -0									
		全宽	+200, -0									
3	仰拱、隧底超挖（mm）		平均100,最大250									

意见：

质检员：　　　　　　日期：　　　　　　监理工程师：　　　　　　日期：

附录6-4 洞身衬砌施工、试验、检测记录资料

(钢纤维)喷射混凝土支护质量检验评定表　　　　　　附表6-4-1

施工单位:××　　　　　　　　　　　　　　　　　　　　　合同号:××

监理单位:××　　　　　　　　　　　　　　　　　　　　　编号:××

工程名称	石蛋岭隧道		分项工程名称			喷射混凝土支护	
桩号及部位	ZK36＋760～ZK36＋770拱墙		所属分部工程			洞身衬砌	
项次	检验项目	规定值或允许偏差	检验结果			质量评定	
			检测数	合格数	合格率(%)	权值	加权得分(分)
1△	混凝土强度(MPa)	在合格标准内	2组	2组	100	3	300
2△	喷层厚度(mm)	平均厚度≥设计厚度;检查点的60%≥设计厚度;最小厚度≥0.5设计厚度,且≥50	10	10	100	2	200
3△	空洞检测	无空洞,无杂物	10	10	100	2	200
4							
5							
6							
加权平均得分(分)		100				合计	7	700
外观鉴定		无漏喷、离鼓、裂缝、钢筋网外露现象				减分	0
质量保证资料		资料齐全				减分	0
监理工程师意见及签名							
工程质量等级评分		得分:100　　等级:合格					

检验:××　　　　技术负责人:××　　　　项目主管:××　　　　日期:××

（钢纤维）喷射混凝土支护现场质量检验报告单

承包单位：××

监理单位：××

合同号：××

编号：××

工程名称	石蛋岭隧道		施工时间	××
桩号及部位	ZK36＋594.2～ZK36＋597.4 洞身开挖		检验时间	××

项次	检验项目	规定值或允许偏差	检验结果	检验频率和方法
1	喷射混凝土强度（MPa）	在合格标准内	合格	按附录E检查
2	喷层厚度（mm）	平均厚度≥设计厚度；检查点的90%≥设计厚度；最小厚度≥0.5倍设计厚度，且≥50mm	合格	凿孔法或雷达检测仪：每10m检查一个断面，每个断面从拱顶中线起每3m检查1点
3	空洞检测	无空洞、无杂物	合格	凿孔或雷达检测仪：每10m检查一个断面，每个断面从拱顶中线起每3m检查1点

承包单位自检意见：

符合设计及规范要求

质检负责人：×× 　　　　　　　　　　　　日期：××

监理工程师意见：

监理工程师： 　　　　　　　　　　　　日期：××

(钢纤维)喷射混凝土支护现场检查记录表

承包单位:××

监理单位:××

合同号:××

编号:××

工程名称	石蛋岭隧道		施工时间	××									
桩号及部位	ZK36+594.2~ZK36+597.4洞身开挖		检验时间	××									

项次	检验项目	规定值或设计值	实测数据										
1	喷射混凝土强度(MPa)	在合格标准内											
2	喷层厚度(mm)	230	233	235	234	237	235	234	234	232	235	239	
3	空洞检测	无空洞,无杂物	凿孔无空洞、无杂物										

意见:
符合设计及规范要求

质检员:×× 日期:×× 监理工程师: 日期:

锚杆支护现场检查记录表

施工单位:××

合同号:××

监理单位:××

编号:××

工程名称	石蛋岭隧道		施工时间	××
桩号及部位	左线 ZK36 + 585.6 ~ ZK36 + 586.6 下台阶		检验时间	××

项次	检验项目	设计值 (规定值)	允许偏差	实测值或实测偏差								
1△	锚杆数量(根)	53	不少于设计	53								
2	锚杆拔力(kN)	120	28d 拔力平均值 ≥ 设计值,最小拔力 ≥ 0.9 设计值	124.4	123.5							
3	孔位(mm)		±50	−8	+4	+5	+4	−3	−6			
4	钻孔深度(mm)		±50	+15	+23	−30	−31	−26	+21			
5	孔径(mm)	40	符合设计要求	40	40	40	40	40	40			

自检结论:

符合设计及规范要求

质检工程师:××

日期:××

隧道锚杆抗拔拉拔力试验记录

承包单位：×××
监理单位：×××

合同号：×××
编号：×××

工程名称	石蛋岭隧道				施工路段				ZK36 + 745 ~ ZK36 + 761			试验单位			×××
取样地点					取样名称							试验规程				
试样描述					材料产地							试验室负责人			×××
锚杆长度（cm）	350				25				锚杆直径（mm）			锚固砂浆强度等级			设计锚杆拉拔力（kN）	120
测点部位	ZK36 + 745 ~ ZK36 + 753			ZK36 + 753 ~ ZK36 + 761			1	2	3	4	5	6
组数	1			2								
锚杆数	1	2	3	1	2	3	1	2	3	1	2	3
拉拔力（kN）	122.2	124.8	126.1	122.2	123.5	124.8						
平均拉拔力（kN）	124.4			123.5								
结论	经检测锚杆的抗拔力符合设计要求							备注：								

试验：×××

校核：×××

监理工程师：×××

日期：×××

— 238 —

仰拱质量检验评定表

附表 6-4-6

承包单位：×× 　　　　　　　　　　　　　　　　　　　合同号：××
监理单位：×× 　　　　　　　　　　　　　　　　　　　　编　号：××

工程名称	石蛋岭隧道			分项工程名称		仰拱	
桩号及部位	左线 ZK36+636～ZK36+653 仰拱			所属分部工程		洞身衬砌	
项次	检测项目	规定值或允许偏差	检测结果			质量评定	
			检测数	合格数	合格率(%)	权值	加权得分(分)
1△	混凝土强度(MPa)	在合格标准内	3	3	100	3	300
2△	仰拱厚度(mm)	不小于设计	5	5	100	3	300
3	钢筋保护层厚度(mm)	≥50	3	3	100	1	100
4							
5							
6							
7							
加权平均得分(分)		100		合计		7	700
外观鉴定		混凝土表面密实,无露筋				减分	0
质量保证资料		资料齐全				减分	0
监理工程师意见及签名							
工程质量等级评分			得分:100　　等级:合格				

统计：　　　　复核：　　　　技术负责人：　　　　项目主管：　　　　日期：

仰拱现场质量检验报告单

承包单位:×× 　　　　　　　　　　　　　　　　　　　合同号:××

监理单位:×× 　　　　　　　　　　　　　　　　　　　编　号:××

工程名称	石蛋岭隧道　仰拱		施工时间	××
桩号及部位	左线 ZK36+636～ZK36+653 仰拱		检验时间	××

项次	检验项目	规定值或允许偏差	检验结果	检验频率和方法
1△	混凝土强度(MPa)	在合格标准内	见附表	按附录 D 检查
2△	仰拱(底板)厚度(mm)	不小于设计	合格	水准仪:每 10m 检查一个断面,每个断面检查 5 点
3	钢筋保护层厚度(mm)	≥50	合格	凿孔检查:每 10m 检查一个断面,每个断面检查 3 点
4	顶面高程	±15	合格	水准仪:每一浇筑段检查 1 个断面

承包单位自检意见:

符合设计及规范要求

　　　　　　　　　　　　　　　　质检负责人:×× 　　　　　　　　日期:××

监理工程师意见:

　　　　　　　　　　　　　　　　监理工程师: 　　　　　　　　　　日期:

仰拱现场检查记录表

承包单位:×× 　　　　　　　　　　　　　　　　　　　合同号:××

监理单位:×× 　　　　　　　　　　　　　　　　　　　编　号:××

工程名称	石蛋岭隧道　仰拱		施工时间	××
桩号及部位	左线 ZK36+636～ZK36+653 仰拱		检验时间	××

项次	检验项目	规定值或设计值	实测数据				
1	混凝土强度(MPa)	在合格标准内	见附表				
2	仰拱厚度(mm)	不小于设计	506	512	516	511	502
3	钢筋保护层厚度(mm)	≥50	53	52	54		

意见:

符合设计及规格要求

质检员:×× 　　　　日期:×× 　　　　监理工程师:×× 　　　　日期:××

模块 7 公路工程竣工文件编制

任务 1 施工资料组卷及案卷编制

✎ 学习目标

1. 熟悉组卷的一般规定和要点；
2. 掌握施工资料案卷编制办法。

✍ 工作任务

对××跨线桥桥梁工程 14 号墩基础及下部构造(表 7-1-1)的施工资料进行组卷及案卷编制。

表 7-1-1

单 位 工 程	分 部 工 程	分 项 工 程
××跨线桥	14 号墩基础及下部构造	桩基,立柱,盖梁,支座垫石

📚 相关理论

项目档案的整理一般按如下步骤进行:组卷→卷内文件排列→案卷编目→案卷装订→案卷排列。

一、组卷

1.组卷的一般规定

公路工程文件材料归档前均需分类整理和组卷。组卷应遵循公路工程文件材料的自然形成规律和成套性的原则,保持卷内文件的有机联络,分类科学,便于查找利用。

管理性文件按问题、时间、发文单位、重要程度或保管期限排列;项目技术文件材料按管理、依据、施工记录、试验检测、评定、证明顺序排列。

每份案卷的厚度应不超过 50mm,以 30～40mm 厚为宜。

2.施工文件组卷要点

施工文件的开工报告、施工组织设计、施工计划、施工日志及中间验收等分别按合同段集中组卷;各项施工原始记录(施检表)、试验检测报告(试验表)、评表和检表按照单位、分部、分项工程划分整理组卷;原材料按批量形成,单独组卷。

施工单位项目文件归档范围见表 7-1-2。

施工单位项目文件归档范围及保管期限　　　　表 7-1-2

序号	项 目 文 件	范　　围	保管期限
1	合同段开工申请及批准文件(含施工组织设计方案)及附属文件		永久

序号	项目文件	范围	保管期限
2	技术交底、图纸会审纪要		永久
3	开工前的交接桩记录、控制点的复测、施工控制点的加密工程定位(水准点、基准点、导线点)测量、复测记录		永久
4	施工日志		永久
5	沉降、位移观测记录、桥梁荷载试验报告、桩基检测报告		永久
6	各项标准及工艺试验资料	路基试验段资料,路面试验段资料,各软基处理试桩报告等	永久
7	工地试验室管理文件	工地试验室资质文件、仪器标定证书等	永久
8	各种原材料、半成品、成品、混凝土预制件合格证及抽检试验记录、质量鉴定报告	原材料、构件检测,含出厂证明、质量鉴定报告单及其试验报告	永久
9	单位、分部和分项工程质量评定文件		30 年
10	单位、分部、分项工程开工批准文件		30 年
11	各工序施工记录、试验、检测及报验文件		30 年
12	施工总结	主要内容:工程地理位置图、工程规模、承包单位基本情况及完成的主要工作量、工程管理、采用的新技术、交工自查结果、经验总结及其他相关内容	30 年
13	重要往来文件(重要工作指令、工程变更书、工程质量事故处理报告单)	投标书及中标通知书以及相关合同文件; 重要工作指令[指影响工程施工的指令,主要包括停(返)工通知、技术规范的补充文件及修改文件等]; 工程变更; 工程质量事故处理报告单	30 年
14	工地例会及各类专题会议纪要		30 年
15	工程声像资料	隐蔽工程、关键工程、桥梁隧道等结构物重点部位施工	30 年

二、卷内文件排列

(1)管理性文件按问题、时间或重要程度排列。

(2)施工文件按管理、依据、建设、安装、检测实验记录、评定及验收排列。

(3)设备文件按依据性、开箱验收、随机图样、安装调试和运行维修等顺序排列。

(4)竣工图按专业和图号排列。

(5)卷内文件一般文字在前,图样在后;译文在前,原文在后;正件在前,附件在后;印件在前,定(草)稿在后;批复在前,请示在后;结论性文件在前,依据性文件在后。

三、案卷编目

案卷由档案盒、案卷内封面、卷内目录、卷内文件材料及卷内备考表组成,如图7-1-1所示。

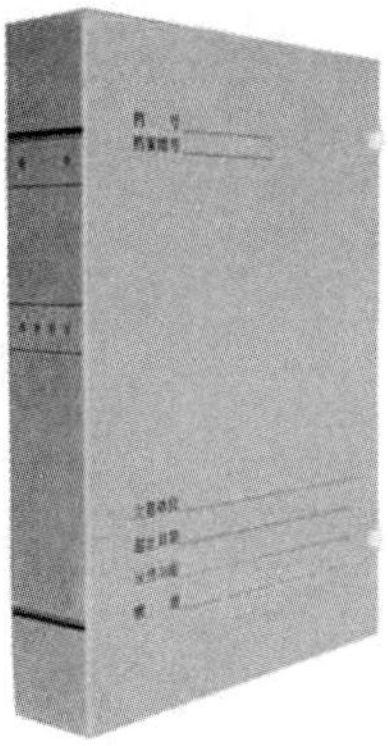

a)档案盒 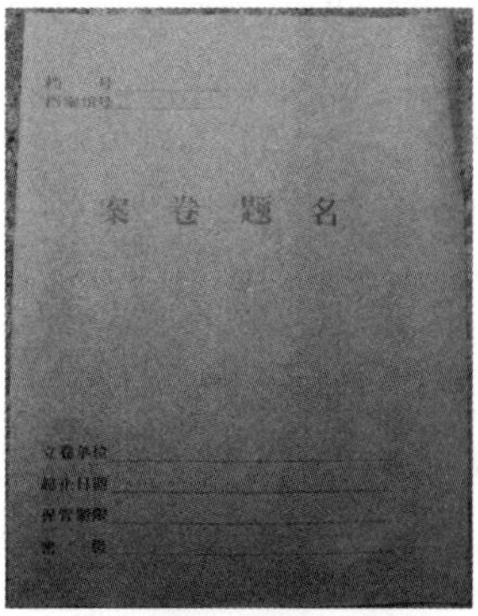   b)案卷内封面

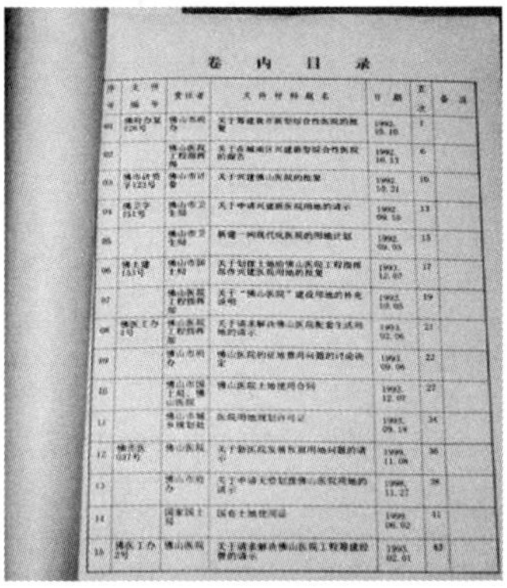

c)卷内目录 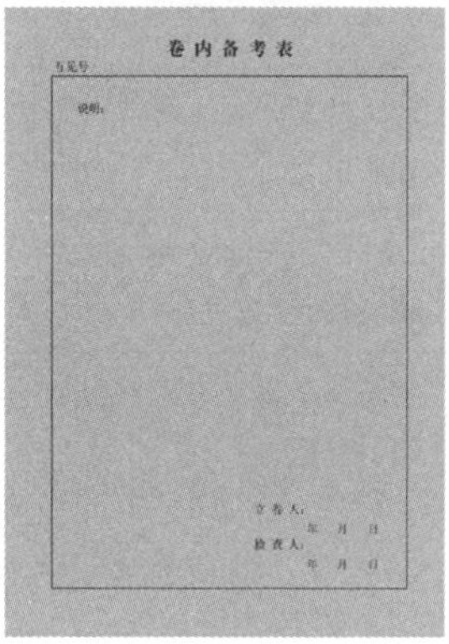   d)卷内备考表

图 7-1-1 案卷的组成部分

案卷编目的内容包括编写案卷页号、卷内目录的编制、卷内备考表的填写及案卷封面的编制。

1. 编写案卷页号

编页号的目的是巩固卷内文件的顺序和确切统计案卷内文件材料的数量,确保其完整性。装订的案卷一律依序编制页号,顺序均从"1"开始,一页一号。正面在右下角编号,反面在左下角编号,如图 7-1-2 所示。

常见的打页码工具如图 7-1-3 所示。

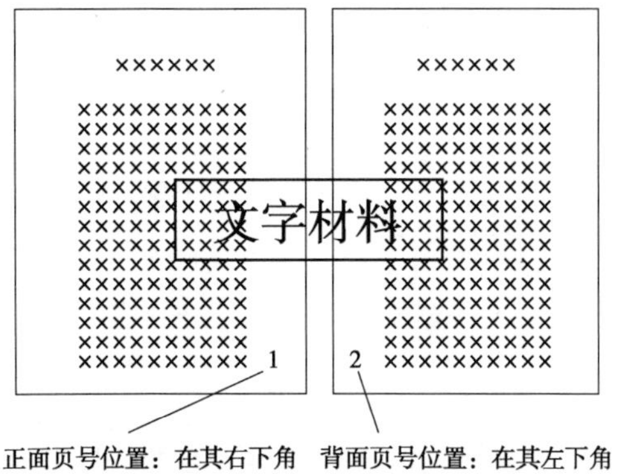

正面页号位置:在其右下角   背面页号位置:在其左下角

图 7-1-2 案卷页号位置    图 7-1-3 打码机

有些技术说明书,如果已经是装订成册的出版物并拥有序号,可以不重新编页号,只需在备考表中说明此卷号的总页数。

卷内目录和卷内备考表不编写页号。

2.卷内目录的编制

卷内目录式样见表7-1-3。

卷 内 目 录

表7-1-3

序号	责任者	文件材料题名	日期(年、月、日)	页次
1	广东××公司	××工程××跨线桥2号墩基础及下部构造分部工程质量评定表	2008.6.15	1
2	广东××公司	××工程××跨线桥2号墩钻孔灌注桩基础中间交工证书	2008.3.6	2
3	广东××公司	××工程××跨线桥2号墩钻孔灌注桩分项工程质量评定表	2008.3.4	3
4	广东××公司	××工程××跨线桥2号墩1号桩基施工、试验、检测记录	2008.1.15~2008.2.20	6
5	广东××公司	××工程××跨线桥2号墩2号桩基施工、试验、检测记录	2008.1.22~2008.3.1	25
6	广东××公司	××工程××跨线桥2号墩立柱中间交工证书	2008.4.5	35
7	广东××公司	××工程××跨线桥2号墩立柱分项工程质量评定表	2008.4.4	36
8	广东××公司	××工程××跨线桥2号墩1号立柱施工、试验、检测记录	2008.2.25~2008.3.27	39
9	广东××公司	××工程××跨线桥2号墩2号立柱施工、试验、检测记录	2008.3.2~2008.4.1	47
10	广东××公司	××工程××跨线桥2号墩盖梁中间交工证书	2008.4.24	55
11	广东××公司	××工程××跨线桥2号墩盖梁分项工程质量评定表	2008.4.22	56
12	广东××公司	××工程××跨线桥2号墩盖梁施工、试验、检测记录	2008.3.15~2008.4.20	59
13	广东××公司	××工程××跨线桥2号墩支座垫石中间交工证书	2008.5.30	66
14	广东××公司	××工程××跨线桥2号墩支座垫石分项工程质量评定表	2008.5.25	67
15	广东××公司	××工程××跨线桥2号墩支座垫石施工、试验、检测记录	2008.4.15~2008.5.20	69/75

(1)序号。序号应用阿拉伯数字从1起依次标注卷内文件材料件数的顺序,一份文件一个号。

（2）文件编号。文件编号应填写文件材料的文号或图样的图号、项目代号等,施工资料中没有编号的,可以不填。

（3）责任者。责任者应填写文件材料的形成部门或主要责任者。可采取通用的标准简称。

（4）文件材料题名。对于文件类的资料,应每一份文件列一条目录;对于原始施工记录、原材料试验等非文件性的资料,不必细分到一张记录表列一条目录,也不能粗略到一盒档案就一条目录,可按桩号范围、工程部位、工艺顺序等拆分每一盒档案的内容,例如对于桥梁,可以一座桥每一根桩或一个承台或一条立柱等列一条目录。如果文件形成时对工程名称填写不准确的,编制卷内目录时要纠正,如会议纪要、变更通知单中每一份文件没有题名的要拟卷内题名,主要揭示会议主题、修改内容等。

（5）日期。应填写文件材料的形成日期,填写文件的年、月、日。若是一份文件材料里有多个日期的,则应填起止日期,如:2006.1.7～2006.6.30。

（6）页次。页次应填写每份文材料首页上标注的页号,最后一份文件应标注首尾页号。

（7）备注。备注填写文件材料需注明的情况。

卷内目录排列在卷内文件材料首页之前,与卷内文件一起装订,但不编写页号,卷内目录需纸质目录及电子目录各一份,卷内目录行数以15行为准,字体为宋体,字号为小四号。

3.卷内备考表的填写

卷内备考表式样如图7-1-4所示。

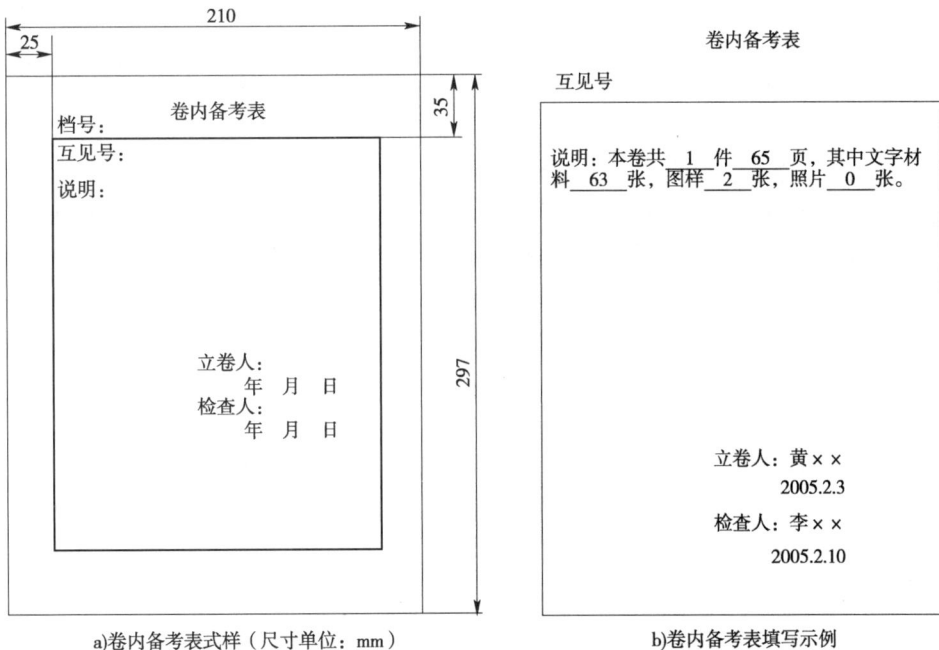

a)卷内备考表式样（尺寸单位:mm）　　b)卷内备考表填写示例

图7-1-4　卷内备考表

（1）说明。应简明、准确地揭示卷内文件的内容（如本卷共____件____页,其中文字材料____张,图样____张,照片____张）。

（2）立卷人。立卷人应由责任立卷人签名。

（3）立卷日期。立卷日期应填写完成立卷的日期。

（4）检查人。检查人应为部门或项目技术负责人及监理。

（5）检查日期。检查日期应填写审核的日期。

（6）互见号。互见号应填写反映同一内容而形式不同且另行保管的档案保管单位的档号。档号后应注明档案载体形式，并用括号括起。

（7）卷内备考表。卷内备考表排列在卷内文件材料之后，无须打页码。

4. 案卷封面和脊背的编制

（1）案卷封面包括案卷外封面（档案盒）和案卷内封面，如图 7-1-5 所示。

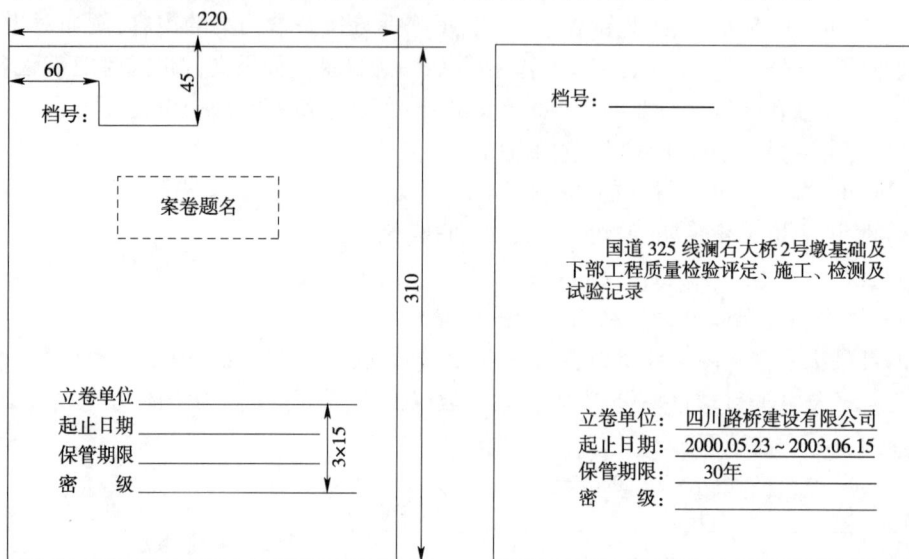

a)案卷外封面式样（尺寸单位：mm）   b)案卷封面的填写示例

图 7-1-5 案卷封面

①案卷题名。案卷题名应简明扼要地概括卷内文件材料的内容，主要包括项目名称，起讫里程，单位、分部、分项工程名称及文件材料名称。如"××工程（分部或分项）混凝土（砂浆）抗压统计汇总表"，"××工程图纸会审纪要"。

②立卷单位。立卷单位是指文件材料的组卷单位。

③起止日期。起止日期是指本案卷内文件形成的最早和最晚的时间——年、月、日（年度应填写四位数字）。

④保管期限。应依据有关规定填写组卷时划定的保管期限，见表 7-1-2。

⑤密级。应依据保密规定填写卷内建设项目文件材料的最高密级。

⑥档号。档号由档案分类号及案卷号组成。一般采用格式如图 7-1-6 所示。

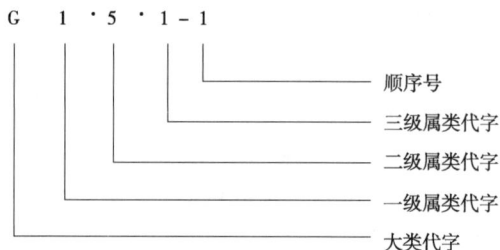

图 7-1-6 档号格式

a. 表示建设单位档案分类中公路建设项目大类代字，由建设单位自行确定。

b. 一级属类代字。其表示建设单位的第 N 个项目，由建设单位自行确定。

c. 二级属类代字。1 表示立项审批文件;2 表示设计基础文件;3 表示设计文件;4 表示工程管理文件;5 表示施工文件;6 表示监理文件;7 表示竣工文件;8 表示科研项目文件。

d. 三级属类代字。由项目法人(建设单位)根据本项目统一编写的参建单位代号,该级属类一般只存在施工文件类和监理文件类。

(2)案卷脊背的编制。

案卷脊背的宽度就是档案盒的厚度,分别为 10mm、20mm、30mm、40mm、50mm,具体式样及填写如图 7-1-7 所示。

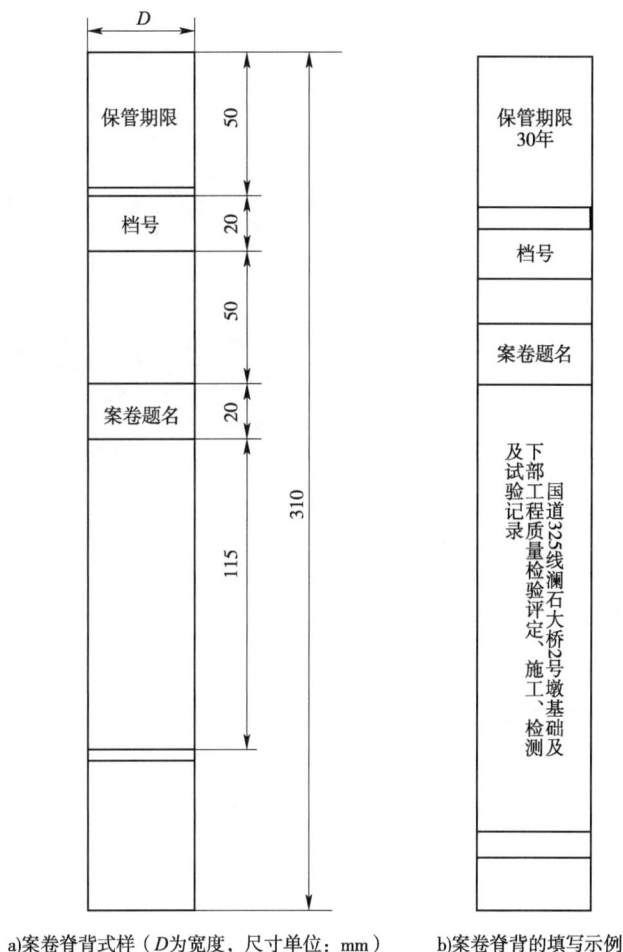

a)案卷脊背式样(D 为宽度,尺寸单位:mm)   b)案卷脊背的填写示例

图 7-1-7　案卷脊背

①案卷脊背印制在档案盒的侧面。

②案卷脊背的案卷题名、保管期限、档号同案卷封面相同。

③案卷脊背的档号,暂用铅笔填写,移交后由省项目法人统一正式填写。

5. 案卷各部分的排列

案卷各部分的排列顺序为:案卷内封面→卷内目录→文件材料→卷内备考表。

四、案卷装订

(1)案卷采取装订与不装订两种形式:文字材料一般要装订;图纸不装订。

(2)装订前,应先去除塑胶、塑封、塑膜、胶圈、金属物等易老化腐蚀纸张的封面或装订材料。

（3）案卷内不同幅面的文件材料要折叠为统一幅面，破损的要先修复。幅面一般采用国际标准 A4 型（297mm×210mm）。

（4）案卷装订一般采用"三孔一线"结扣法，要求整齐、牢固、美观，不能出现脱页、压字、文件倒置的现象。三孔一线装订方式如图 7-1-8 所示。

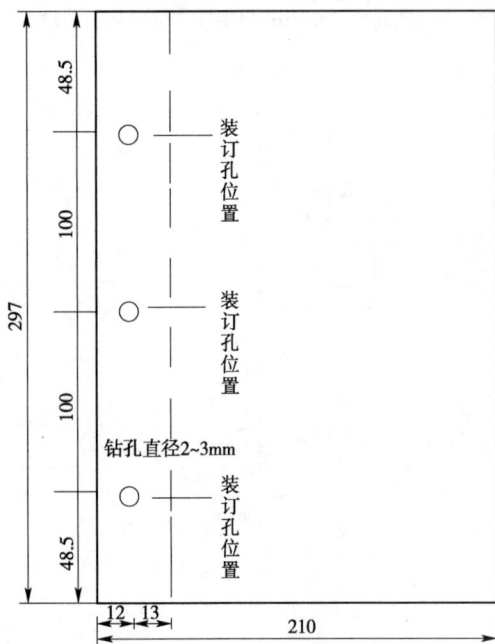

a)三孔一线装订尺寸（尺寸单位：mm）　　　　b)三孔一线装订示意图

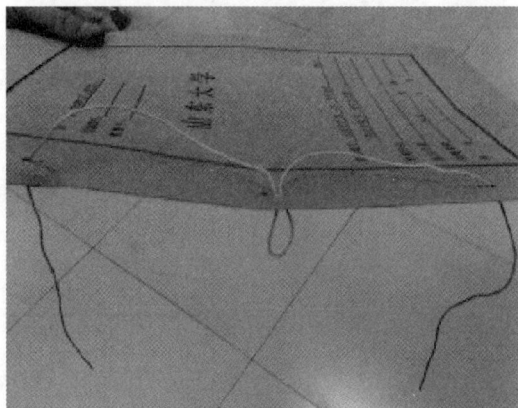

图 7-1-8　三孔一线装订方式

（5）不装订的图纸及成册文件材料，每份需加盖档号章（图 7-1-9），档号章内容包括该份文件材料所在案卷的档号和本案卷卷内目录中所在的序号。

图 7-1-9　档号章格式（尺寸单位：mm）

五、案卷排列

案卷的编制单位应按工程进展的自然过程，对已经整理好的案卷进行系统化排列。其中，施工单位应对本合同段形成的案卷，按照其自然形成过程，依照路线进行方向，结合单位工程排列顺序依次排列。监理单位按照监理工作程序，以合同段为单位，对形成的案卷进行系统化排列。

经系统化排列和编号的案卷需要编制案卷目录,见表7-1-4。

案卷目录

表7-1-4

序号	档　号	案卷题名	总页数(页)	保管期限
1	LS1.5.3-1	国道325线澜石大桥施工总结报告	35	永久
2	LS1.5.3-2	国道325线澜石大桥质量评定文件	130	30年
3	LS1.5.3-3	国道325线澜石大桥工程开工令、实施性施工组织设计	233	永久
4	LS1.5.3-4	国道325线澜石大桥图纸会审纪要	145	永久
5	LS1.5.3-5	国道325线澜石大桥交桩和复测文件	106	永久
6	LS1.5.3-6	国道325线澜石大桥工程施工技术交底	215	永久
7	LS1.5.3-7	国道325线澜石大桥原材料进场检测材料	362	永久
8	LS1.5.3-8	国道325线澜石大桥混凝土配合比报告及批复	231	永久
9	LS1.5.3-9	国道325线澜石大桥各分部分项工程开工报告	212	30年
10	LS1.5.3-10	国道325线澜石大桥桩基检测报告	175	30年
11	LS1.5.3-11	国道325线澜石大桥0号桥台基础及下部工程质量检验评定、施工、检测及试验记录	263	30年
12	LS1.5.3-12	国道325线澜石大桥1～2号墩基础及下部工程质量检验评定、施工、检测及试验记录	286	30年
13	LS1.5.3-13	国道325线澜石大桥3～4号墩基础及下部工程质量检验评定、施工、检测及试验记录	259	30年
14	LS1.5.3-14	国道325线澜石大桥5号桥台基础及下部工程质量检验评定、施工、检测及试验记录	271	30年
15	LS1.5.3-15	国道325线澜石大桥0～1号跨上部结构预制及安装质量检验评定、施工、检测及试验记录	251	30年
16	LS1.5.3-16	国道325线澜石大桥1～2号跨上部结构预制及安装质量检验评定、施工、检测及试验记录	270	30年
17	LS1.5.3-17	国道325线澜石大桥2～3号跨上部结构预制及安装质量检验评定、施工、检测及试验记录	255	30年
18	LS1.5.3-18	国道325线澜石大桥3～4号跨上部结构预制及安装质量检验评定、施工、检测及试验记录	251	30年
19	LS1.5.3-19	国道325线澜石大桥4～5号跨上部结构预制及安装质量检验评定、施工、检测及试验记录	272	30年
20	LS1.5.3-20	国道325线澜石大桥桥面系及附属工程质量检验评定、施工、检测及试验记录	255	30年
21	LS1.5.3-21	国道325线澜石大桥施工日志	251	永久
22	LS1.5.3-22	国道325线澜石大桥工地例会及各类专题会议纪要	158	30年
23	LS1.5.3-23	国道325线澜石大桥与各单位的往来文件	257	30年
24	LS1.5.3-24	国道325线澜石大桥施工照片	60	30年
25	LS1.5.3-25	国道325线澜石大桥竣工图	286	30年

（1）档号。档号填写登录案卷的流水顺序号。

（2）案卷题名。案卷题名应包括公路工程建设项目的名称、起止里程、单位工程名称及文件名称。案卷题名应能准确反映案卷的基本内容，如××高速××合同段××（桩号）工程施工总结。

（3）总页数。应填写一卷内全部文件的总页数。

（4）保管期限。应填写组卷是依照有关规定划定的保管期限。

（5）备注。备注可根据实际情况填写需注明的情况。

六、档案移交

公路建设项目各施工合同段交工验收前，须将已系统化整理的项目档案连同案卷目录（含电子版目录）和案卷说明，提交监理单位审核，监理单位应对其项目档案的完整性、准确性和系统性情况进行检查与审核并形成评价报告。对于不符合要求的，应督促整改，符合要求后方可进行合同段交工验收。施工单位应在合同段通过交工验收一个月内，向建设单位移交项目档案原件和档案案卷目录（含电子版目录），如需复制档案，套数由建设单位根据实际需要确定。建设单位负责保管全套项目档案原件。

任务实施

（1）明确工作任务。

对××跨线桥桥梁工程14号墩基础及下部构造的施工资料进行组卷及案卷编制。

（2）卷内文件排列：

根据工程分部分项划分表，可知××跨线桥14号墩基础及下部构造分项工程有桩基、立柱、盖梁及支座垫石，按照施工顺序，各分项工程施工资料可按桩基、立柱、盖梁、支座垫石的顺序排列。

（3）案卷编目。

①编写案卷页号。

②编制卷内目录。

③填写卷内备考表。

④编制案卷封面和脊背。

（4）案卷装订。

装订前，应先去除塑胶、塑封、塑膜、胶圈、金属物等易老化腐蚀纸张的封面或装订材料。案卷内不同幅面的文件材料要折叠为统一幅面，破损的要先修复，幅面采用国际标准A4型，按照"三孔一线"结扣法进行装订。

思考与练习

一、填空题

1. 编写案卷页号时应用阿拉伯数字从_____起依次标注文件材料件数的顺序。

2. 单面书写的科技文件材料在_____编写案卷页号；双面书写的科技文件材料，正面在_____、背面在_____编写案卷页号。

3. 案卷编目的内容包括：_____、_____、_____及_____。

4.卷内目录中的页次:应填写每件科技文件尾材料的_____标注的页号,最后一份科技文件填写_____标注的页号。

二、判断题

1.卷内目录不需要编写页号。 （　　）

2.卷内备考表要编写页号。 （　　）

3.施工日志的保管期限为 30 年。 （　　）

任务 2　竣工图编制

学习目标

掌握竣工图编制的办法。

相关理论

一、竣工图的编制要求

项目竣工图应包含总体竣工说明、路线平、纵面图及总体平面布置图,应全面、准确地反映竣工路线、路基、路面、桥梁、隧道、涵洞、路基防护,以及互通式交叉工程等全部施工实际造型和特征。图纸按 A3 纸(420mm×297mm)装订。

1.时间要求

为确保竣工图编制的质量,在施工过程中必须将变更资料、变更图纸以及其他相关记录收集齐全。

2.内在质量要求

竣工图必须符合实际,反映工程竣工的最终状况。

(1)新增了施工内容应适当补充新的施工图。

(2)没有施工图,但实际进行施工且已竣工的工程必须编制竣工图。

(3)对施工质量事故处理及设计文件的更改、包括文字、数字及图形的改变,必须在竣工图上有所反映。

(4)被取消的施工图,不应编制竣工图,但必须将取消的依据反映在竣工图说明中;竣工图的签字手续要完备,各有关责任人(编制人、审核人、技术负责人及监理人)要在竣工图上签字,如有责任人以盖章代替签字的,应附有关责任的书面说明。

3.外观质量要求

竣工图必须是新蓝图,图纸质量的规格统一,图面整洁、字迹线条清晰、耐久、标注位置合理。竣工图框样式如图 7-2-1 所示。

二、竣工图编制办法

(1)**凡按设计图施工没有变动的。**施工单位可以在原施工图上加盖"竣工图章"(图 7-2-2),竣工图章应使用不褪色的红印泥,并经有关责任人签认后作为竣工图,图号为原图号后加"竣"字。

(2)盖竣工图章的部位。盖竣工图章的部位在蓝图的右下角的设计图标上方或在靠近图标不压盖图形、文字的地方。

注：1. A3标准图幅297×420；
　　标准图框277×380；
　　图　标15×380；
2. 竣工图章中已规定有监理单位的监理负责人和施工单位的编制人、技术负责人签字；
3. 本图尺寸单位均以mm计

中华人民共和国湖北省 | 麻式高速公路MW××合同段竣工图 | （图纸名称） | 编制 | 技术负责人 | 监理 | 比例 | 图号

第 页　共 页

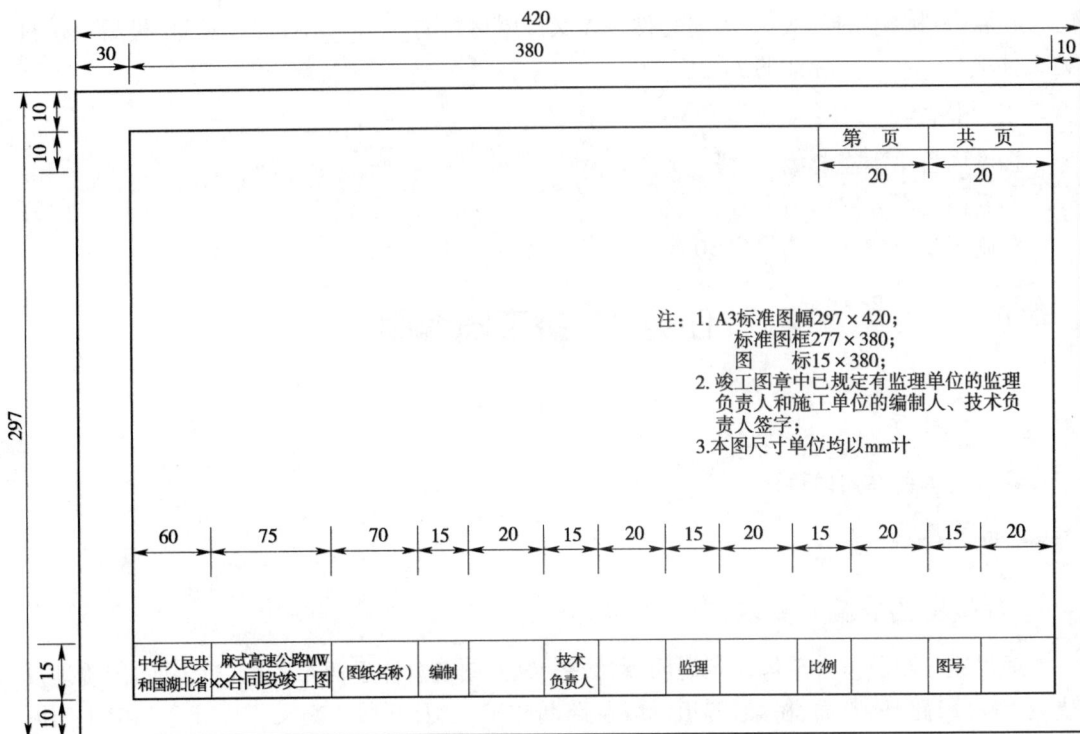

图 7-2-1　竣工图框样式

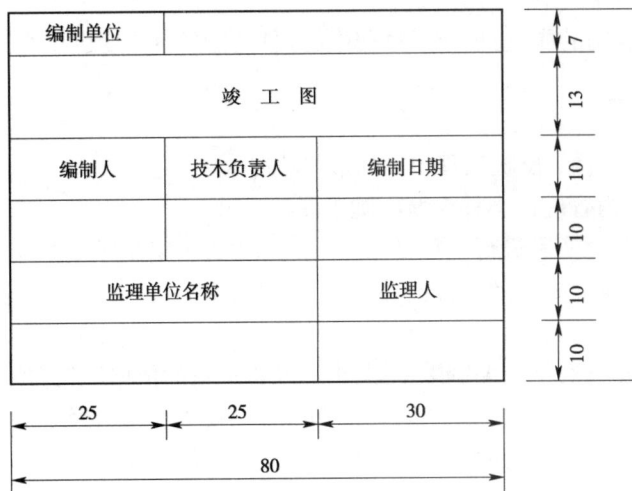

编制单位	
竣 工 图	
编制人	技术负责人	编制日期
监理单位名称	监理人

图 7-2-2　竣工图章(尺寸单位:mm)

①竣工图章应使用红色印泥,盖在标题栏附近空白处,如图 7-2-3 所示。

②若标题栏附近空白处太小,无法盖竣工图章,可在图面适当空白处盖竣工图章,尽量不压线,如图 7-2-4 所示。

③若正面无法盖竣工图章,可盖在图档的背面处,如图 7-2-5 所示。

（3）凡在施工过程中,对原设计做一般性设计变更的,可不重新绘制,在原施工图上直接修改作为竣工图,并注明变更依据。如变更设计通知单、洽商会议记录等文件编号,加盖"竣工图章",图号为原图号后加"变"字;凡是图形、高程没有变化,但工程数量与原设计工程数量不同的,需列出竣工工程数量,保留原数量表。各责任人签认后,作为竣工图。

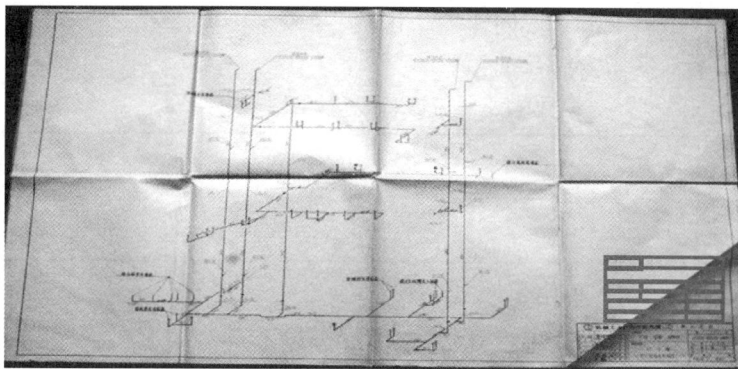

图 7-2-3　竣工图章盖在标题栏附近空白处

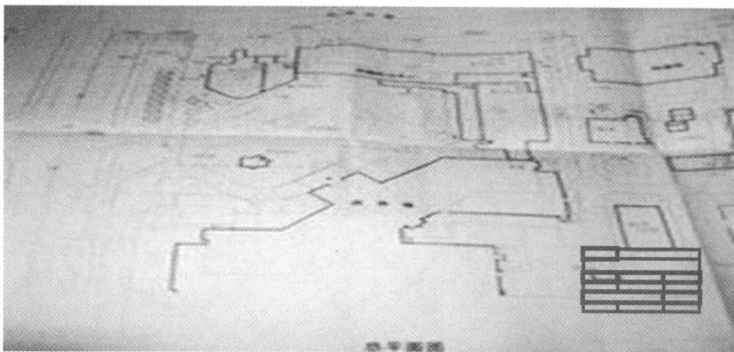

图 7-2-4　竣工章不压线

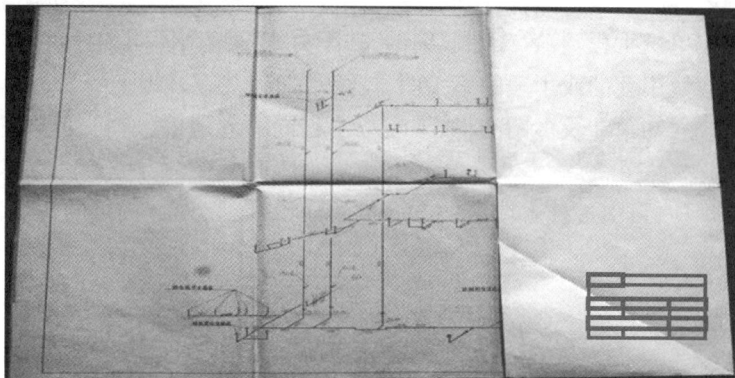

图 7-2-5　竣工章盖在图档背面

（4）涉及结构形式、工艺、平面布置、项目等重大改变及图面变更面积超过 10% 的,应重新绘制竣工图。重绘图按原图编号,图号为原图号后加"变"字,在新图图标内注明"竣工阶段"加盖并签署竣工图章。

（5）施工图被取消的,包括设计变更取消或现场没施工的不需编制竣工图,但应在原图中注明"取消"并将原图作废,在竣工图目录上保留原图名称注明"取消"。

（6）同一建筑物、构筑物重复的标准图、通用图可不编入竣工图中,但应在图纸目录中列出图号,指明该图所在位置,并在编制说明中注明;不同建筑物、构筑物应分别编制。

（7）原设计没有的后来变更增加的部分,直接用变更图作为竣工图,并注明变更依据,图号为原图号后加"增"字。

(8)完成竣工图的编制后,应制作《设计变更与竣工图修改对照一览表》作为检查竣工图修改与否的检索工具,见表7-2-1。

设计变更与竣工图修改对照一览表 表7-2-1

序号	图纸名称	原图号	竣工图号	变更修改内容	变更编号	页次	备注

(9)更改应用黑色墨水或碳素墨水。

(10)编制竣工图总说明及各专业的编制说明,叙述竣工图编制原则、各专业目录及编制、变更情况。

三、竣工图的更改方法

(1)文字、数字更改一般是杠改;线条更改一般是划改;局部图形更改可以圈出更改部位,在原图空白处重新绘制;有关施工技术要求或材料明细表等有文字更改的,应在修改变更处进行杠改,当更改内容较多时,可采用注记说明。

(2)少量线条的修改。可用"×"号将被修改的线条划去,在适当的位置上划上修改线条,如有尺寸应予标注。

四、竣工图的审核

(1)竣工图编制完成后,送监理单位审核,发现不准确或短缺时要及时修改和补齐。

(2)竣工图内容应与施工图设计、设计变更、洽商、材料变更、施工及质检记录相符合。

(3)竣工图按单位工程、装置或专业编制,并配有详细编制说明和目录。

(4)竣工图应使用新的或干净的施工图,按要求加盖并签署竣工图章。

(5)一张更改通知单涉及多图的,如果图纸不在同一卷册的,应将复印件附后在有关卷册中,或在备考表中说明。

(6)国外引进项目、引进技术或由外方承包的建设项目,外方提供的竣工图应由外方签字确认。

⭐ **思考与练习**

1.涉及结构形式、工艺、平面布置、项目等重大改变及图面变更面积超过_____的,应重新绘制竣工图。

2.竣工图章应使用_____色印泥。

3.竣工图由_____单位编制,由_____单位审核。

任务3 工程声像资料整理与组卷

🖋 **学习目标**

1.掌握工程声像资料整理与组卷的办法;

2.掌握照片文字说明的要求。

工程声像档案,是建设项目档案的重要组成部分,是反映建设工程现场原地物、地貌和工程施工主要过程及建成后的建(构)筑物的照片和录像档案。

一、声像档案的归档范围

(1)上级领导视察公路工程项目的录音、录像及照片。

(2)省、市及行业主管部门视察、检查公路工程项目的录音、录像及照片。

(3)反映公路工程建设项目的重大活动,如开工典礼、通车典礼等形成的录音、录像及照片。

(4)记录公路工程建设项目重大事故、自然灾害及异常现象的录音、录像及照片。

(5)主体工程的施工照片有:项目某些工程的设计模型照片;施工现场整体工程施工情况照片、录像;隐蔽工程的工艺制作及处理照片;钢筋制作工程的钢筋布局,型号及节点焊接等照片;反映重点工程的结构布局,混凝土灌注质量等照片;管道及设备工程、安装工程的管沟类型。

(6)工程关键工序和隐蔽工程施工时的照片。

二、照片档案的整理与组卷

(1)对反映同一内容的若干照片,应选择其有代表性的照片归档。该照片应具备主题鲜明、画面完整、影像清晰等特点。

(2)底片、照片、说明应齐全。照片档案的底片(数码照片应刻入光盘)、照片应分开存档。

(3)照片应装在符合《照片档案管理规范》(GB/T 11821—2002)要求的相册中,相册由建设单位统一采购。

(4)照片应题名,题名不宜超过50个字。

(5)照片文字说明。照片文字说明的内容应具有事由(反映事件、事物的事由)、时间(事件发生的时间或拍摄时间)、地点(被拍摄物所在的具体地点或位置)、人物(照片上主要人物的身份)、背景(对揭示照片主题具有一定作用的背景或参照物)、摄影者(照片的拍摄单位和拍摄人)等要素。要求文字简练,一般不超过200个字。

(6)照片和底片的编号。照片和底片的编号应相同,以每张照片为单位,从1开始编写。

(7)组卷。综合类照片按其反映的事件类别及时间段组卷,施工单位工程类照片以单位工程为单元组卷,监理单位工程类照片视数量多少以单个施工合同段的一个或多个单位工程合并组卷。

(8)案卷题名。一本相册拟写一个案卷题名,写在封面上。案卷题名应概括本册内全部照片的基本主题。

(9)每张照片背面应贴上卡片,卡片内容包括照片编号、照片题名及文字说明。

(10)工程主体部分的施工照片应包括各个主要施工工艺流程。例如,在混凝土结构物的施工中,应该包括测量放样、钢筋笼加工安装、模板安装、混凝土浇筑及拆模养护等主要工序。

表7-3-1是某桥梁桩基础照片档案资料,仅供大家参考。

题　　　名:0 号桥台 1 号桩基埋设钢护筒
照 片 号:1
底 片 号:1
时　　　间:2012.5.11
地　　　点:东涌桥 0 号桥台位置
拍 摄 者:××
文字说明:0 号桥台 1 号桩基开钻前在河涌内埋设的钢护筒

题　　　名:3 号桥墩 2 号桩基钻机钻孔
照 片 号:2
底 片 号:2
时　　　间:2012.6.21
地　　　点:东涌桥 3 号桥墩位置
拍 摄 者:××
文字说明:3 号桥墩 2 号桩基正在用冲击钻钻孔

题　　　名:6 号桥台 1 号桩基起重机吊装钢筋笼
照 片 号:3
底 片 号:3
时　　　间:2012.6.25
地　　　点:东涌桥 6 号桥台位置
拍 摄 者:××
文字说明:6 号桥台 1 号桩基已经钻孔完毕,正用起重机进行钢筋笼的吊装

题　　　名:4 号桥墩 2 号桩基水下混凝土灌注
照 片 号:4
底 片 号:4
时　　　间:2012.7.25
地　　　点:东涌桥 4 号桥墩位置
拍 摄 者:××
文字说明:4 号桥墩 1 号桩基已经完成钢筋笼的吊装,并清孔完毕,正在进行水下混凝土的灌注

	题　　名:6 号桥台 2 号桩基高应变检测 照 片 号:5 底 片 号:5 时　　间:2012.8.11 地　　点:东涌桥 6 号桥台位置 拍 摄 者:×× 文字说明:6 号桥台 2 号桩基采用高应变检测方法,图片中试验检测人员正在进行检测
	题　　名:5 号桥墩桩基桩头开挖 照 片 号:6 底 片 号:6 时　　间:2012.8.25 地　　点:东涌桥 5 号桥墩位置 拍 摄 者:×× 文字说明:5 号桥墩桩基已经全部完成,工人正在进行桩头的开挖,并凿除桩头松散混凝土

思考与练习

　　工程照片质量要求图像清晰,工程照片应包括底片和文字说明,工程照片文字说明内容包括所拍摄照片的哪些要素?

附表

一般建设项目的工程划分(来自 JTG F80/1—2017)

单 位 工 程	分 部 工 程	分 项 工 程
路基工程(每 10km 或每标段)	路基土石方工程(1～3km 路段)①	土方路基,填石路基,软土地基处治,土工合成材料处治层等
	排水工程(1～3km 路段)①	管节预制,混凝土排水管施工,检查(雨水)井砌筑,土沟,浆砌水沟,盲沟,跌水,急流槽,水簸箕,排水泵站沉井、沉淀池等
	小桥及符合小桥标准的通道,人行天桥,渡槽(每座)	钢筋加工及安装,砌体,混凝土扩大基础,钻孔灌注桩,混凝土墩、台,墩、台身安装,台背填土,就地浇筑梁、板,预制安装梁、板,就地浇筑拱圈,混凝土桥面板桥面防水层,支座垫石和挡块,支座安装,伸缩装置安装,栏杆安装,混凝土护栏,桥头搭板,砌体坡面护坡,混凝土构件表面防护,桥梁总体等
	涵洞、通道(1～3km 路段)①	钢筋加工及安装,涵台,管节预制,管座及涵管安装,波形钢管涵安装,盖板预制,盖板安装,箱涵浇筑,拱涵浇(砌)筑,倒虹吸竖井、集水井砌筑,一字墙和八字墙,涵洞填土,顶进施工的涵洞,砌体坡面防护,涵洞总体等
	防护支挡工程(1～3km 路段)①	砌体挡土墙,墙背填土,边坡锚固防护,土钉支护,砌体坡面防护,石笼防护,导流工程等
	大型挡土墙、组合挡土墙(每处)	钢筋加工及安装,砌体挡土墙,悬臂式挡土墙,扶壁式挡土墙,锚杆、锚定板和加筋土挡土墙,墙背填土等
路面工程(每 10km 或每标段)	路面工程(1～3km 路段)①	垫层,底基层,基层,面层,路缘石,路肩等
桥梁工程②(每座或每合同段)	基础及下部构造(1～3 墩台)③	钢筋加工及安装,预应力筋加工和张拉,预应力管道压浆,混凝土扩大基础,钻孔灌注桩,挖孔桩,沉入桩,灌注桩桩底压浆,地下连续墙,沉井,沉井、钢围堰的混凝土封底,承台等大体积混凝土结构,砌体,混凝土墩、台,墩台身安装,支座垫石和挡块,拱桥组合桥台,台背填土等
	上部构造预制和安装(1～3 跨)③	钢筋加工及安装,预应力筋加工和张拉,预应力管道压浆,预制安装梁、板,悬臂施工梁,顶推施工梁,转体施工梁,拱圈节段预制,拱的安装,转体施工拱,中下承式拱吊杆和柔性系杆,刚性系杆,钢梁制作,钢梁安装,钢梁防护等
	上部构造现场浇筑(1～3 跨)③	钢筋加工及安装,预应力筋加工和张拉,预应力管道压浆,就地浇筑梁、板,悬臂施工梁,就地浇筑拱圈,劲性骨架混凝土拱,钢管混凝土拱,中下承式拱吊杆和柔性系杆,刚性系杆等

单 位 工 程	分 部 工 程	分 项 工 程
桥梁工程②（每座或每合同段）	桥面系、附属工程及桥梁总体	钢筋加工及安装,混凝土桥面板桥面防水层,钢桥面板上防水黏结层,混凝土桥面板桥面铺装,钢桥面板上沥青混凝土铺装,支座安装,伸缩装置安装,人行道铺设,栏杆安装,混凝土护栏,钢桥上钢护栏安装,桥头搭板,混凝土小型构件预制,砌体坡面护坡,混凝土构件表面防护,桥梁总体等
	防护工程	砌体坡面护坡,护岸④,导流工程等
	引道工程	见路基工程、路面工程的分项工程
隧道工程⑤（每座或每合同段）	总体及装饰装修（每座或每合同段）	隧道总体、装饰装修工程
	洞口工程（每个洞口）	洞口边仰坡防护、洞门和翼墙的浇（砌）筑、截水沟、洞口排水沟、明洞浇筑、明洞防水层、明洞回填
	洞身开挖（100延米）	洞身开挖
	洞身衬砌（100延米）	喷射混凝土、锚杆、钢筋网、钢架、仰供、仰拱回填、衬砌钢筋、混凝土衬砌、超前锚杆、超前小导管、管棚
	防排水（100延米）	防水层、止水带、排水
	路面（1~3km路段）①	基层、面层
	辅助通道⑥（100延米）	洞身开挖、喷射混凝土、锚杆、钢筋网、钢架、仰供、仰供回填、衬砌钢筋、混凝土衬砌、超前锚杆、超前小导管、管棚、防水层、止水带、排水
绿化工程（每合同段）	分隔带绿地、边坡绿地、护坡道绿地、碎落台绿地、平台绿地（每2km路段） 互通式立体交叉区与环岛绿地、管理养护设施区绿地、服务设施区绿地、取、弃土场绿地（每处）	绿地整理,树木栽植,草坪、草本地被及花卉种植,喷播绿化
声屏障工程（每合同段）	声屏障工程（每处）	砌块体声屏障,金属结构声屏障,复合结构声屏障
交通安全设施（每20km或每标段）	标志、标线、突起路标、轮廓标（5~10km路段）①	标志,标线,突起路标,轮廓标
	护栏（5~10km路段）①	波形梁护栏,缆索护栏,混凝土护栏,中央分隔带开口护栏
	防眩设施、隔离栅、防落物网（5~10km路段）①	防眩板,防眩网,隔离栅,防落物网等
	里程碑和百米桩（5km路段）	里程碑,百米桩
	避险车道（每处）	避险车道
交通机电工程	其分部、分项工程划分见《公路工程质量检验评定标准 第二册 机电工程》	

单位工程	分部工程	分项工程
附属设施	管理中心、服务区、房屋建筑、收费站、养护工区等设施	按其专业工程质量检验评定标准评定

注:①按路段长度划分的分部工程,高速公路、一级公路宜取低值,二级及二级以下公路可取高值。

②分幅桥梁按照单幅划分,特大斜拉桥和悬索桥按照附表 A-2 进行划分,其他斜拉桥和悬索桥可作为一个单位工程参照附表 A-2 进行划分。

③按单孔跨径确定的特大桥取 1,其余根据规模取 2 或 3。

④护岸可参照挡土墙进行划分。

⑤双洞隧道每单洞作为一个单位工程。

⑥辅助通道包括竖井、斜井、平行导坑、横通道、风道、地下风机房等。

特大斜拉桥、特大悬索桥工程划分(来自 JTG F80/1—2017)　　　　　附表 2

单位工程	分部工程	分项工程
塔及辅助、过渡墩(每个)	塔基础	钢筋加工及安装,混凝土护大基础,钻孔灌注桩,灌注桩桩底压浆,沉井,沉井、钢围堰的混凝土封底等
	塔承台	钢筋加工及安装,双壁钢围堰,沉井、钢围堰的混凝土封底,承台等大体积混凝土结构等
	索塔	钢筋加工及安装,预应力筋加工和张拉,预应力管道压浆,混凝土索塔,索塔钢锚箱节段制作,索塔钢锚箱节段安装、支座垫石和挡块等
	辅助墩 过渡墩	钢筋加工及安装,预应力筋加工和张拉,预应力管道压浆,钻孔灌注桩,灌注桩桩底压浆,承台等大体积混凝土结构,沉井、钢围堰的混凝土封底,混凝土墩、台,墩台身安装、支座垫石和挡块等
锚碇(每个)	锚碇基础	钢筋加工及安装,混凝土扩大基础,钻孔灌注桩,灌注桩桩底压浆,地下连续墙,沉井,沉井、钢围堰的混凝土封底等
	锚体	钢筋加工及安装,锚碇锚固体系制作,锚碇锚固体系安装,锚碇混凝土块体,预应力锚索的张拉与压浆,隧道锚的洞身开挖,隧道锚的混凝土锚塞体等
上部钢结构制作与防护	主缆	索股和锚头的制作与防护,主缆防护
	索鞍	索鞍制作,索鞍防护
	索夹	索夹制作,索夹防护
	吊索	吊索和锚头制作与防护
	加劲梁	钢梁制作,钢梁防护,自锚式悬索桥主缆索股的锚固系统制作等
上部结构浇筑与安装	加劲梁浇筑	混凝土斜拉桥主墩上梁段的浇筑,混凝土斜拉桥梁的悬臂施工,组合梁斜拉桥的混凝土板等
	安装	索鞍安装,主缆架设,索夹和吊索安装,悬索桥钢加劲梁安装,自锚式悬索桥主缆索股的锚固系统安装,自锚式悬索桥吊索张拉和体系转换,钢斜拉桥钢箱梁段的拼装、组合梁斜拉桥工字梁段的悬臂拼装,混凝土斜拉桥梁的悬臂施工等
桥面系、附属工程及桥梁总体	桥面系	钢筋加工及安装,混凝土桥面板桥面防水层或钢桥面板上防水黏结层,混凝土桥面板桥面铺装或钢桥面板上沥青混凝土铺装
	附属工程及桥梁总体	支座安装,伸缩装置安装,人行道铺设,栏杆安装,混凝土护栏,钢桥上钢护栏安装,混凝土构件表面防护,桥头搭板,桥梁总体等

项次	检查项目		规定值或允许偏差		检查方法和频率
			高速公路 一级公路	其他公路	
1△	压实度①(%)		≥试验室标准密度的96%(＊98%) ≥最大理论密度的92%(＊94%) ≥试验段密度的98%(＊99%)		按附录B检查,每200m测1点。核子(无核)密度仪每200m测1处,每处5点
2	平整度	σ(mm)	≤1.2	≤2.5	平整度仪:全线每车道连续检测,按每100m计算IRI或σ
		IRI(m/km)	≤2.0	≤4.2	
		最大间隙h(mm)	—	≤5	3m直尺:每200m测2处×5尺
3	弯沉值(0.01mm)		不大于设计验收弯沉值		按附录J检查
4	渗水系数(mL/min)	SMA路面	≤120	—	渗水试验仪:每200m测1处
		其他沥青混凝土路面	≤200		
5	摩擦系数		满足设计要求	—	摆式仪:每200m测1处 横向力系数测定车:全线连续检测,按附录L评定
6	构造深度		满足设计要求	—	铺砂法:每200m测1处
7△	厚度②(mm)	代表值	总厚度:−5%H 上面层:−10%h	−8%H	按附录H检查,每200m测1点
		合格值	总厚度:−10%H 上面层:−20%h	−15%H	
8	中线平面偏位(mm)		20	30	全站仪:每200m测2点
9	纵断高程(mm)		±15	±20	水准仪:每200m测2个断面
10	宽度(mm)	有侧石	±20	±30	尺量:每200m测4个断面
		无侧石	不小于设计值		
11	横坡(%)		±0.3	±0.5	水准仪:每200m测2个断面
12△	矿料级配		满足生产配合比要求		T 0725,每台班1次
13△	沥青含量		满足生产配合比要求		T 0722、T 0721、T 0735,每台班1次
14	马歇尔稳定度		满足生产配合比要求		T 0709,每台班1次

注:①表内压实度,高速公路、一级公路应选用2个标准评定,以合格率低的作为评定结果;其他公路选用1个标准进行评定。带＊号者是指SMA路面。

②表列沥青层厚度仅规定负允许偏差。H为沥青层总厚度,h为沥青上面层厚度;其他公路的厚度代表值和合格值允许偏差按总厚度计,当$H \leq 60$mm时,允许偏差分别为-5mm和-10mm;当$H > 60$mm时,允许偏差分别为$-8\%H$和$-15\%H$。

项次	检查项目		规定值或允许偏差		检查方法和频率
			高速公路 一级公路	其他公路	
1△	弯拉强度（MPa）		在合格标准内		按附录C检查
2△	板厚度 （mm）	代表值	−5		按附录H检查每200m测2点
		合格值	−10		
		极值	−15		
3△	平整度①	σ（mm）	≤1.32	≤2.0	平整度仪：全线每车道连续检测，每100m计算σ、IRI
		IRI（m/km）	≤2.2	≤3.3	
		最大间隙 h （mm）	3	5	3m直尺：每半幅车道每200m测2处×5尺
4	抗滑构造 深度（mm）	一般路段	0.7～1.1	0.5～1.0	铺砂法：每200m测1处
		特殊路段②	0.8～1.2	0.6～1.1	
5	横向力系数 SFC	一般路段	≥50	—	按附录L检查：每20m测1点
		特殊路段②	≥55	≥50	
6	相邻板高差（mm）		≤2	≤3	尺量：胀缝每条测2点；纵、横缝每200m抽查2条、每条测2点
7	纵、横缝顺直度（mm）		≤10		纵缝20m拉线尺量：每200m测4处；横缝沿板宽拉线尺量：每200m测4条
8	中线平面偏位（mm）		20		全站仪：每200m测2点
9	路面宽度（mm）		±20		尺量：每200m测4点
10	纵断高程（mm）		±10	±15	水准仪：每200m测2个断面
11	横坡（%）		±0.15	±0.25	水准仪：每200m测2个断面
12	断板率③（%）		≤0.2	≤0.4	目测：全部检查，数断板面板块数占总块数比例

注：①表中σ为平整度仪测定的标准差；IRI为国际平整度指数；h为3m直尺与面层的最大间隙。

②特殊路段：高速公路、一级公路特殊路段包括立体交叉匝道、平面交叉口、弯道、变速车道、组合坡度不小于3%坡度段、桥面、隧道路面及收费站广场等处；其他公路特殊路段包括设超高路段、组合坡度大于或等于4%坡度段、交叉口路段、桥面及其上下坡段、隧道路面及集镇附近路段等处。

③断板率中包含断角率，应统计行车道与超车道面板，不计硬路肩板，不计入修复后的面板。

稳定粒料基层和底基层实测项目（来自 JTG F80/1—2017） 附表5

项次	检查项目		规定值或允许偏差				检查方法和频率
			基层		底基层		
			高速公路 一级公路	其他 公路	高速公路 一级公路	其他 公路	
1△	压实度 （%）	代表值	≥98	≥97	≥96	≥95	按附录B检查，每200m测2点
		极值	≥94	≥93	≥92	≥91	
2	平整度（mm）		≤8	≤12	≤12	≤15	3m直尺：每200m测2处×5尺

项次	检查项目		规定值或允许偏差				检查方法和频率
			基层		底基层		
			高速公路一级公路	其他公路	高速公路一级公路	其他公路	
3	纵断高程(mm)		+5,-10	+5,-15	+5,-15	+5,-20	水准仪:每200m测2个断面
4	宽度(mm)		满足设计要求		满足设计要求		尺量:每200m测4点
5△	厚度(mm)	代表值	-8	-10	-10	-12	按附录H检查,每200m测2点
		合格值	-10	-20	-25	-30	
6	横坡(%)		±0.3	±0.5	±0.3	±0.5	水准仪:每200m测2个断面
7△	强度(MPa)		满足设计要求		满足设计要求		按附录G检查

钻孔灌注桩实测项目(来自 JTG F80/1—2017) 附表6

检查项目		规定值或允许偏差	检查方法和频率
混凝土强度(MPa)		在合格标准内	按附录D检查
桩位(mm)	群桩	≤100	全站仪:每桩测中心坐标
	排架桩	≤50	
孔深(m)		≥设计值	测绳:每桩测量
孔径(mm)		≥设计值	探孔器或超声法波成孔检测仪:每桩测量
钻孔倾斜度(mm)		≤1%S,且≤500	钻杆垂线法或超声法波成孔检测仪:每桩测量
沉淀厚度(mm)		满足设计要求	沉淀盒或测渣仪:每桩测量
桩身完整性		每桩均满足设计要求;设计未要求时,每桩不低于Ⅱ类	满足设计要求;设计未要求时,采用低应变反射波法或超声波透射法:每桩检测

明洞浇筑实测项目(来自 JTG F80/1—2017) 附表7

项次	检查项目	规定值或允许偏差		检查方法和频率
1△	混凝土强度(MPa)	在合格标准内		按附录D检查
2△	混凝土厚度(mm)	不小于设计值		尺量或按附录R检查:每10m检查1个断面,每个断面测拱顶、两侧拱腰和两侧边墙共5点
3	墙面平整度(mm)	施工缝、变形缝处	20	2m直尺:每10m每侧连续检查2尺,测最大间隙
		其他部位	5	

参 考 文 献

［1］中华人民共和国行业标准.公路工程质量检验评定标准(第一册　土建工程):JTG F80/1—2017［S］.北京:人民交通出版社股份有限公司,2018.

［2］湖北省交通运输厅.湖北省高速公路建设标准化指南(第十一分册 档案管理)［M］.北京:人民交通出版社,2013.

［3］沙爱民.路基路面工程［M］.北京:人民交通出版社,2011.

［4］邝青梅.路基路面施工技术［M］.北京:人民交通出版社,2009.

［5］邝青梅.桥涵工程施工技术［M］.北京:中国劳动社会保障出版社,2015.

［6］中华人民共和国行业标准.JTG F60—2009　公路隧道施工技术规范［S］.北京:人民交通出版社,2009.

［7］王道远.隧道施工技术.北京:中国水利水电出版社,2014.

［8］中华人民共和国行业标准.公路隧道施工技术细则:JTG/T F60—2009［S］.北京:人民交通出版社,2009.

［9］俞小芸,吴颖峰.公路工程资料管理［M］.北京:中国电力出版社,2018.